제2판

R과 SAS를 이용한
경시적 자료분석

김양진 지음

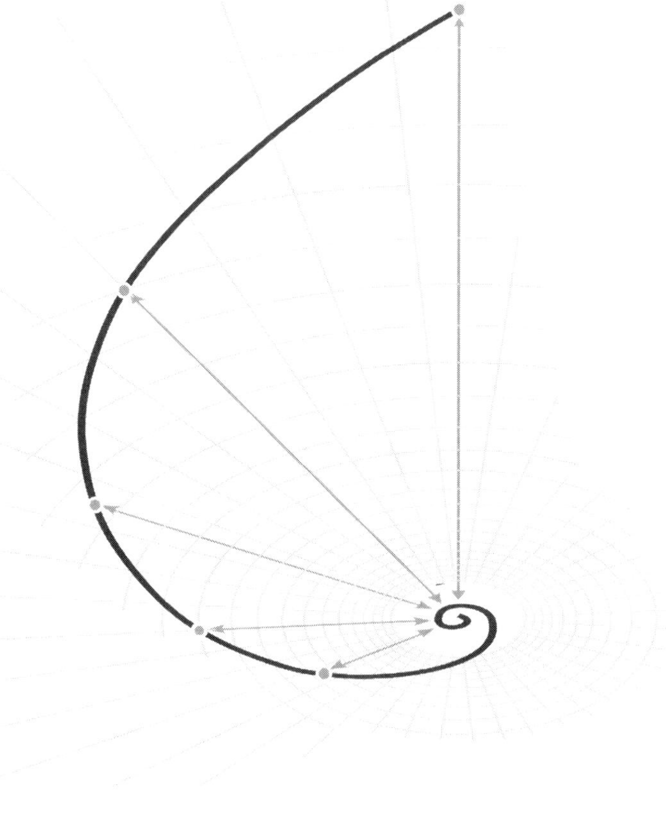

자유아카데미

머리말

경시적 자료는 자연과학 분야에서 반복측정 자료(repeated measured data)로, 사회과학 분야에서 패널 자료(panel study) 또는 교차적 시계열 자료(cross-sectional time series data)로 표현되기도 한다. 일반적 경시적 자료에서는 모든 관측 대상이 똑같은 측정 횟수를 가질 필요가 없으며, 또한 관측 시점이 반드시 일치할 필요도 없다. 종단 연구(longitudinal study)는 관심 있는 반응변수를 반복적으로 측정한다는 점에서 종종 시계열 자료와 혼돈되는 경우가 있다. 하지만 경시적 자료는 시계열 자료보다 더 많은 관측 대상에 대해 더 적은 관측 횟수를 가지며 주관심 목적은 반응변수의 패턴뿐만 아니라 그러한 패턴에 영향을 주는 공변량을 찾아내기 위해 적합한 통계적 모형을 설정하는 것이다. 본 책에서 다룰 구체적인 내용은 다음의 다섯 가지로 요약할 수 있다.

1. 시간에 따라 변화하는 패턴을 인식하기 위한 경시적 자료의 시각적 표현
2. 연관관계를 고려하면서 반응변수와 공변량과의 관계에 대한 통계모형
3. 범주형 경시적 자료분석을 위한 통계모형
4. 결측치 자료 발생 시 그 발생 원인을 고려한 통계모형
5. 생존 자료 또는 다변량 경시적 자료분석을 위한 결합모형

분석을 위해 R 프로그램과 SAS 프로그램을 적용하였다. 특히, R 프로그램의 여러 가지 패키지와 함수들을 소개하고자 하였다. 현재에도 세계 여러 곳의 통계학자들에 의해 R 패키지가 개발되고 있다. 따라서 본 책에서 소개하지 못한 분석 패키지가 업데이트되고 있다. 이러한 정보 획득의 용이함에도 불구하고 본 책을 집필한 가장 큰 이유는 다양한 통계학 전문 서적이 국문으로 출판될 필요가 있다고 생각되었기 때문이다. 기초 통계학 수준의 책들은 넘쳐나는 데 반해 고급 수준의 통계학 서적의 부족은 부정확한 자료분석 방법의 적용과 잘못된 해석을 가져오게 된다. 이러한 어려움을 가지고 있는 연구자들에게 조금이나마 도움이 되고자 관련 연구의 경험을 바탕으로 본 책을 집필하

기 시작하였다. 경시적 자료의 범위는 너무 넓어 모든 주제를 깊이 다루는 것은 저자의 능력으로 불가능하였다. 따라서 본 책의 범위는 경시적 자료분석에서 널리 사용되는 선형혼합모형(LMM), 일반화추정방정식(GEE) 그리고 일반화선형혼합모형(GLMM)을 R 또는 SAS를 통해 분석하는 방법을 소개하고자 한다. 또한 경시적 자료에서 발생하는 결측을 다루는 다양한 방법론을 소개하고 경시적 자료를 시간 가변 공변량으로 간주하여 생존분석 방법론을 적용한 결합모형을 다루었다.

이번 개정판에서는 초판에서 발견된 오타자를 수정하였고, 자료분석 방법을 좀 더 다양하게 보충하였으며, R 패키지와 SAS 프로그램을 업데이트된 버전에 맞춰 보완하였다.

여러모로 부족한 점이 많지만 이런 부분은 독자 여러분의 양해를 구하며 출간 후 나올 수 있는 수정사항과 책의 데이터 파일 등은 자유아카데미 홈페이지(www.freeaca.com) 자료실을 통해 제공할 예정이니 참고하기를 바란다. 끝으로 이 책이 개정판까지 출간될 수 있도록 도와주신 모든 분들께 감사의 마음을 전하며 자료분석을 공부하는 분들이 이 책을 통해 조금이나마 도움이 되기를 진심으로 바란다.

2025년 5월

김양진

차례

제8장 생존 자료와 경시적 자료의 결합모형

제1장

경시적 자료

1.1 경시적 자료 구조의 이해

1.2 경시적 자료 예

1.1 경시적 자료 구조의 이해

경시적 자료는 관심 있는 반응변수를 일정 기간 반복적으로 측정하는 모든 유형의 자료를 일컫는다. 이러한 유형에 포함된 자료는 반복측정 자료, 사건사 자료(Event history data), 패널 자료(Panel Study), 시계열 교차 자료(Time series cross-sectional data)를 포함함으로써 그 범위는 매우 넓다. 학부 수준에서 배우는 일반적인 회귀분석, 분산분석, 범주형 자료분석은 반응변수(response variable)가 일변량 자료(univariate data)로 실험 대상 또는 관측 대상에 대해 한 번의 관측으로 얻어진 자료이며 통계 모형의 적용을 위해 각 자료들은 독립임을 가정한다. 반면 다변량 자료(multivariate data)는 관측 대상으로부터 여러 가지 반응변수를 측정하거나 군집자료(clustered data)가 포함된다. 예를 들어 신생아 출생 시 몸무게, 키, 머리둘레가 측정되며 이들 관측값은 서로 연관되어 있으며 더 이상 독립가정을 적용할 수 없다. 또 다른 다변량 자료 형태는 한 개체에 대해 시간을 통해 반복 측정된 경시적 자료이다. 신생아 자료와 다른 점은 몸무게, 키, 머리둘레는 서로 다른 신체 치수를 측정하는 데 반해, 경시적 자료에서는 생후 정기적으로 병원을 방문하여 키(또는 몸무게)를 반복적으로 측정함으로써 유아의 성장 패턴(growth pattern)을 알 수 있으며 성장에 영향을 주는 유의한 요인 간의 연관 관계를 조사할 수 있다. 본 장에서는 이 책에서 다룰 여러 가지 경시적 자료와 연관된 통계적 문제를 서술해 보겠다.

1.2 경시적 자료 예

자료 1: CD4 | CD4+T CELL numbers(연속형 경시적 자료)

인간 면역 결핍 바이러스(HIV: Human Immunodeficiency Virus)는 우리 몸의 면역체를 조절하는 CD4+T cell을 공격한다. MACS(Multicenter AIDS Cohort Study)에 등록된 369명의 HIV 감염자들에 대해 혈청 변환(seroconversion) 전후에 측정된 2376개의 CD4+T cell 자료를 분석하고자 한다(Kaslow et al., 1987, Diggle et al, 2002). 이 연구의 목적은 CD4+T cell의 변화 패턴을 알아보고 그 변화에 영향을 주는 요인들을 식별하기 위해 회귀모형을 제시한다. 다음은 관련된 자료를 불러오는 R 프로그램과 결과를 보여 준다.

```
> MACS<-read.table("c:\\data\\cd4.dat", header=T)
> head(MACS)
       time cd4  age cigar drug partner cesd    id
1 -0.741958 548 6.57     0    0       5    8 10002
2 -0.246407 893 6.57     0    1       5    2 10002
3  0.243669 657 6.57     0    1       5   -1 10002
4 -2.729637 464 6.95     0    1       5    4 10005
5 -2.250513 845 6.95     0    1       5   -4 10005
6 -0.221766 752 6.95     0    1       5   -5 10005
```

이 자료에서 time은 혈청 변환(seroconversion) 시점을 기준으로 변환 이전은 음수 값을, 그 이후는 양수 값을 가진다. age는 연구 시작 시점에서 나이를 표준화한 것이며, cigar는 매일 피우는 담배 개수, drug는 마약 사용 여부(1: 사용), partner는 성접촉자수, cesd(center for epidemiological studies-depression scale)는 우울증 점수를 의미한다. 이들 변수는 매 측정 시점에서 조사되었으며 나이를 제외하고 모든 공변량이 시간 가변 공변량(time-dependent covariate)이다. <그림 1.1>은 시간에 따라 변화하는 CD4+T cell의 산점도를 보여 준다. 이 자료에 대한 탐색적 분석은 2장에서 논의될 것이다.

```
> plot(MACS$time, MACS$cd4, xlab="Years since seroconversion", ylab="CD4+ cell")
```

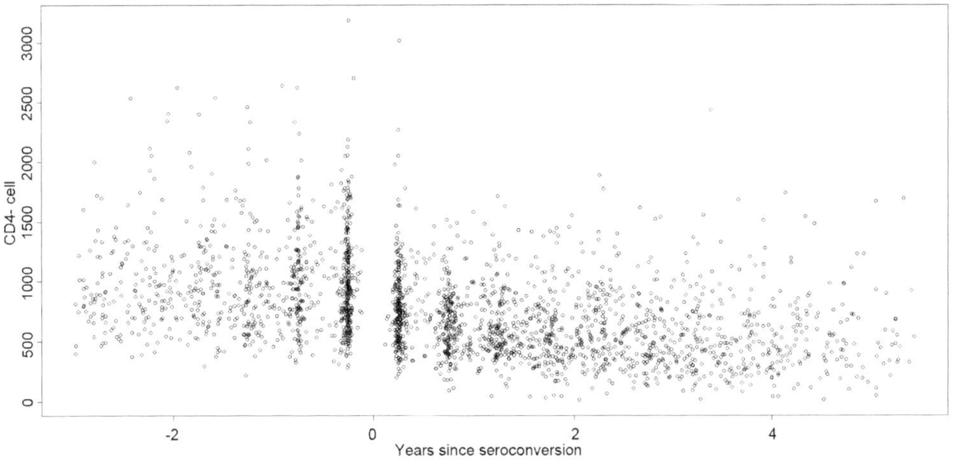

그림 1.1 369명의 혈청 전환(seroconversion) 전후 CD4+T cell의 변화

자료 2: spruce | 가문비 나무(sitka spruce) 나무의 성장 패턴(균형 연속형 경시적 자료)

오존이 나무의 성장에 미치는 영향을 조사하기 위해 가문비 나무의 성장 자료가 분석된다. 79그루의 나무를 두 가지 다른 환경(오존: ozone-treated vs. 정상: control)에서 자라게 한 후, 두 그룹의 성장 패턴에 차이가 존재하는지 비교하고자 한다(Diggle et al., 2002). 높이와 지름 자료를 이용하여 $H\times\sqrt{D}$(여기서 H: 높이, D: 지름)를 반응변수로 정의한다. 성장이 주로 이루어지는 2번의 성장 계절 동안 5번 측정되었다.

```
>spruce<-read.table("c:\\data\\spruce_data.txt", col.names=c("day152","day174","day201",
"day227","day258"))
> head(spruce)
  day152 day174 day201 day227 day258
1  4.515  4.982  5.408  5.903  6.145
2  4.235  4.199  4.683  4.915  4.957
3  3.980  4.364  4.792  4.986  5.032
4  4.357  4.772  5.098  5.298  5.356
5  4.340  4.953  5.423  5.974  6.276
6  4.586  5.081  5.362  5.764  5.995
```

spruce 자료는 균형 자료(balanced data)로 모두 관측 개체의 관측 시점과 관측 횟수가 동일한 고전적인 반복측정 자료(repeated measurement data)이다. 위의 R 프로그램의 결과에서 보다시피 각 행은 각각의 나무의 성장 자료로 한 줄에 반복 자료가 나열된 column-wise 형태이다. 이를 경시적(longitudinal) 구조로 변환하기 위해서는 reshape2 패키지에서 제공하는 melt 명령문을 사용할 수 있다.

```
id=seq(1:79)
spruce2<-as.data.frame(cbind(id,spruce))
library(reshape2)
spruce3<-melt(spruce2, id="id")
spruce3$trt<-ifelse(spruce3$id<55,1,2)
names(spruce3)<-c("id","time","growth")
> spruce3[1:10,]
   id   time growth trt
1   1 day152  4.515   1
```

```
2    2 day152   4.235    1
3    3 day152   3.980    1
4    4 day152   4.357    1
5    5 day152   4.340    1
6    6 day152   4.586    1
7    7 day152   4.406    1
8    8 day152   4.243    1
9    9 day152   4.815    1
10  10 day152   3.840    1
> dim(spruce3)
[1] 395    4               #  79 (그루)  x 5 (시점) =395
```

시간별 패턴을 파악하기 위해 lattice 패키지에 있는 xyplot 명령문을 사용하여 스파게티 그림(spaghetti plot)을 작성하였다. <그림 1.2>는 두 가지 다른 환경에서 성장한 54그루(오존 처리)와 25그루(정상적 환경) 나무들의 다섯 시점(152, 174, 201, 227 그리고 258일째)에서 측정된 성장 정도를 보여 준다. 공분산 구조 설정(2장)과 선형혼합모형(4장)을 이용하여 본 자료를 분석한다.

```
>library(lattice)
>par(mfrow=c(1,2))
>xyplot(log(spruce3[id<55,3])~spruce3[id<55,2], groups=spruce3[id<55,1], type="l",
xlab="time in days since 1/1/1988", ylab="log-size")
>xyplot(log(spruce[id>=55,3])~spruce[id>=55,2], groups=spruce[id>=55,1], type="l",
xlab="time in days since 1/1/1988", ylab="log-size")  # ozone-control group (ID:55~79)
```

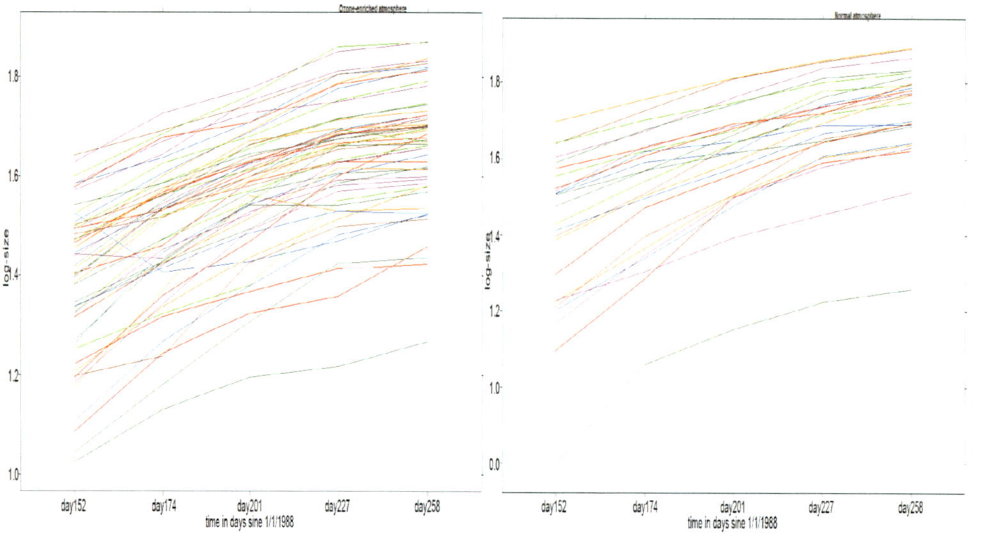

그림 1.2 오존 처리별 성장 스파게티 그림

자료 3: IMPS | 우울증 자료(순서형 경시적 자료와 결측자료)

NIMH(National Institute of Mental Health) schizophrenia Collaborative study에서 분석된 437명의 우울증 환자를 대상으로 신약이 환자의 상태 호전에 도움을 주었는지를 알아보고자 한다(Hedeker and Gibbs, 2006). 위약 그룹과 신약 그룹에 각각 108명과 329명의 환자를 배치한 후 6번 반복측정하는 연구이다. tx=1은 신약, tx=0은 위약을 의미한다. 여기서 반응변수는 상태의 심각 정도를 보여 주는 지표로 IMPS(Impatient Multidimensional Psychiatric Scale)의 79번째 항목을 사용한다. 1~7점의 범위를 가지는데 이를 이용하여 이항(imps79b) 또는 순서형(imps79o) 반응변수가 다시 유도된다.

```
>IMPS<-read.table("c:\\DATA\\schizx1.dat.TXT",
col.names=c("id","imps79","imps79b","imps79o","int","tx", "week", +"sweek","txswk") )

> length(unique(IMPS$id))
[1] 437

> table(IMPS[IMPS$week==0,]$tx)
  0   1      ### treatment group   (tx=1: 신약)
108  329
```

```
> head(IMPS)
    id imps79 imps79b imps79o int tx week  sweek  txswk
1 1103    5.5       1       4   1  1    0  0.0000 0.0000
2 1103    3.0       0       2   1  1    1  1.0000 1.0000
3 1103   -9.0      -9      -9   1  1    2  1.4142 1.4142
4 1103    2.5       0       2   1  1    3  1.7321 1.7321
5 1103   -9.0      -9      -9   1  1    4  2.0000 2.0000
6 1103   -9.0      -9      -9   1  1    5  2.2361 2.2361

## 결측치 처리 -9를 NA로 코딩
>IMPS[,2]<-ifelse(IMPS[,2]==-9,NA, IMPS[,2])
>IMPS[,3]<-ifelse(IMPS[,3]==-9,NA, IMPS[,3])
>IMPS[,4]<-ifelse(IMPS[,4]==-9,NA, IMPS[,4])

> table(IMPS$imps79)     ## 원자료의 점수별 빈도
  1 1.5 1.7   2 2.3 2.5   3 3.3 3.5 3.7   4 4.3 4.5 4.7   5 5.3 5.5 5.7   6 6.5   7
 51  47   3  87   2  83  97   2  93   1 197   1 171   1 239   1 233   1 206  57  30
> cumsum(table(IMPS$imps79))  ## 원자료의 점수별 누적빈도
   1  1.5  1.7    2  2.3  2.5    3  3.3  3.5  3.7    4  4.3  4.5  4.7    5  5.3  5.5  5.7    6  6.5    7
  51   98  101  188  190  273  370  372  465  466  663  664  835  836 1075 1076 1309 1310
1516 1573 1603

> table(IMPS$imps79b)
   0    1       ## 원자료의 이분 (0: imps79<3.5     1: imps79 >=3.5)
 372 1231

> table(IMPS$imps79o)
  1   2   3   4        ## 원자료의 순서형 자료화  (0: imps79<=2.3 ; 1: 2.5<=imps79<4.7
190 474 412 527        ##   3: 4.7<=imps79<5.3 ; 4: 5.5<=imps79)
```

첫째, 심각성 정도를 두 그룹(binary)으로 분류하여 imps79b 변수를 생성한다. 여기서 변환 규칙은 다음과 같이 정의된다.

imps79b=0: imps79 $<$ 3.5;
imps79b=1: imps79 $\geq$ 3.5.

비슷한 방법으로 imps79 자료는 4가지 수준을 가지는 자료로 재코딩하여 순서형 변수(ordinal variable) imps79o 변수를 생성할 수 있다.

imps79o=1:	imps79 ≤ 2.3;
imps79o=2: 2.5 ≤	imps79 ≤ 4.3;
imps79o=3: 4.5 ≤	imps79 ≤ 5.3;
imps79o=4: 5.5 ≤	imps79.

imps79o 변수를 이용하여 순서형과 명목형 경시적 자료분석의 예로 6장에서 분석한다. 이 자료의 또 다른 특징은 간헐적 결측 자료(intermittent missing data)를 포함한다는 것이다. 기저 시점(week=0)에서 참여 환자 수는 434명이었으나, 매 시점 관측 횟수에 차이가 큼을 알 수 있다. 특히, 대부분 자료가 week=0, 1, 3, 6에서 관측되었으나 week=2, 4, 5에서는 관측 수가 매우 적었다. 따라서 자료분석에서는 week=2, 4 ,5주 자료를 제외한다.

```
> IMPS1<-IMPS[IMPS$int!=-9,]       ##  결측자료 생략
> table(IMPS1$tx, IMPS1$week)
     0   1   2   3   4   5   6
  0 107 105   5  87   2   2  70
  1 327 321   9 287   9   7 265
```

437명의 환자 중 102명의 환자가 연구 도중에 탈퇴(drop out)하게 되어 week=6에서는 335명의 환자의 자료만이 제공된다. 이러한 결측 자료는 경시적 자료에서 빈번히 발생하며 특히 반응변수와 결측 발생의 연관 관계 존재 여부에 따라서 적용되는 분석 방법이 달라진다. 7장에서 보다 자세하게 논의한다.

자료 4: ICHS | 인도네시아 아동의 호흡기 질환 자료(이항 경시적 자료)

ICHS(Indonesian Children's Health Study)에서는 미취학 인도네시아 아동을 대상으로 비타민 A 결핍과 호흡기 질환과의 관계를 알아보기 위해 250명을 대상으로 호흡기 질환 경험 여부가 6개 시점(0, 3, 6, 9, 12, 15주)에서 반복 조사되었다(Diggle et al., 2002). 반응변수는 호흡기 질환 여부(0/1)에 대해 다른 인구학적 요인들(성별

(GENDER, 남성=1; 여성=0), 나이(AGE))과 함께 비타민 A의 결핍(VITA) 효과를 추정할 것이다. 아래 분할표를 보면 전체 250명 중 91명이 비타민 A가 결핍되었음을 알 수 있다. 이 자료에서 비타민 A 결핍 여부는 시간고정 공변량이다.

```
>ichs<-read.table("c:\\data\\ichs.dat", header=T)
> ichs[1:10,]
   ID RESPONSE TIME GENDER VITA AGE
1   1        0    0      1    0   4
2   1        0    3      1    0   4
3   1        0    6      1    0   4
4   1        1    9      1    0   4
5   1        0   12      1    0   4
6   1        0   15      1    0   4
7   2        0    0      0    0   3
8   2        0    3      0    0   3
9   2        0    6      0    0   3
10  2        0    9      0    0   3

> table(ichs[ichsTIME==0,]$VITA)      ## 91명이 비타민 결핍 그룹에 속함
 0   1
159  91

> table(ichs$RESPONSE, ichs$TIME)      ### 시간별 호흡기 질환 여부(0,1)
      0   3   6   9  12  15
  0 183 182 172 176 174 169
  1  67  68  78  74  76  81
```

시간별 호흡기 질환 여부에 대한 분할표를 통해 시간이 지날수록 호흡기 질환 수가 증가함을 알 수 있다. 이 자료의 분석을 위해, 로지스틱 분석을 확장한 혼합모형(GLMM)과 일반화선형모형을 확장한 일반화추정방정식(GEE)을 6장과 5장에서 각각 공부한다.

자료 5: seizure 뇌전증 환자의 발작(계수형 경시적 자료)

59명의 뇌전증 환자를 대상으로 화학 요법에 대한 보조 약품으로 사용되는 progabide의 효과를 조사하기 위해 연구 시작 시점에 28명과 31명을 각각 placebo 그룹과 progabide 그룹에 무작위 랜덤하게 배치한다(Fitzmaurice et al, 2004). 이 두 그룹 간의

동질성을 확인하기 위해 그룹에 배치되기 전 8주 동안 발작 횟수를 측정하고 배치 후에는 2주마다 4번씩 조사하였다. 이 자료는 Thall and Vail(1990)에 의해 소개되었으며 포아송 모형을 통해 분석되었다. 계수형 경시적 자료(longitudinal count data)를 5장과 6장에서 분석할 것이다. <그림 1.3>의 상자 그림을 보면 time=0에서 두 그룹의 8주간 발작횟수이며 나머지 time에서는 2주간 측정한 자료임을 상기하자. 이에 대한 자세한 분석은 5장에서 논의된다.

```
seiz<-read.table("c:\\data\\seizure.dat", col.names=c("id","seiz","visit","trt","age","weeks"))
 head(seiz)
    id  seiz   visit  trt age weeks
1 104    11      0    0  31     8
2 104     5      1    0  31     2
3 104     3      2    0  31     2
4 104     3      3    0  31     2
5 104     3      4    0  31     2
 106    11     0    0  30      8
 placebo<-seiz[seiz$trt==0,]
 proga<-seiz[seiz$trt==1,]
 library(ggplot2)
     seiz$treat<-as.factor(seiz$trt)
     seiz$time<-as.factor(seiz$visit)
     ggplot(seiz, aes(x=time, y=sqrt(seiz), fill=treat))+geom_boxplot()
```

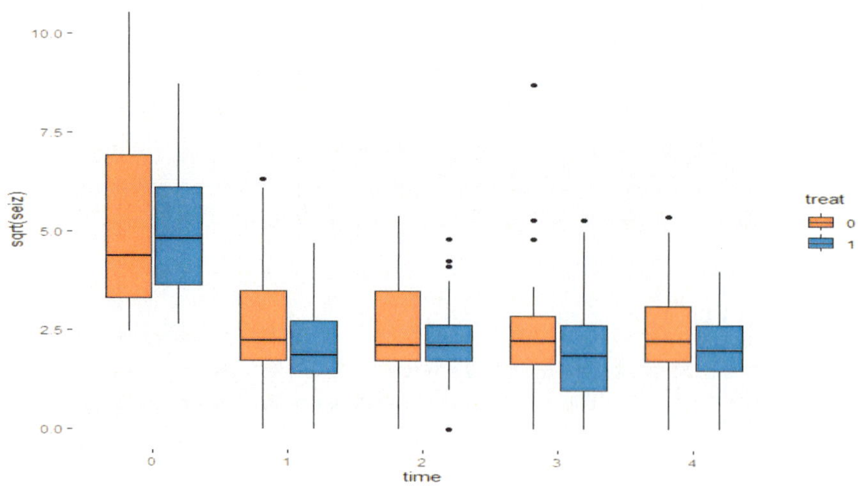

그림 1.3 두 그룹의 시간별 발작 횟수의 상자 그림

자료 6: aids | AIDS 자료(생존 자료와 경시적 자료의 결합모형)

경시적 자료에서 불완전한 관측은 특정한 사건의 발생으로 인한 연구 탈퇴(drop out, attrition)에서 발생할 수 있다. 경시적 자료분석에서 연구 탈퇴로 인한 표본의 편의를 보정하기 위해 여러 가지 방법들이 제시되었다. 만약 연구 탈퇴를 가져온 특정 사건의 발생이 주요 관심이라면 이는 생존분석(survival analysis) 관점에서 분석될 수 있다. 즉, 경시적 자료를 측정오차를 포함한 시간 가변 공변량(time-varying covariate)으로 간주하여 그 효과를 추정하기 위해 적용되는 분석 방법(Wulfsohn and Tsiatis, 1997)으로 이를 경시적 자료와 생존시간의 결합모형(joint model)이라 한다. 생존분석 자료의 주 관심은 중도절단(censored data)을 가진 생존시간(survival time)에 대한 공변량의 효과를 추정하는 것이다. 여기서 공변량이 시간에 따라 변화한다면 이를 시간 가변 공변량이라고 하며 형태와 성질에 따라 두 가지로 나누게 된다. 만약 형태(type)로 분류한다면 이항(binary) 시간 가변 공변량 또는 연속형(continuous) 시간 가변 공변량으로 나눌 수 있다. 또한 성질에 따라 분류한다면 내적(internal) 시간 공변량 또는 외적(external) 시간 공변량으로 나눈다(Kalbfleisch and Prentice, 2002).

외적 시간 가변 공변량은 관측 개체와 무관하게 외적 환경의 변화와 연관되는데 폐암 환자의 경시적 자료에서 환자가 거주하는 도시에서 매주 측정된 미세 먼지 지수는 그 예가 될 수 있다. 반면에 내적 시간 가변 공변량은 관측 개체로부터 측정되며 특히 관측 오차 또는 변이(variation)를 포함한 경우 이를 경시적 자료로 간주한 후 생존 자료와 동시에 분석하는 결합모형을 적용할 수 있다.

AIDS 자료에서 주요 관심은 두 가지 치료법(didanosine (ddI) and zalcitabine (ddC))의 생존시간을 비교하는 것이다. 467명의 환자를 두 그룹에 랜덤하게 배치한 후, 연구 시작 시점을 포함하여 2, 6, 12, 18개월에 CD4+T cell을 측정한다(Rizopoulos, 2012). 연구 종료 시점까지 188명이 서로 다른 시점에서 사망하였다. 이 연구의 주요 목적은 사망 사건에 대한 두 가지 치료 효과를 보고자 함인데 이때 반복측정된 CD4+T cell count의 변화가 사망의 예측변수의 역할을 할 수 있는지 조사하고자 한다. 다음은 JM 패키지에서 재공하는 aids 자료의 일부분을 보여준다.

```
>library(JM)
>library(lattice)
> head(aids)
```

```
  patient  Time death         CD4 obstime drug gender prevOI            AZT start  stop event
1        1 16.97     0 10.677078       0  ddC   male   AIDS intolerance     0  6.00     0
2        1 16.97     0  8.426150       6  ddC   male   AIDS intolerance     6 12.00     0
3        1 16.97     0  9.433981      12  ddC   male   AIDS intolerance    12 16.97     0
4        2 19.00     0  6.324555       0  ddI   male noAIDS intolerance     0  6.00     0
5        2 19.00     0  8.124038       6  ddI   male noAIDS intolerance     6 12.00     0
6        2 19.00     0  4.582576      12  ddI   male noAIDS intolerance    12 18.00     0

> attach(aids)
> table(drug,obstime) ##  관측 시점별 두 그룹의 환자 수
      obstime
drug    0   2   6  12  18
  ddC 237 186 157 123  14
  ddI 230 182 153 103  20
```

위 분할표를 통해 시간이 지남에 따라 두 그룹의 환자 수가 모두 줄어듦을 알 수 있다. 또한, 467명 중에서 188명이 사망하였으며 <그림 1.4>를 통해 생존 여부(Alive vs. Dead)에 따라 CD4+T cell의 패턴이 서로 다름을 알 수 있다.

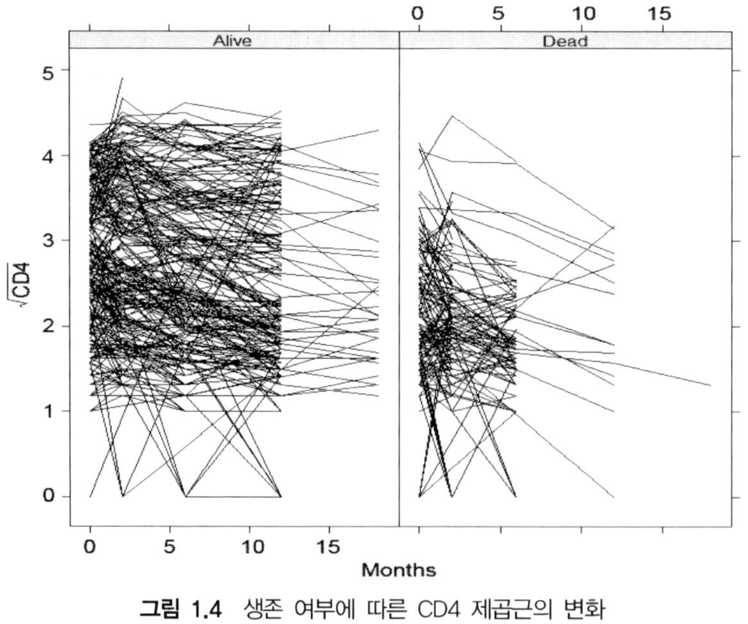

그림 1.4 생존 여부에 따른 CD4 제곱근의 변화

```
> table(aids$death[aids$obstime==0])
  0   1
279 188
```

여기서 중도절단 그룹과 비교하면 사망 그룹은 훨씬 적은 관측 횟수를 가진다. 또 다른 눈에 띄는 차이는 연구 시작 시점에서 두 그룹의 CD4+T cell 분포이다. 사망 그룹(Dead group)의 CD4+T cell의 범위는 생존 그룹(Alive group)의 범위보다 좁고 그 값도 작음을 알 수 있다. 또한, CD4+T cell의 감소패턴이 사망 그룹에서 더 확실히 보인다. 따라서 반복 측정된 CD4+T cell는 사망 여부의 마커 역할 여부를 검토하며 관련된 통계적 유의성을 8장에서 공부한다.

```
>xyplot(sqrt(CD4) ~ obstime |death1, group = patient, data = aids,xlab = "Months", ylab =
expression(sqrt("CD4")), col = 1, type = "l")
```

1장에서는 본 교재에서 다룰 자료에 대한 소개와 관련 연구문제를 설명하였다. 그 외에도 개념과 분석 방법의 이해를 돕기 위해 모의 자료와 다양한 예제를 분석할 것이나.

제2장

탐색적 자료분석

2장에서는 경시적 자료에 대한 추론 방법을 공부하기 전에 여러 가지 탐색적 분석 방법들을 소개한다. 일변량 자료에 대해서 평균, 분산, 히스토그램과 상자 그림이 자료를 탐색하는 데 사용되는 것처럼 경시적 자료에서도 평균함수(mean function)와 공분산 구조(covariance structure), 준변이도(semi-variogram)를 통해 자료의 특성을 탐색할 수 있다. 먼저 스무딩 기법을 이용하여 반응변수의 평균 추세를 추정한다(2.1절). 또한, 산점도와 준변이도를 이용하여 변수 간의 상관관계 및 가능한 변이의 요인을 밝힐 것이다(2.2절). 준변이도는 공간 통계학(spatial statistics)에서 많이 사용되며 거리를 매개변수로 두 지점 간 반응변수의 변이에 대한 함수로 정의된다. 2.3절에서는 표본크기를 계산하는 방법을 소개한다.

2.1 스무딩 기법을 이용한 평균함수 추정

자료의 시각화는 자료의 특성을 인식하고 향후 추론의 결과를 뒷받침할 수 있는 근거로 사용할 수 있다. 경시적 자료의 그래픽 표현은 다음과 같은 여러 가지 목적을 위해 시행된다.

i) 시간에 따라 변화하는 반응변수의 평균 패턴 인식(mean function)
ii) 시간에 따라 변화하는 개인별 패턴 인식(subject-specific pattern)
iii) 공변량 간의 반응변수와의 관계를 인식
iv) 이상점 또는 특이치를 판독

일반적으로 경시적 자료에서는 관측 개체별 추세를 좀 더 자세히 인식하기 위해 스파게티 그림(spaghetti plot)이 사용되는데 개체별로 반응값을 연결하여 그려진다. xyplot 명령문을 사용하기 위해서는 library(lattice)가 먼저 실행되어야 한다.

[예] 79마리의 젖소를 대상으로 우유 속 단백질 함량을 매주 측정하였다(Diggle et al., 2002). 여기서 주 관심은 세 가지 식이요법 간 우유의 단백질 함량에 차이가 있는지를 알아보고자 한다(Barley: trt=1, a mixture of barley and lupins: trt=2, 그리고 lupins only: trt=3).

```
>milk<-read.table("c:\\data\\milk.txt", header=T)
 >head(milk)
  trt id time protein
1   1  1    1    3.63
2   1  1    2    3.57
3   1  1    3    3.47
4   1  1    4    3.65
5   1  1    5    3.89
6   1  1    6    3.73

>library(lattice)  ## 스파게티 그림을 작성하기 위해
>xyplot(protein ~ time, groups =id, data = milk, type = "l" ,xlab="Time (per 4week)",
ylab="Protein")
```

하지만 산점도와 스파게티 그림은 평균반응(mean response)의 패턴을 인식하는 데 크게 도움을 주지 못한다. 따라서 평균 패턴을 파악하기 위해 스무딩(smoothing) 방법을 적용한 비모수 함수를 추정한다.

반응변수는 다음과 같이 평균함수 $\mu(t)$를 이용하여 표현될 수 있다.

$$Y(t) = \mu(t) + \epsilon$$

평균함수 $\mu(.)$를 추정하기 위해 스무딩 방법이 고려된다.

2.1.1 커널 추정(kernel estimation)

t시점을 중심으로 좌우 시점의 윈도우(window)에 포함된 반응변수 값에 대해 적절한

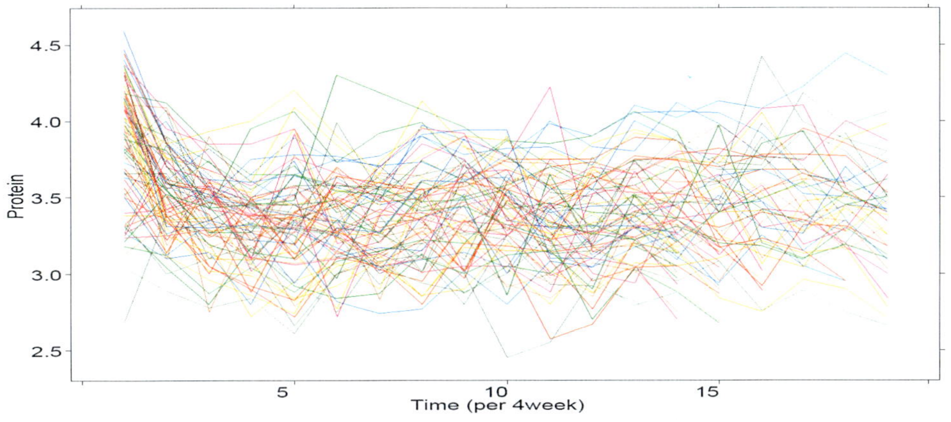

그림 2.1 79마리 젖소의 스파게티 그림

가중치를 적용하여 평균함수를 구한다. 이에 대한 이해를 위해 먼저 조건부평균 $\mu(t)$는 다음과 같이 표현될 수 있다.

$$\mu(t) = E(Y \mid T=t) = \int y f(y|t) dy = \int y \frac{f(t,y)}{f_T(t)} dy$$

여기서 $f_T(t)$는 T의 주변분포, $f(t,y)$는 T와 Y의 결합분포, $f(y|t)$는 $T=t$가 주어졌을 때 Y의 조건부분포를 나타낸다. 따라서 평균에 대한 커널 추정량은

$$\hat{\mu}(t) = \frac{\sum_{i=1}^{n} y_i K\left(\frac{t-t_i}{h}\right)}{\sum_{i=1}^{n} K\left(\frac{t-t_i}{h}\right)} = \hat{\mu}_{NW}(t) \tag{2.1}$$

로 표현되며 이는 Nadaraya-Watson 추정량으로 알려져 있다. 커널 함수 K 는 가우시안 커널(Gaussian kernel) $K(u) = \exp(-0.5u^2)$, 균일 커널, Epanechnikov 커널 $K(u) = \frac{3}{4}(1-u^2)_+$, $a_+ = a$ if $a > 0$이 가장 일반적인 선택이며 띠너비(band width) h는 스무딩 정도를 결정하게 된다. 즉, 큰 h값은 완만한 곡선을 보여 주며 작은 h값은 울퉁불퉁하지만 자료에 좀 더 충실한 곡선을 보여 준다. 식 (2.1)을 좀 더 일반화하면, $\hat{\mu}(t)$는 다음과 같은 가중치된 평균으로 표현된다.

$$\hat{\mu}(t) = \frac{\sum_{i=1}^{n} w(t, t_i, h) y_i}{\sum_{i=1}^{n} w(t, t_i, h)}$$

여기서 가중치는 $w(t, t_i, h) = K\left(\frac{t-t_i}{h}\right)$이다. <그림 2.2>는 우유 단백질 자료의 평균 추정을 위해 커널 스무딩을 적용할 때 서로 다른 띠너비에 따라 변화하는 평균값을 보여 준다.

```
 plot(milk$time, milk$protein, xlab="Time (per 4week)", ylab="Protein")
lines(ksmooth(milk$time, milk$ protein, "normal", 0.5))
title("bandwidth=0.5")

plot(milk$time, milk$protein, xlab="Time (per 4week)", ylab="Protein")
```

```
lines(ksmooth(milk$ time, milk$ protein, "normal", 1.0))
title("bandwidth=1.0")

plot(milk$time, milk$protein, xlab="Time (per 4week)", ylab="Protein")
lines(ksmooth(milk$time, milk$protein, "normal", 2.0))
title("bandwidth=2.0")

plot(milk$time, milk$protein, xlab="Time (per 4week)", ylab="Protein")
lines(ksmooth(milk$time, milk$protein, "normal", 4.0))
title("bandwidth=4.0")
```

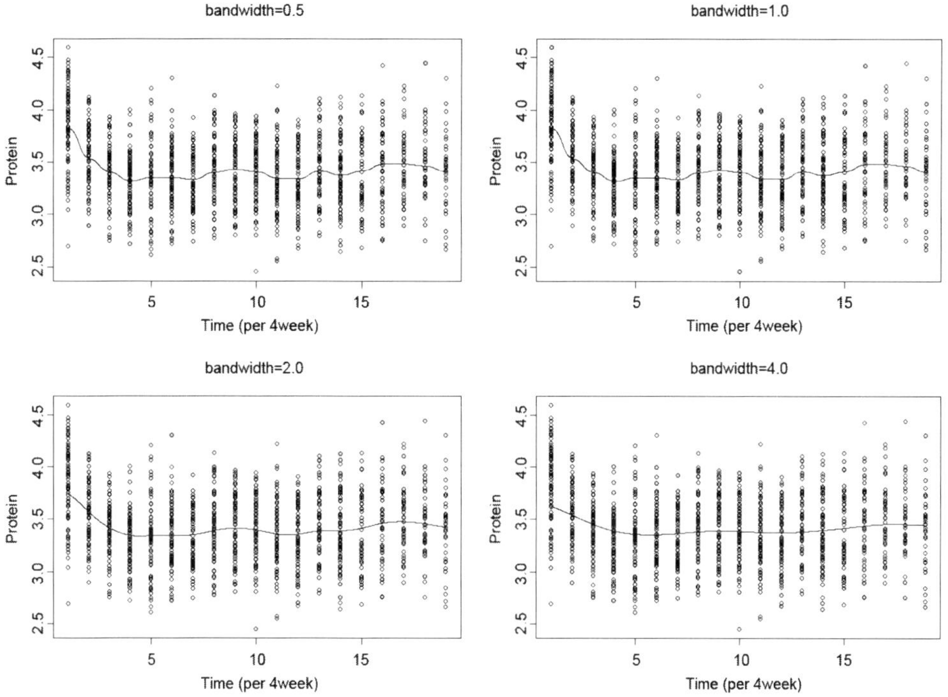

그림 2.2 여러 가지 띠너비 값에 따른 평균 스무딩

띠너비 h의 선택을 위해 편이(bias)와 분산(variance)을 동시에 고려하는 평균예측제곱오차(average predicted squared error, PSE)가 사용된다.

$$PSE(h) = \sum_{i=1}^{n} E(Y_i^* - \hat{\mu}(t_i, h))^2 / n$$

하지만 위 PSE는 실제로 계산될 수 없으며 대신 cross-validation criterion을 이용하여

PSE를 추정하게 된다. 이 값을 최소화하는 띠너비 h를 선택하게 된다.

$$CV(h) = \sum_{i=1}^{n} [y_i - \hat{\mu}^{-i}(t_i, h)]^2$$

여기서 $\hat{\mu}^{-i}$는 i번째 관측치를 제외하고 추정된 평균 추정량으로 정의된다.

그룹별 평균함수의 변화 패턴을 비교하기 위해서도 위 방법이 그대로 적용될 수 있다. 예를 들어, 우유 단백질 자료에서 세 가지 사료에 따른 단백질의 평균 추세를 비교하고자 할 때 다음의 R 명령문이 사용될 수 있다. 먼저 단백질 자료에서 각 그룹은 숫자로 코딩되며 이를 적절한 문자 형태로 바꾸는 것이 필요할 수 있다.

```
milk$trt2<-0
milk[milk$trt==1,]$trt2<-"barley"
milk[milk$trt==2,]$trt2<-"mixed"
milk[milk$trt==3,]$trt2<-"lupins"
head(milk)

  trt id time protein      trt2
1   1  1    1    3.63 barley
2   1  1    2    3.57 barley
3   1  1    3    3.47 barley
4   1  1    4    3.65 barley
5   1  1    5    3.89 barley

gr1<-milk[milk[,1]==1,]
gr2<-milk[milk[,1]==2,]
gr3<-milk[milk[,1]==3,]

 milk1.sm<-ksmooth(gr1$time, gr1$protein, "normal", 4.0)      # 가우시안(정규) 커널 사용
 milk2.sm<-ksmooth(gr2$time, gr2$protein, "normal", 4.0)
 milk3.sm<-ksmooth(gr3$time, gr3$protein, "normal", 4.0)
 plot(milk$time, milk$protein, xlab="Time (per 4week)", ylab="Protein")

 lines(milk1.sm, lty=2)
 lines(milk2.sm, lty=4)
 lines(milk3.sm, lty=1)
```

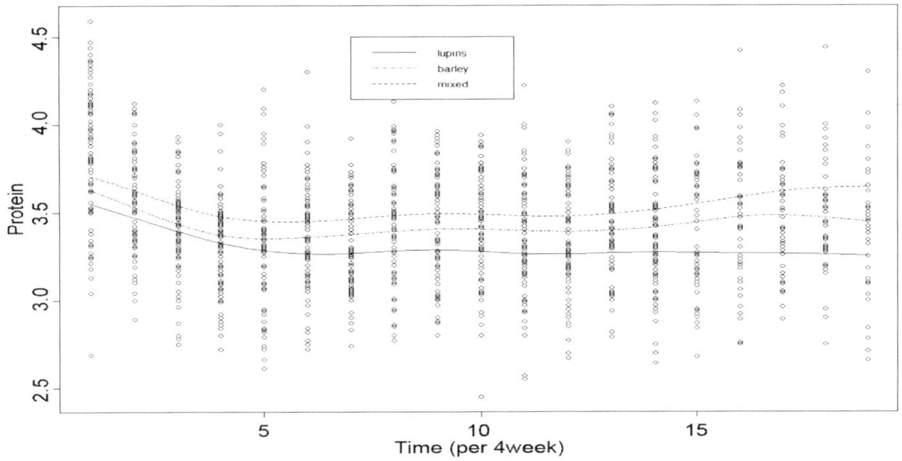

그림 2.3 커널 방법을 이용한 세 가지 사료의 시간에 따른 단백질 추세선

<그림 2.3>을 통해 혼합(mixed)사료를 먹은 젖소 집단의 평균 단백질 함량이 모든 시간대에 걸쳐 가장 높으며, 다음으로 barley, 그리고 lupins 그룹이 가장 낮은 평균 단백질 함량임을 알 수 있다.

2.1.2 loess 스무딩

커널 방법이 이상치(outlier)에 민감하다는 단점을 보완하기 위해 제안된 방법이다. 커널 방법이 윈도 내에 포함된 반응변수들의 가중평균을 이용하는 데 반해, loess 방법에서는 윈도 내에 속한 관측치 $(t_{i,}y_i)$를 이용하여 가중 최소제곱추정모형(weighted LSE)을 구한다. 즉, 이상치는 추정된 회귀선에 대해 큰 잔차를 가지게 되며 따라서 작은 가중치를 부여받음으로써 kernel 방법의 단점을 제거할 수 있다.

```
plot(milk$time, milk$protein, xlab="Time (per 4week)", ylab="Protein")
f<-loess(milk$protein~milk$time)
i<-order(milk$time)
lines(f$x[i], f$fitted[i])
title ("Loess smoothing")
```

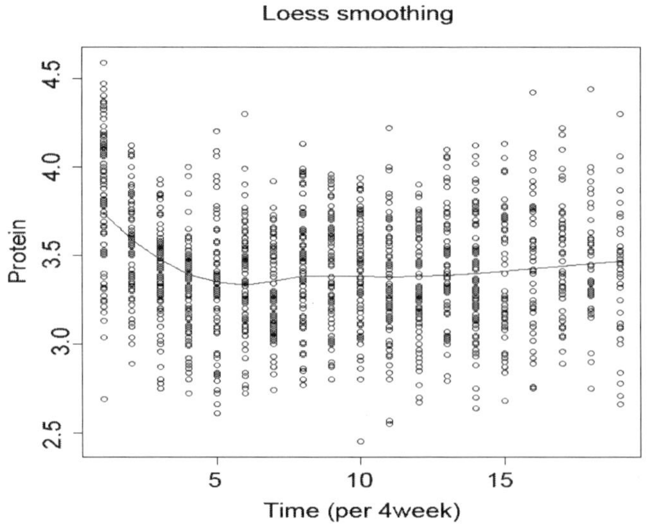

그림 2.4 loess 방법을 이용한 시간에 따른 단백질 추세선

2.1.3 스무딩 스플라인(smoothing spline)

모형 $y_i = \mu(t_i) + \epsilon_i$에서는 MSE=$\frac{1}{n}\sum_{i=1}^{n}(y_i - \mu(t_i))^2$을 최소화하는 함수 $\hat{\mu}$를 구하고자 한다. 이에 최적의 해는 $\hat{\mu}(t_i) = y_i$, 즉 모든 점들을 연결(join)하는 함수일 것이다. 하지만 이는 추정치로 사용하기에는 자료의 과도한 충실성으로 인한 거침성(roughness)을 가지며 예측 함수로써 부적절하다. 대신 어느 정도 유연성을 보장하기 위해 MSE 대신 다음의 criterion을 최소화하는 함수 $\mu(t)$를 사용할 수 있을 것이다.

$$J(\lambda) = \sum_{i=1}^{n}(y_i - \mu(t_i))^2 + \lambda\int\{\mu''(t)\}^2 dt$$

여기서 오른쪽의 첫 번째 항은 y의 μ에 대한 적합성에 대한 편이(bias) 정도를 측정하며 두 번째 항은 곡선(curvature) 정도 또는 거침성(roughness)를 반영한다. 즉, $\mu''(t)$는 이차 미분값으로 μ가 울퉁불퉁할수록(또는 두 번째 항의 값이 커질수록) 함수는 관측값에 충실할 수 있으며, 반대로 곡선이 완만할수록(또는 두 번째 항의 값이 작아질수록) 함수는 관측값을 잘 반영할 수 없게 된다(첫 번째 항의 값이 커짐). 따라서 $\int\mu''(t)^2 dt$를 거침성에 대한 패널티(penalty)라고 하며, 이러한 상쇄효과(trade-off)를 조절하기 위해 스무딩 계수 λ가 적용된다. 이러한 방법을 스무딩 스플라인 함수라고 하며, 특히 $\hat{\mu}$로 가장 자주 적용되는 함수는 삼차 스플라인 함수(cubic spline function)이다. 즉, $\hat{\mu}$은

구간별로 삼차 다항식을 가지게 된다.

```
plot(protein~time,data=milk, pch=".")
lines(smooth.spline(milk$time,milk$protein))
title ("Spline smoothing")
```

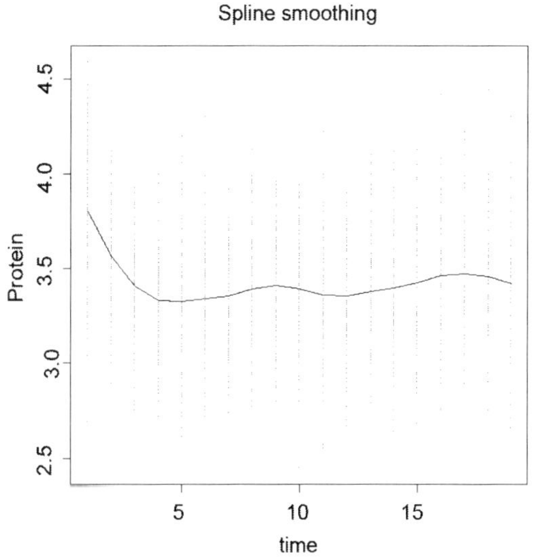

그림 2.5 spline 스무딩 방법을 이용한 시간에 따른 단백질 추세선

2.2 공분산 추정

개체 내 반응변수 간의 연관 관계를 조사하기 위해 공분산을 추정하는 다양한 방법들을 공부한다. 먼저 완전한 균형 자료(모든 관측대상이 동일한 시점에서 관측되며 동일한 반복횟수를 갖는 경우) 하에서 공분산 계산을 고려한다. 다음으로 좀 더 일반적인 경시적 자료하에서 연관성 연구를 위해 준변이도(semi-variogram)를 공부한다.

2.2.1 공분산행렬

Y_{ij}가 i번째 관측 개체의 $j(=1, \cdots, m)$번째 반응변수일 때 평균은 $E(Y_{ij})=\mu_{ij}$이고 분산, 공분산 그리고 상관계수는 각각 다음과 같이 정의된다.

$$\sigma_j^2 = E(Y_{ij}-\mu_{ij})^2 \qquad : \ j\text{번째 시점의 분산}$$

$$\sigma_{jk} = E[(Y_{ij} - \mu_{ij})(Y_{ik} - \mu_{ik})] \quad : \text{ 시점 } (j,k) \text{ 간의 공분산}$$

$$\rho_{jk} = \frac{E[(Y_{ij} - \mu_{ij})(Y_{ik} - \mu_{ik})]}{\sigma_j \sigma_k} \quad : \text{ 시점 } (j,k) \text{ 간의 상관계수}$$

위의 정보는 공분산행렬(covariance matrix)과 상관계수행렬로 요약된다.

$$\Sigma = \begin{pmatrix} \sigma_1^2 & \sigma_{12} & \cdots & \sigma_{1m} \\ \sigma_{12} & \sigma_2^2 & \cdots & \sigma_{2m} \\ \vdots & \vdots & \ddots & \vdots \\ \sigma_{m1} & \sigma_{m2} & \cdots & \sigma_m^2 \end{pmatrix} \qquad \rho = \begin{pmatrix} 1 & \rho_{12} & \cdots & \rho_{1m} \\ \rho_{12} & 1 & \cdots & \rho_{2m} \\ \vdots & \vdots & \ddots & \vdots \\ \rho_{1m} & \rho_{2m} & \cdots & 1 \end{pmatrix}$$

공분산행렬은 표본 공분산행렬(sample covariance matrix) $\hat{\Sigma} = \left\{ \hat{\sigma}_{jk},\ j,k = 1,\cdots,m \right\}$을 통해 추정된다. 즉,

$$\widehat{\sigma_{jk}} = s_{jk} = \frac{\sum_{i=1}^{n} (Y_{ij} - \overline{y_j})(Y_{ik} - \overline{y_k})}{n-1}, \qquad \overline{y_l} = \frac{\sum_{i=1}^{n} y_{il}}{n} \quad l = 1,\ \cdots,\ m$$

여기서 $\widehat{\sigma_j^2} = \widehat{\sigma_{jj}}$, $\hat{\sigma}_j = \sqrt{\widehat{\sigma_{jj}}}$가 된다. (j,k) 시점 간의 표본 상관계수는 $\hat{\rho}_{jk} = \frac{\hat{\sigma}_{jk}}{\hat{\sigma}_j \hat{\sigma}_k}$로 계산된다. 가문비 자료(자료 2: spruce)는 다섯 시점 (t=152, 174, 201, 227, 258일)에서 관측된 자료이며 공분산과 상관계수행렬은 다음과 같이 구할 수 있다.

```
> cov(spruce)   # 공분산행렬 (5 x 5)
          [,1]      [,2]      [,3]      [,4]      [,5]
[1,] 0.4325597 0.3946869 0.3651888 0.3654695 0.3680466
[2,] 0.3946869 0.3893225 0.3668390 0.3730923 0.3767462
[3,] 0.3651888 0.3668390 0.3657603 0.3722446 0.3747661
[4,] 0.3654695 0.3730923 0.3722446 0.4069364 0.4108612
[5,] 0.3680466 0.3767462 0.3747661 0.4108612 0.4260473

> cor (spruce)     #상관계수 (5 x 5)
          [,1]      [,2]      [,3]      [,4]      [,5]
[1,] 1.0000000 0.9617782 0.9181129 0.8710938 0.8573356
[2,] 0.9617782 1.0000000 0.9721256 0.9373423 0.9250501
[3,] 0.9181129 0.9721256 1.0000000 0.9648655 0.9493648
[4,] 0.8710938 0.9373423 0.9648655 1.0000000 0.9867406
[5,] 0.8573356 0.9250501 0.9493648 0.9867406 1.0000000
```

위 표본 공분산행렬을 통해 시간별 분산(대각원소)이 서로 비슷하며 공분산 간에도 큰 차이가 없어 보인다. 하지만 상관계수행렬을 통해 시간 간격이 커질수록 상관계수가 점점 작아짐을 알 수 있다(예를 들어, $0.961(\rho_{12}) > 0.918(\rho_{13}) > 0.871(\rho_{14}) > 0.857(\rho_{15})$.

2.2.2 변이를 구성하는 요소(variation component)

우리의 목적은 자료에 충실한 통계적 모형을 제시함으로써 적합도를 높이는 것이다. 경시적 자료는 평균함수 μ를 이용하여 다음과 같이 표현될 수 있다.

$$Y_{ij} = \mu(t_{ij}) + \epsilon_{ij}$$

여기서 $\mu(t)$는 평균 추세뿐만 아니라 공변량과 반응변수의 관계를 보여 주기 위해 $\mu_{ij} = \mu(t_{ij}) = \mu_0(t_{ij}) + x_{ij}'\beta$ 로 확장 표현될 수 있으며 회귀계수 추정은 다음 장부터 여러 가지 모형을 통해 논의한다.

먼저 본 절에서는 오차항 ϵ_{ij}의 분산-공분산을 통해 경시적 자료의 여러 가지 변이 요소(variation components)를 분석하고자 한다. 예를 들어, 모든 관측치가 서로 독립일 때, ϵ_{ij}는 평균이 0이고 등분산 σ^2와 공분산 값은 0을 가정한다($\epsilon_{ij} \sim N(0, \sigma^2)$). 하지만 개체 내 반복 측정치를 가지는 경시적 자료에서는 공분산에 대한 적절한 모형을 적용함으로써 그 구조를 추정하고자 한다. 이를 위해 경시적 자료의 변이를 구성하는 다음의 세 가지 요인을 고려한다.

(i) 개체 간 변이(between-individual heterogeneity)
(ii) 개체 내 변이(within-individual variation)
(iii) 측정오차(measurement error)

◉ 개체 간 변이

첫 번째 요인인 개체 간 변이는 개체별 효과(subject-specific effect)로 랜덤효과(random effect)를 통해 표현될 수 있다. 모집단에서 랜덤하게 추출된 개체의 고유효과를 반영하는 것이다. 예를 들어, 일변량 정규분포를 이용하여 개체 간 변이를 랜덤 절편 효과로 표현할 수 있다.

$$b_i \sim N(0, \sigma_b^2)$$

공변량 z_i에 대한 개체 간의 효과를 고려할 수도 있는데 공변량이 $(z_{i1}, \cdots, z_{iq})$로 q개일 때, 랜덤 벡터 효과는 다음과 같은 다변량 정규분포를 가정할 수 있다.

$$(b_{i0}, b_{i1}, \cdots, b_{iq}) \sim MVN(0, G)$$

예를 들어, 시간에 따른 반응변수의 변화가 개인마다 다를 경우 다음의 성장 곡선모형(growth curve model)이 적용된다.

$$E[Y_{ij}|b_{i0}, b_{i1}] = \beta' X_{ij} + b_{i0} + b_{i1} t_{ij}$$

여기서 랜덤효과 $b_i = (b_{i0}, b_{i1})$에 대해서는 다음의 이변량 정규분포를 가정한다.

$$\begin{pmatrix} b_{i0} \\ b_{i1} \end{pmatrix} \sim BVN\left(\begin{pmatrix} 0 \\ 0 \end{pmatrix}, \begin{pmatrix} \sigma_0^2 & \sigma_{01} \\ \sigma_{01} & \sigma_1^2 \end{pmatrix}\right)$$

만약, 특정 공변량에 대한 개체별 효과가 다를 경우(예를 들어, 신종 약물(trt)에 대한 개인별 효과가 이질적이라고 의심되는 경우), 조건부평균은

$$E[Y_{ij}|b_{i0}, b_{i1}] = \beta_0 + \beta_1 trt_i + b_{i0} + b_{i1} trt_i$$

로 모형화될 수 있으며 여기서 β_1은 trt의 평균 효과(population mean effect), b_{i1}은 trt의 개체별 효과(subject-specific effect)를 나타낸다. 즉, β_1는 신종 약물을 받은 그룹의 평균 효과를 표현하는 반면 b_{i1}는 신종 약물을 받고 변화되는 i번째 개인(개체)의 효과를 표현한다. 위 모형은 삼변량 랜덤효과를 이용하여 다음과 같이 확장될 수 있다.

$$E[Y_{ij}|b_{i0}, b_{i1}, b_{i2}] = \beta_0 + \beta_1 trt_i + \beta_2 t_{ij} + b_{i0} + b_{i1} trt_i + b_{i2} t_{ij} = \beta' x_{ij} + z_{ij}' b_i$$

여기서 $x_{ij} = z_{ij} = (1, trt_{i,} t_{ij})'$이고

$$\begin{pmatrix} b_{i0} \\ b_{i1} \\ b_{i2} \end{pmatrix} \sim MVN\left(\begin{pmatrix} 0 \\ 0 \\ 0 \end{pmatrix}, \begin{pmatrix} \sigma_0^2 & \sigma_{01} & \sigma_{02} \\ \sigma_{01} & \sigma_1^2 & \sigma_{12} \\ \sigma_{02} & \sigma_{12} & \sigma_2^2 \end{pmatrix}\right).$$

◉ 개체 내 변이

경시적 자료의 두 번째 변이 요인인 개체 내 변이를 탐색하기 위해 다음의 자기공분산 함수(auto-covariance function)가 사용될 수 있다.

$$\begin{aligned}\gamma(t,t+u) &= cov[Y(t), Y(t+u)] \\ &= E[(Y(t)-\mu(t))(Y(t+u)-\mu(t+u))] = Cov[\epsilon(t),\epsilon(t+u)] \\ &= C(u)\end{aligned}$$

두 시점$(t,t+u)$ 간의 공분산함수로 여기서 만약 $\gamma(t,t+u)=0$이라면, $Y(t)$와 $Y(t+u)$는 서로 독립임을 의미한다. 만약 $\gamma(t,t+u)$가 u에 의해서만 결정될 때, Y는 이차정상성(second-order stationary) 또는 약한 정상성(weak stationary)을 가진다고 한다. 또한 $\gamma(t,t)=C(0)$을 만족한다면, 모든 t에 대해 동일한 분산을 의미한다. 위 함수를 이용하여 다음과 같이 자기상관함수(autocorrelation function: ACF)를 정의한다.

$$\rho(u) = \frac{C(u)}{C(0)}$$

실제 자료분석 시 이러한 공분산 구조를 유도하기 위해서는 공변량의 효과를 포함한 회귀모형을 적절한 평균함수를 적용한 다음 계산된 잔차(residual)를 사용함으로써 더 정확한 분산 요인을 식별할 수 있다. 회귀모형에 대해서는 다음 장에서부터 시작되므로 당분간 공변량을 고려하지 않고 2.1절의 평균함수를 적합한 후 계산된 잔차를 이용하여 다음의 표준화된 잔차(standardized residual)

$$e_t = \frac{Y(t)-\hat{\mu}(t)}{\sqrt{\widehat{var}(Y_t)}}$$

를 계산한다. 만약 반복치들 간에 상관관계가 없을 때(독립일 때)는 다음을 만족한다.

$$\sqrt{n}\, e_t \sim N(0,1)$$

이제 자기상관함수를 추정하기 위해 다음의 경험적 자기상관함수(empirical autocorrelation function)를 계산한다.

$$\hat{\rho}(u) = \widehat{Corr}(e_t, e_{t+u}) = \frac{\sum_{t=1}^{n-u} \frac{e_t e_{t+u}}{(n-u)}}{\sum_{t=1}^{n} \frac{e_t^2}{n}}, \quad u = 0, 1, \ldots$$

$(u, \hat{\rho}(u))$를 이용하여 상관도표(correlogram)를 그릴 수 있다. 그러나 관측 개체마다 관측 시점과 횟수가 같지 못한 경우에 위의 자기상관함수는 사용될 수 없다. 대신 다음

과 같이 정의되는 변이도(variogram)를 이용한다.

예를 들어 이차 정상과정일 경우, 모든 t에 대해 $E(e_t) = 0$이고 $cov(e_t, e_{t+u})$는 u에만 영향을 받게 된다. 모든 t에 대해 $var(e_t) = \sigma^2$일 때, 변이도는 다음과 같다.

$$\tilde{\gamma}(u) = E[(e_t - e_{t+u})^2] = E[e_t^2] + E[e_{t+u}^2] - 2E[e_t e_{t+u}] = 2\sigma^2(1 - \rho(u))$$

실제로, 변이도 대신 변이도의 0.5배인 준변이도(semi variogram)가 자주 사용된다.

$$\gamma(u) = \sigma^2(1 - \rho(u)) = \tilde{\gamma}(u)/2$$

여기서 $u \rightarrow \infty$ 일 때, $\rho(u) \rightarrow 0$이 되며 $\gamma(u) = \sigma^2$이고, $u \rightarrow 0$일 때, $\rho(u) \rightarrow 1$, $\gamma(u) = 0$이 된다.

상관함수로 자주 적용되는 두 가지 모형을 소개한다.

- 지수상관모형(exponential correlation): $\rho(u) = \exp(-\phi u)$
- 가우스 상관모형(gaussian correlation): $\rho(u) = \exp(-\phi u^2)$

<그림 2.6>과 <그림 2.7>은 지수상관모형과 가우스 상관모형 하에서 여러 가지 ϕ값 (0.1, 0.25, 0.5, 0.75)에 따라 준변이도($\gamma(u) = \sigma^2(1 - \rho(u))$, $\sigma^2 = 1$)가 어떠한 형태로 변하는지를 보여 준다. 두 상관모형을 비교할 때 가장 눈에 띄는 차이는 $u = 0$에서 함수의 형태이다. 지수상관함수는 $u = 0$에서 미분 가능하지 않은 반면에 가우시안 함수는 미분 가능한 함수로 곡선 형태를 가진다. 즉, 가우스 상관함수는 더 스무드한 함수 형태를 가진다. 이제 위에서 논의된 변이도를 경시적 자료에 적용시켜 보자. 오차가 $e_{ij} = Y_{ij} - \widehat{\mu_{ij}}$ 로 정의될 때, 전체 분산(total variance)은 $Var(e_{ij}) = E[e_{ij}^2] \equiv \sigma^2$로 정의된다. 여러 가지 상관관계 하에서 변이도를 유도해 보자.

A. 개체 내 변수 간의 독립성 가정

$$Y_{ij} = \mu_{ij} + e_{ij} = \mu_{ij} + b_i + w_{ij} + u_{ij}$$

(i) 개체 간 변이는 서로 독립으로 모형화된다. $b_i \sim N(0, \sigma_0^2)$.

(ii) 개체 내 변이는 모두 시점에서 동일하고 독립으로 가정한다. $w_{ij} \sim N(0, \sigma_w^2)$.

(iii) 측정 오차들은 모두 독립을 가정한다. $u_{ij} \sim N(0, \sigma_u^2)$.

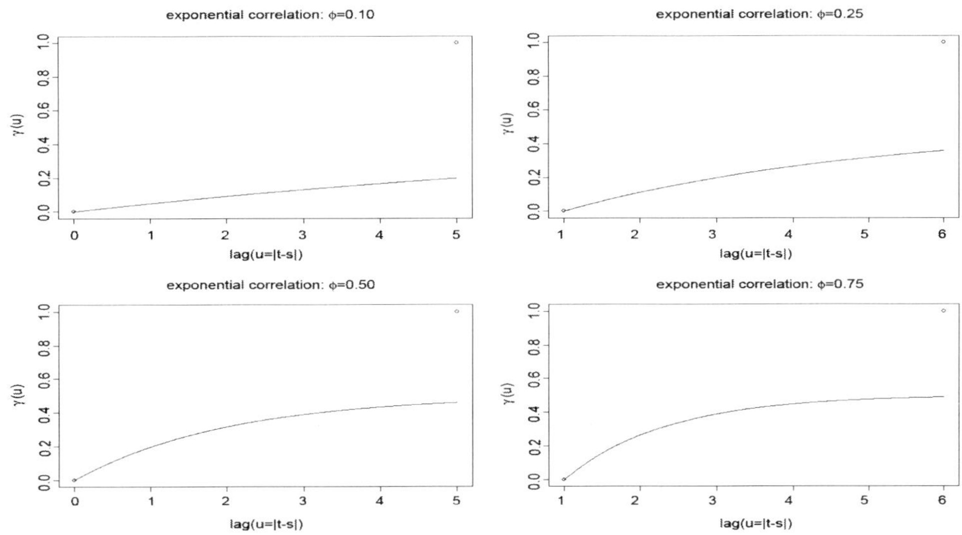

그림 2.6 지수상관모형에서의 ϕ값에 따른 변이도

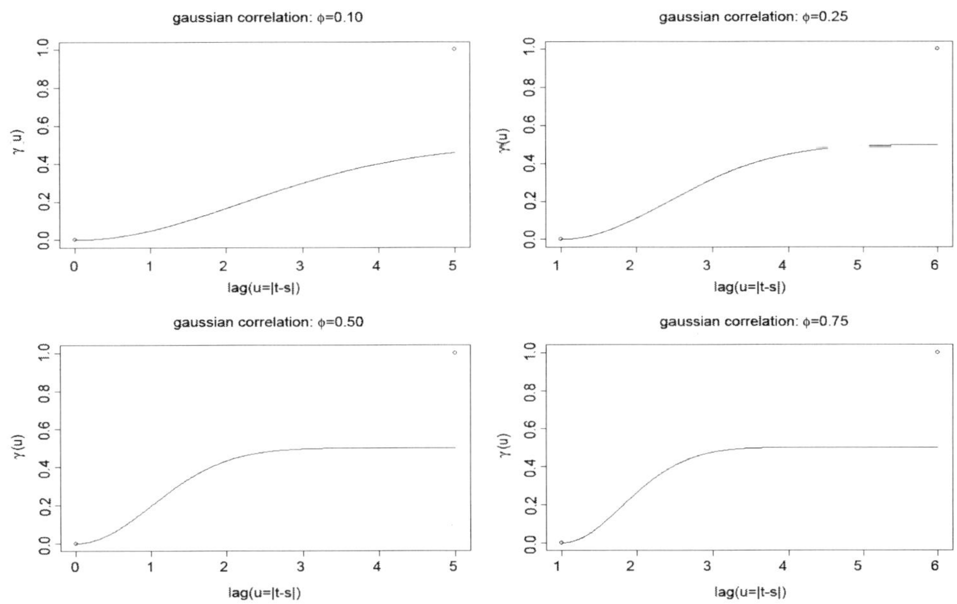

그림 2.7 가우시안 상관모형에서의 ϕ값에 따른 변이도

따라서 분산과 공분산은

$$Var(Y_{ij}) = Var(e_{ij}) = \sigma^2 = E[(Y_{ij} - \mu_{ij})^2] = \sigma_0^2 + \sigma_w^2 + \sigma_u^2$$

$$Cov(e_{ij}, e_{ik}) = \sigma_0^2$$

로 표현된다. 변이도를 계산하기 위해 두 오차 e_{ij}, e_{ik}의 차이는

$$e_{ij} - e_{ik} = b_i + w_{ij} + u_{ij} - (b_i + w_{ik} + u_{ik}) = w_{ij} - w_{ik} + u_{ij} - u_{ik}$$

이며 변이도

$$\tilde{\gamma}_i(d_{ijk}) = E[(e_{ij} - e_{ik})^2] = 2(\sigma_w^2 + \sigma_u^2)$$

는 $|t_{ij} - t_{ik}|$와 무관함을 알 수 있다.

B. AR(1) 모형: 개체 내 변이에 대해 AR(1) 모형을 가정해 보자.

$$Cov(w_{ij}, w_{ik}) = \sigma_w^2 \rho^{|t_{ij} - t_{ik}|}, \quad Cov(e_{ij}, e_{ik}) = \sigma_0^2 + \sigma_w^2 \rho^{|t_{ij} - t_{ik}|}$$

위 모형에 대한 변이도는 다음과 같다.

$$\tilde{\gamma}_i(d_{ijk}) = E[(e_{ij} - e_{ik})^2] = 2[\sigma_w^2(1 - \rho^{d_{ijk}}) + \sigma_u^2] = 2\gamma(d_{ijk})$$

여기서 $d_{ijk} = |t_{ij} - t_{ik}| > 0$이다. 따라서 $d_{ijk} \to 0$(두 관측 시점이 가까워질수록) 이면 변이도와 준변이도는 $\tilde{\gamma}_i(0) = 2\sigma_u^2$, $\gamma(0) = \sigma_u^2$이 된다. 여기서 σ_u^2를 nugget 효과라 하며 이는 측정오차(measurement error)로 인한 변이의 정도를 보여준다.

이제 우리의 관심은 개체 내 상관관계를 파악하기 위해 준변이도를 추정하는 것이며 이를 위해 다음의 통계량을 적용한다.

$$\hat{v}_{ijk} = \frac{1}{2}(\widehat{e_{ij}} - \widehat{e_{ik}})^2$$

로 추정되며 $\hat{v}_{ijk} \sim \chi^2(df = n - p)$(여기서 p는 $\mu_{ij} = x_{ij}'\beta$에서 β의 크기)의 분포를 따른다. 준변이도 그래프는 $u_{ijk} = t_{ij} - t_{ik}$와 함께 그래프로 표현된다. 다음은 nlme 패키지에서 제공되는 Variogran 함수를 이용하여 준변이도를 그리는 과정이다. 일단 4장에서 공부할 혼합모형을 적용한 후 그 잔차를 이용하기로 한다. nlme 패키지의 lme 함수를 사용한다.

```
milk<-read.table("c:\\data\\milk.txt", header=T)
fit0<-lme(protein~time, random=~1|id, data=milk)    ### lme 함수를 이용하여 혼합효과모형 적용
plot(Variogram(fit0, form=~time|id, resType="response"))
```

```
      variog dist n.pairs
1  0.03619742   1   1248
2  0.04826060   2   1171
3  0.05710623   3   1091
4  0.06408975   4   1012
5  0.07513982   5    934
6  0.08178838   6    858
7  0.08091069   7    781
8  0.09069664   8    705
9  0.10062301   9    629
10 0.10723987  10    552
11 0.10241956  11    475
12 0.10472644  12    397
13 0.11700012  13    320
14 0.08638515  14    241
15 0.08425290  15    182
16 0.08584090  16    132
17 0.10612706  17     86
18 0.17503808  18     41
```

<그림 2.8>의 결과를 통해 nugget 효과인 측정오차의 정도를 알 수 있으며 그림을 통해 그 값이 아주 작음을 알 수 있다. 또한 lag가 증가함에 따라 관측치 간의 상관관계(serial correlation)가 감소함을 알 수 있다. d=10 이후에는 연관 정도가 0이 됨을 알 수 있다.

C. 전체 준변이도와 전체 분산 $\hat{\sigma}^2$의 차이는 관측 개체 간의 분산으로 표현될 수 있다. 따라서 위 자료는 앞에서 논의된 세 가지 공분산 요소들을 모두 포함함을 알 수 있다.

$$e_{ij} = b_i + w_i(t_{ij}) + u_{ij}$$

$u \to \infty$일 때, $\gamma(u) = \sigma_u^2 + \sigma_w^2$은 전체 분산 $\sigma^2 = \sigma_u^2 + \sigma_w^2 + \sigma_b^2$보다 작은 값을 가진다. 이들 두 값의 차이를 silt라고 하며 이는 개체효과의 분산 σ_b^2이 된다.

하지만 이러한 준변이도의 적용이 모든 자료에 적용될 수 있는 것은 아니다. 즉, 정상성을 가진 자료에서는 효과적인 방법이지만 그렇지 못한 경우 이러한 추세를 알아내기란 힘든 일이 될 것이다. 따라서 정상성이 없는 자료에 대해서는 평균 모형의 수정 또는 관측 대상 간의 변이를 표현하는 여러 랜덤효과들의 삽입(위 예에서는 랜덤 절편만을 고려하였으며 좀 더 일반적인 랜덤효과에 대해서는 4장에서 공부함)을 고려함으로써 정상성을 유도할 수도 있을 것이다.

2.3 표본크기

먼저 일변량 자료를 가지는 두 그룹의 평균을 비교하는 문제로 시작하자. 즉, 고려되는 귀무가설과 대립가설은 다음과 같다.

$$H_0 : \mu_1 = \mu_2 \quad vs \quad H_1 : \mu_1 \neq \mu_2$$

여기서 $y_{k1,}y_{k2},\cdots,y_{kn} \sim N(\mu_{k,}\sigma^2)$, $k = 1,2$이며 유의수준(type-1 error)을 α, 검정력(power)을 $1-\beta$, 그리고 유의적인 의미가 있을 것으로 판단되는 가장 작은 평균의 차($\Delta = (\mu_1 - \mu_2)/\sigma$)가 주어졌을 때, 필요한 관측 대상의 크기는 다음의 공식을 통해 유도될 수 있다.

$$n = 2(\frac{z_{\alpha/2} + z_\beta}{\Delta})^2 \tag{2.2}$$

이제 위 공식을 경시적 자료로 확장해 보자. 여기서 관측 개체 내 반복횟수(m)는 연구자의 연구 목적, 비용, 물리적 환경으로 미리 정해져 있다고 가정하자. 우리의 관심은 각 그룹에 속한 관측 대상의 크기 n을 구하고자 한다.

(1) 두 그룹의 평균을 비교

- Group A: $y_{ij} = \mu_A + \epsilon_{ij}$,
- Group B: $y_{ij} = \mu_B + \epsilon_{ij}$,

여기서 μ_A, μ_B는 각각 그룹 A, 그룹 B의 전체 시점을 통합해서 구한 평균이라고 하자. 오차항과 상관관계를 $\epsilon_{ij} \sim N(0,\sigma^2)$, $cor(\epsilon_{ij},\epsilon_{ik}) = \rho$라고 가정하였을 때, 귀무가설과 대립가설은

$$H_0 : \mu_A = \mu_{B,} \qquad H_1 : \mu_A \neq \mu_B$$

으로 설정한다. 각 그룹에 대해 필요한 표본크기는 다음과 같다.

$$n = 2(1+(m-1)\rho)\frac{(z_{\alpha/2}+z_{\beta})^2}{m\Delta^2}$$

여기서 $\Delta=(\mu_A-\mu_B)/\sigma$이며 다음과 같은 특이한 경우를 고려할 수 있다.

(i) $m=1$일 때, (2.2)로 축소된다.
(ii) $\rho=1$일 때, (2.2)로 축소된다.
(iii) $\rho=0$일 때, (2.2)의 $1/m$배가 필요하다.

ρ가 커질수록 σ 고정되어 있다는 가정하에서 두 그룹의 평균차이가 커질수록 필요한 표본의 크기도 커지게 된다.

예제 1

m=3이고 $\alpha=0.05$, $\beta=0.8$일 때, 그룹당 관측 개체의 수는 Δ와 ρ에 따라 다음과 같은 결과를 가진다.

ρ	Δ							
	0.1	0.2	0.3	0.4	0.5	0.6	0.7	0.8
0.2	577	144	64	36	23	16	12	9
0.3	660	165	73	41	26	18	13	10
0.4	742	186	82	46	30	21	15	12
0.5	825	206	92	52	33	23	17	13
0.6	907	227	101	57	36	25	19	14
0.7	990	247	110	62	40	27	20	15
0.8	1072	268	119	67	43	30	22	17

(2) 두 그룹의 평균 기울기를 비교

- Group A: $y_{ij}=\beta_{0A}+\beta_{1A}\,t_{ij}+\epsilon_{ij}$,
- Group B: $y_{ij}=\beta_{0B}+\beta_{1B}t_{ij}+\epsilon_{ij}, i=1,\cdots,m,\quad j=1,\cdots,n$

여기서 $\epsilon_{ij}\sim N(0,\sigma^2)$, $corr(\epsilon_{ij},\epsilon_{ik})=\rho$이다. 귀무가설과 대립가설은 각각

$$H_0:\beta_{1A}=\beta_{1B}\ ,\qquad H_1:\beta_{1A}\neq\beta_{1B}$$

일 때,

$$n = \frac{2(1-\rho)(z_{\alpha/2}+z_\beta)^2}{m\Delta^2 s_t^2}, \qquad s_t^2 = \frac{\sum(t_j - \bar{t})^2}{m}$$

여기서 $\Delta = (\beta_{1A} - \beta_{1B})/\sigma$.

(i) $\rho = 0$일 때, 최대 관측 개체가 필요하다.

(ii) ρ가 클수록 더 적은 관측 개체가 더 많은 반복횟수가 필요하다(ρ가 낮으면, 더 많은 관측 개체가 더 적은 반복횟수가 필요하다).

예제 2

혈압약과 관련된 임상 연구에서 반복횟수 $m=3$이고 $\alpha = 0.05$, $\beta = 0.8$일 때, 그룹당 관측 개체의 수를 구하고자 한다. 여기서 예상되는 가장 유의미한 차이는 $\beta_{1A} - \beta_{2A} =$ 0.5mmHG라고 한다면 Δ=0.5/σ와 ρ에 따라 다음과 같은 결과를 가진다. (t =0,1,2)일 때, s_t^2=0.66이다. 아래 결과를 통해 상관계수가 고정되어 있을 때, 오차의 분산이 커질수록, 오차의 분산이 고정되어 있을 때는 상관계수가 작을수록 필요한 더 많은 표본이 필요하였다.

ρ	σ							
	5	2.5	1.66	1.25	1	0.83	0.71	0.625
0.2	495	124	55	31	20	14	10	8
0.3	433	108	48	27	17	12	9	7
0.4	371	93	41	23	15	10	8	6
0.5	309	77	34	19	12	9	6	5
0.6	247	62	27	15	10	7	5	4
0.7	185	46	21	12	7	5	4	3
0.8	124	31	14	8	5	3	3	2

(3) 두 그룹의 비율을 비교(이항 자료)

GROUP A: $p(y_{ij}=1) = p_A$ GROUP B: $p(y_{ij}=1) = p_B$

귀무가설과 대립가설은 다음과 같다.

$$H_0 : p_A = p_B \ , \qquad H_1 : p_A \neq p_B$$

$corr(y_{ij}, y_{ik}) = \rho$일 때, 필요한 관측 개체의 수는

$$n = \frac{[z_\alpha(2\overline{p}\,\overline{q})^{1/2} + z_\beta(p_A\ q_A + p_B\ q_B)^{1/2}]^2(1+(m-1)\rho)}{md^2}$$

여기서 $\overline{p} = (p_A + p_B)/2$, $\overline{q} = 1 - \overline{p}$, $d = p_A - p_B$.

예제 3

m=3, $p_A = 0.5, \alpha = 0.05, \beta = 0.8$

ρ	d		
	0.1	0.2	0.3
0.2	214	51	21
0.3	244	59	24
0.4	275	66	27
0.5	305	73	30
0.6	336	80	33

따라서 연속형 자료와 마찬가지로 상관계수 ρ가 커질수록 두 비율이 비슷할수록 더 많은 관측 개체가 필요함을 알 수 있다.

표본크기 공식에서 관측 개체 내 상관계수 패턴과 오차의 분산이 입력되어야 한다. 이를 구하기 위해서 과거 연구 결과를 참고하거나 작은 pilot study를 통해 추론된 결과를 사용할 수 있다.

제3장

반복측정 ANOVA 모형

본 장에서는 고전적인 ANOVA 분석 방법을 적용한 일변량 반복측정 자료(univariate repeated measures)를 소개한다. 반복측정 자료는 농학, 공학, 산림학 등 관측 개체가 설계를 통해 일반적으로 통제 가능한 연구에서 발생하는 자료이다.

n개의 관측 대상 중 i번째 관측 개체의 반응변수를 $Y_i = (Y_{i1}, \cdots, Y_{im_i})'$로 표현한다고 하자. 여기서 첨자 $i(=1,\cdots,n)$는 관측 개체를, $j(=1,\cdots,m_i)$는 반복횟수를 표현한다. 본 장에서 모든 관측 개체가 동일한 반복횟수를 가졌다고 가정한다($m_i = m$). i번째 관측 대상의 j번째 관측 시점에서 p개의 공변량 $X_{ij} = (1, x_{ij1}, \cdots, x_{ijp})$이 주어질 때, 다음의 선형모형이 정의된다.

$$Y_{ij} = X_{ij}\beta + \epsilon_{ij}$$

이를 행렬로 표현하면

$$Y = X\beta + \epsilon$$

여기서 $Y = (Y_1, Y_2, \cdots, Y_n)'$은 크기가 $nm \times 1$인 벡터이며 $X = (X_{11}, X_{12}, \cdots, X_{nm-1}, X_{nm})'$은 크기가 $(nm \times (p+1))$인 공변량 행렬일 때, 절편을 포함한 회귀계수 벡터 $\beta = (\beta_0, \beta_1, \cdots, \beta_p)'$는 공변량의 효과를 나타낸다. 고전적 선형모형에서 ϵ_{ij}는 서로 독립이고 동일한 분포(independent and identical distribution) $N(0, \sigma^2)$를 따른다고 가정한다. 하지만 반복측정 자료에서 이러한 가정은 더 이상 타당하지 않으며 한 관측 개체의 반응치들은 서로 연관되어 있어 이를 위한 적절한 모형이 고려되어야 한다. 좀 더 구체적으로 $\epsilon_i = (\epsilon_{i1}, \cdots, \epsilon_{im})'$에 대해, 분산 공분산행렬은

$$Var(\epsilon_i) = V_0 = \begin{pmatrix} \sigma_1^2 & \sigma_{12} & \sigma_{13} & \cdots & \sigma_{1m} \\ \sigma_{12} & \sigma_2^2 & \sigma_{23} & \cdots & \sigma_{2m} \\ \sigma_{13} & \sigma_{23} & \sigma_3^2 & \cdots & \sigma_{3m} \\ \vdots & \vdots & \vdots & \ddots & \vdots \\ \sigma_{1m} & \sigma_{2m} & \sigma_{2m} & \cdots & \sigma_m^2 \end{pmatrix}$$

로 표현되며 여기서 V_0는 비영행렬(non-zero matrix)로 오차항의 정규분포 가정 하에서 연속형 반복측정 자료는 다변량 정규분포를 따른다고 가정한다.

$$Y \sim MVN(X\beta, V)$$

여기서 V는 $N \times N$(여기서 $N = nm$) 비영행렬 V_0을 블록으로 포함한 블록 대각행렬

(block diagonal matrix)이다.

$$V = \begin{bmatrix} V_0 & 0 & \cdots & \cdots & 0 \\ 0 & V_0 & 0 & \cdots & 0 \\ \vdots & \vdots & \ddots & \cdots & 0 \\ 0 & 0 & 0 & 0 & V_0 \end{bmatrix}$$

3.1 랜덤효과를 가진 난괴법(RCBD)

먼저 전통적인 분산분석에서 시작해 보자. 난괴법(RCBD: randomized completely block design)은 랜덤하게 선택된 블록에 대해 여러 가지 처리를 랜덤하게 처리하는 실험계획법이다. 여기서 가장 중요한 내용은 분석 시 블록을 랜덤효과와 고정효과 중 어떤 효과로 처리하는가이다. 블록은 실제 관심 있는 요인이 아니며 자료의 동질성을 보장함으로써 처리 간의 효과를 좀 더 효과적으로 추정하기 위한 것이다. 이는 경시적 자료에서 관측개체에 대해 랜덤효과로 간주하여 분석하는 것과 동일한 맥락을 가진다. 예를 들어, 특정 농작물 m개의 품종의 성장정도를 비교하기 위해 농작지를 여러 구역으로 나누어 랜덤하게 m가지 품종을 심어 그들의 1년 후 성장 정도를 비교하고자 한다. 이에 대한 RCBD 모형은 다음과 같이 표현될 수 있다.

$$\begin{aligned} Y_{ij} &= \mu_j + b_i + \epsilon_{ij}, \qquad j = 1, \cdots, m; \quad i = 1, \cdots, n \\ &= \mu + \alpha_j + b_i + \epsilon_{ij} \end{aligned}$$

여기서 μ는 전체 평균(grand mean), α_j는 j번째 품종의 효과, b_i는 i번째 농작지의 효과, ϵ_{ij}는 관측오차를 의미한다. 따라서 $\mu_1, \cdots, \mu_m$은 m가지 품종의 평균 성장 정도이며 이는 $\mu_1 = \mu + \alpha_1, \ \cdots, \ \mu_m = \mu + \alpha_m$로 표현될 수 있다.

b_i를 랜덤효과(random effect)로 간주하고 ϵ_{ij}와 함께 다음을 가정한다.

$$\begin{aligned} b_1, \cdots, b_n &\sim N(0, \sigma_b^2) \\ \epsilon_{11}, \cdots, \epsilon_{nm} &\sim N(0, \sigma_e^2) \end{aligned}$$

여기서 b_i와 ϵ_{ij}은 서로 독립이라고 가정한다. 위 모형에 대한 또 다른 표현식은

$$Y_i = X_i\beta + Z_ib_i + \epsilon_i, \qquad i = 1, \cdots, n \tag{3.1}$$

표 3.1 RCBD 하에서의 ANOVA 표

Source of Variation	Sum of Squares	자유도	Mean Squares:MS	F
처리(Treat)	$SS_{trt} = n(\sum_j (\overline{y_{.j}} - \overline{y_{..}})^2$	$m-1$	$MS_{trt} = \frac{SS_{trt}}{(m-1)}$	MS_{trt}/MSE
블록(Block)	$SS_{BL} = m(\sum_i (\overline{y_{i.}} - \overline{y_{..}})^2$	$n-1$	$MS_{BL} = \frac{SS_{BL}}{n-1}$	
Error	$SSE = \sum_{i=1}^{n}\sum_{j=1}^{m}(y_{ij} - \overline{y_{i.}} - \overline{y_{.j}} + \overline{y_{..}})^2$	$(n-1)(m-1)$	$MSE = \frac{SSE}{(n-1)(m-1)}$	
Total	SST	$nm-1$		

이며 여기서

$$Y_i = \begin{pmatrix} y_{i1} \\ \vdots \\ y_{im} \end{pmatrix}, \quad X_i = \begin{pmatrix} 1 & 0 & \cdots & 0 \\ 0 & 1 & \cdots & 0 \\ \vdots & \vdots & \vdots & \vdots \\ 0 & 0 & \cdots & 1 \end{pmatrix}, \quad \beta = \begin{pmatrix} \mu_1 \\ \vdots \\ \mu_m \end{pmatrix}, \quad Z_i = j_m = \begin{pmatrix} 1 \\ \vdots \\ 1 \end{pmatrix}, \quad \epsilon_i = \begin{pmatrix} \epsilon_{i1} \\ \vdots \\ \epsilon_{im} \end{pmatrix}$$

i_m은 $m \times m$ 항등행렬(대각원소만 1이고 나머지는 0)이며 j_m은 모든 원소가 1인 $m \times 1$인 벡터를 의미하며 $J_m = j_m \times j_m'$(모든 원소가 1임)이다. 식 (3.1)에 근거하여, 분산-공분산을 유도할 수 있다.

$$\begin{aligned} Var(Y_i) &= Var(X_i\beta + Z_i b_i + \epsilon_i) = Var(Z_i b_i + \epsilon_i) \\ &= Z_i Var(b_i) Z_i' + Var(\epsilon_i) = \sigma_b^2 J_m + \sigma_e^2 I_m \\ &= \begin{pmatrix} \sigma_b^2 + \sigma_e^2 & \sigma_b^2 & \sigma_b^2 \cdots & \sigma_b^2 \\ \sigma_b^2 & \sigma_e^2 + \sigma_b^2 & \sigma_b^2 \cdots & \sigma_b^2 \\ \vdots & \vdots & \vdots \ \ddots & \vdots \\ \sigma_b^2 & \sigma_b^2 & \sigma_b^2 \cdots & \sigma_b^2 + \sigma_e^2 \end{pmatrix} \end{aligned}$$

만약 b_i를 고정효과(fixed effect)로 간주한다고 하자. 통계학과 학부 수준의 분산분석 과목에서는 블록 b_i를 고정효과로 간주하여 이원분류 분산분석(two-way anova)을 적용한다. 여기서 블록을 랜덤 또는 고정효과로 간주하는 것은 관심 있는 품종 간의 비교를 위한 F-검정 ($H_0 : \mu_1 = \cdots \mu_m$)에는 영향을 주지 않는다. <표 3.1>은 RCBD 하에서의 ANOVA 표를 보여 준다.

하지만 블록을 랜덤효과 또는 고정효과로 간주 여부는 블록 효과의 MS_{BL}의 기댓값에 영향을 준다.

i) 블록을 랜덤효과라고 하자. 여기서 세 가지 변이의 평균 제곱합(MS: Mean squares)의 기댓값은 다음과 같다.

$$E(MS_{trt}) = \sigma^2 + \frac{n\sum_j(\mu_j - \overline{\mu})^2}{m-1} \text{(=residual+n var(trt))}$$

$$E(MS_{BL}) = \sigma^2 + m\sigma_b^2 \text{ (=residual+ m var(block)}$$

$$E(MSE) = \sigma^2 \text{ (=residual)}$$

따라서 적률법(method of moment)을 적용하여 다음의 추정량을 가진다.

$$\hat{\sigma}^2 = MSE,$$

$$\hat{\sigma}_b^2 = \frac{MS_{BL} - MSE}{m}$$

ii) 블록을 고정효과로 간주하자. $E(MS_{trt})$, $E(MS_{trt}), E(MSE)$는 위의 유도 방식에 변화가 없지만 $E(MS_{BL})$는 다음과 같이 유도된다.

$$E(MS_{BL}) = \sigma^2 + \frac{m\sum_i(\mu_i - \overline{\mu})^2}{n-1}$$

따라서 블록에 대한 랜덤효과와 고정효과의 가정은 $F = MS_{trt}/MSE$에 영향을 주지 않음을 알 수 있다. 즉, trt 효과 간의 동일성 여부($H_0 : \mu_1 = \cdots \mu_m$)에 대한 가설검정에는 영향을 주지 않았다. 하지만 처리효과 $\mu_j(j=1,\cdots,m)$의 추론에는 블록에 대한 랜덤효과 또는 고정효과의 가정은 서로 다른 결과를 준다.

a. 블록이 랜덤효과일 때, j번째 처리효과 μ_j의 추정량의 분산은

$$Var(\overline{y_{.j}}) = Var(\frac{1}{n}\sum_i(\mu_j + b_i + \epsilon_{ij})) = Var(\overline{b} + \overline{\epsilon_{.j}}) = Var(\overline{b}) + Var(\overline{\epsilon_{.j}}) = \frac{\sigma_b^2}{n} + \frac{\sigma^2}{n}$$

이며 다음과 같이 추정된다.

$$\widehat{Var}(\overline{y_{.j}}) = \frac{\widehat{\sigma_b^2}}{n} + \frac{\widehat{\sigma^2}}{n} = \frac{MS_{BL} + (m-1)MSE}{nm}$$

두 처리 효과의 차이의 분산은

$$Var(\overline{y_{.j}} - \overline{y_{.k}}) = Var(\mu_j + \overline{\epsilon_{.j}} + \mu_k + \overline{\epsilon_{.k}}) = 2\frac{\sigma^2}{n}$$

이며 추정량은 $2\widehat{\sigma^2}/n$이 된다.

b. 블록이 고정효과일 때, j번째 처리효과의 추정량의 분산은

$$Var(\overline{y_{.j}}) = Var(\frac{1}{n}\sum_{i=1}^{n}(\mu_j + b_i + \epsilon_{ij})) = Var(\overline{\epsilon_{.j}}) = \frac{\sigma^2}{n}$$

이며 이 추정량은 다음과 같이 계산된다.

$$\widehat{Var}(\overline{y_{.j}}) = \frac{MSE}{n}$$

따라서 랜덤효과하에서 평균 처리의 표준오차가 고정효과 하에서보다 더 큰 값을 가짐을 알 수 있다. 이는 개별 처리 효과의 신뢰구간과 가설검정에 영향을 줄 수 있다. 뒤에 나오는 식 (3.2)와 (3.3)을 비교해 보자.

예제 3.1 페니실린 자료[1)2)]

이 연구의 목적은 4가지 페니실린 생성공정(A,B,C,D)의 산출물을 비교하고자 하며 이 공정과정에서 5가지 다른 혼합과정(Blend)이 적용되었다.

$$y_{ij} = \mu_j + b_i + \epsilon_{ij}, \qquad i = 1, \cdots, 5;\ j = A, B, C, D$$

```
> library(faraway)
> data(penicillin)
> summary(penicillin)
 treat    blend          yield
 A:5    Blend1:4    Min.    :77
 B:5    Blend2:4    1st Qu.:81
 C:5    Blend3:4    Median :87
 D:5    Blend4:4    Mean    :86
        Blend5:4    3rd Qu.:89
                    Max.    :97
```

1) Box, Hunter and Hunter (1978) Statistics for experimenters. New York: Wiley
2) Faraway, J.J (2006) Extending the linear model with R, Chapman & Hall/CRC

```
> attach(penicillin)
> penicillin
   treat   blend  yield
1      A  Blend1     89
2      B  Blend1     88
3      C  Blend1     97
4      D  Blend1     94
5      A  Blend2     84
6      B  Blend2     77
7      C  Blend2     92
8      D  Blend2     79
9      A  Blend3     81
10     B  Blend3     87
11     C  Blend3     87
12     D  Blend3     85
13     A  Blend4     87
14     B  Blend4     92
15     C  Blend4     89
16     D  Blend4     84
17     A  Blend5     79
18     B  Blend5     81
19     C  Blend5     80
20     D  Blend5     88
> tapply(yield,treat,mean)     ### 4가지 생성공정하에서 평균 페니실린
 A  B  C  D
84 85 89 86
```

전체 20개의 관측 자료에 대해 Blend를 고정효과 또는 랜덤효과로 간주하여 분석한 결과를 비교한다. 분석의 주 관심은 $H_0 : \mu_A = \mu_B = \mu_C = \mu_D$ 을 검정하고자 한다.

a. 고정효과

R 프로그램의 aov 명령문이 적용된다. 아래 결과를 통해 4가지 생성공정의 페니실린 생산량은 차이가 없었다. ① (p-value=0.3387)

```
> fix1<-aov(yield~treat+blend, data=penicillin)
> summary(fix1)
```

```
               Df  Sum Sq  Mean Sq  F value  Pr(>F)
treat           3      70    23.33    1.239  0.3387  ①
blend           4     264    66.00    3.504  0.0407  *
Residuals      12     226    18.83
```

b. 랜덤효과

이제 Blend를 랜덤효과로 간주하여 분석해 보자. lme4 패키지에 lmer 함수를 적용한다.

```
> library(lme4)
> ran1<-lmer(yield~treat+(1|blend), data=penicillin)
> summary(ran1)
Linear mixed model fit by REML ['lmerMod']
REML criterion at convergence: 103.8
Scaled residuals:
    Min       1Q   Median      3Q     Max
-1.4151  -0.5017  -0.1644  0.6830  1.2836
Random effects:
 Groups    Name Variance  Std. Dev.
 blend  (Intercept)   11.79     3.434
 Residual             18.83     4.340
Number of obs: 20, groups:  blend, 5
Fixed effects:
             Estimate  Std. Error  t value
(Intercept)    84.000     ③2.475   33.941
treatB          1.000      2.745    0.364
treatC          5.000      2.745    1.822
treatD          2.000      2.745    0.729

> anova(ran1)
Analysis of Variance Table
               Df  Sum Sq  Mean Sq  F value
treat           3      70   23.333    1.239  ②
```

위 결과에 의하면 여전히 4가지 공정 간에는 유의적인 차이가 없었다. 특히, treat에 대한 고정효과 분석의 결과 ①과 랜덤효과 분석 결과 ②가 동일함을 확인할 수 있다. 5% 유의수준하에서, 4가지 생성공정의 페니실린 산출물에는 차이가 존재한다고 할 수 있다. 여기서 두 분석 방법의 결과가 동일한 이유는 F-검정에 적용되는 MSE의 값 ($\hat{\sigma}^2 = 18.83$)이 동일하기 때문이다. blend ($b_i \sim N(0,\sigma_b^2)$)에 대해 랜덤효과를 적용한 결과 $\hat{\sigma_b^2} = 11.79$로 추정되었다. 4가지 공정의 평균의 추정치는

$$\overline{y_{.A}} = \widehat{\mu_A} = 84,\ \overline{y_{.B}} = \widehat{\mu_B} = 84+1 = 85,\ \overline{y_{.C}} = \widehat{\mu_C} = 84+5 = 89,\ \overline{y_{.D}} = \widehat{\mu_D} = 84+2 = 86$$

이며 각 평균 추정치의 $(j = A, B, C, D)$의 분산은

$$Var(\overline{y_{.j}}) = \frac{\hat{\sigma}^2 + \hat{\sigma_b^2}}{n} = \frac{(18.83+11.79)}{5} = 6.124, \quad j = A, B, C, D$$

로 표준오차는 $2.475 = \sqrt{6.124}$ ③이 된다. 이를 이용하여 A 공정의 95% 신뢰구간은

$$84 \pm t(0.975, 12) \times 2.475 = 84 \pm 5.3925 = (78.61,\ 89.39) \tag{3.2}$$

이며 여기서 t-분포의 자유도는 오차의 자유도가 적용되었다. A 공정과 B 공정의 평균 차이에 대한 95% 신뢰구간을 구해보자.

$$\widehat{\mu_A} - \widehat{\mu_B} \pm t(0.975, 12)\sqrt{Var(\widehat{\mu_A} - \widehat{\mu_B})} = -1 \pm 2.178 \times 2.744 = (-6.98, 4.98)$$

여기서 두 표본평균 추정치 차이의 분산은 다음과 같이 구할 수 있다.

$$Var(\widehat{\mu_A} - \widehat{\mu_B}) = 2\frac{\hat{\sigma}^2}{n} = 2 \times \frac{18.83}{5} = 7.532 = 2.744^2$$

다음은 SAS 프로그램의 적용과정과 출력결과이며 R과 거의 동일함을 알 수 있다. 평균에 대한 신뢰구간의 소숫점 차이는 t-분포의 자유도 차이에 의한 것이다.

```
data penicillin;
infile "c:\data\penicillin.txt" firstobs=2;
input id$ treat$ blend$ yield;
run;
/** random effectr: 예제 3.1**/
proc mixed data=penicillin covtest cl method=type3;
class treat blend;
model yield=treat/ddfm=kr;
random blend;
```

```
lsmeans treat/ diff cl;
run;
```

Model Information

Data Set	WORK.PENICILLIN
Dependent Variable	yield
Covariance Structure	Variance Components
Estimation Method	Type 3
Residual Variance Method	Factor
Fixed Effects SE Method	Kenward-Roger
Degrees of Freedom Method	Kenward-Roger

Class Level Information

Class	Levels	Values
treat	4	"A" "B" "C" "D"
blend	5	"Blend1" "Blend2" "Blend3" "Blend4" "Blend5"

Number of Observations

Number of Observations Read	20
Number of Observations Used	20
Number of Observations Not Used	0

Type 3 Analysis of Variance

Source	DF	Sum of Squares	Mean Square	Expected Mean Square	Error Term	Error DF	F Value	Pr > F
treat	3	70.000000	23.333333	Var(Residual) + Q(treat)	MS(Residual)	12	1.24	0.3387
blend	4	264.000000	66.000000	Var(Residual) + 4 Var(blend)	MS(Residual)	12	3.50	0.0407
Residual	12	226.000000	18.833333	Var(Residual)	.	.	.	.

Covariance Parameter Estimates

Cov Parm	Estimate	Standard Error	Z Value	Pr Z	Alpha	Lower	Upper
blend	11.7917	11.8245	1.00	0.3187	0.05	-11.3840	34.9673
Residual	18.8333	7.6887	2.45	0.0072	0.05	9.6843	51.3194

Fit Statistics

-2 Res Log Likelihood	103.8

AIC (Smaller is Better) 107.8
AICC (Smaller is Better) 108.8
BIC (Smaller is Better) 107.0

The Mixed Procedure

Type 3 Tests of Fixed Effects

	Effect	Num DF	Den DF	F Value	Pr > F
①	treat	3	12	1.24	0.3387

Least Squares Means

	Effect	treat	Estimate	Standard Error	DF	t Value	Pr > |t|	Alpha	Lower	Upper
③	treat	"A"	84.0000	2.4749	11.1	33.94	<.0001	0.05	78.5573	89.4427
	treat	"B"	85.0000	2.4749	11.1	34.35	<.0001	0.05	79.5573	90.4427
	treat	"C"	89.0000	2.4749	11.1	35.96	<.0001	0.05	83.5573	94.4427
	treat	"D"	86.0000	2.4749	11.1	34.75	<.0001	0.05	80.5573	91.4427

Differences of Least Squares Means

	Effect	treat	_treat	Estimate	Standard Error	DF	t Value	Pr > |t|	Alpha	Lower	Upper
④	treat	"A"	"B"	-1.0000	2.7447	12	-0.36	0.7219	0.05	-6.9802	4.9802
	treat	"A"	"C"	-5.0000	2.7447	12	-1.82	0.0935	0.05	-10.9802	0.9802
	treat	"A"	"D"	-2.0000	2.7447	12	-0.73	0.4802	0.05	-7.9802	3.9802
	treat	"B"	"C"	-4.0000	2.7447	12	-1.46	0.1707	0.05	-9.9802	1.9802
	treat	"B"	"D"	-1.0000	2.7447	12	-0.36	0.7219	0.05	-6.9802	4.9802
	treat	"C"	"D"	3.0000	2.7447	12	1.09	0.2958	0.05	-2.9802	8.9802

다음은 blend를 고정효과로 간주한 후 분석한 결과이다.

```
/*** fixed effect
proc glm data=penicillin ;
class treat blend;
model yield=treat blend;
lsmeans treat/cl;
run;
```

The GLM Procedure

Dependent Variable: yield

Source	DF	Sum of Squares	Mean Square	F Value	Pr > F
Model	7	334.0000000	47.7142857	2.53	0.0754
Error	12	226.0000000	18.8333333		
Corrected Total	19	560.0000000			

R-Square	Coeff Var	Root MSE	yield Mean
0.596429	5.046208	4.339739	86.00000

Source	DF	Type I SS	Mean Square	F Value	Pr > F
treat	3	70.0000000	23.3333333	1.24	0.3387
blend	4	264.0000000	66.0000000	3.50	0.0407

Source	DF	Type III SS	Mean Square	F Value	Pr F
treat	3	70.0000000	23.3333333	1.24	0.3387
blend	4	264.0000000	66.0000000	3.50	0.0407

The GLM Procedure

Least Squares Means

treat	yield LSMEAN	LSMEAN Number
"A"	84.0000000	1
"B"	85.0000000	2
"C"	89.0000000	3
"D"	86.0000000	4

Least Squares Means for effect treat

Pr > |t| for H0: LSMean(i)=LSMean(j)

Dependent Variable: yield

i/j	1	2	3	4
1		0.7219	0.0935	0.4802
2	0.7219		0.1707	0.7219
3	0.0935	0.1707		0.2958
4	0.4802	0.7219	0.2958	

treat	yield LSMEAN	95%	Confidence Limits
"A"	84.000000	79.771381	88.228619
"B"	85.000000	80.771381	89.228619
"C"	89.000000	84.771381	93.228619

```
                    "D"        86.000000     81.771381           90.228619


                         Least Squares Means for Effect treat

                          Difference
                             Between    95% Confidence Limits for
                    i   j      Means       LSMean(i)-LSMean(j)

                    1   2   -1.000000     -6.980170     4.980170
                    1   3   -5.000000    -10.980170     0.980170
                    1   4   -2.000000     -7.980170     3.980170
                    2   3   -4.000000     -9.980170     1.980170
                    2   4   -1.000000     -6.980170     4.980170
                    3   4    3.000000     -2.980170     8.980170


NOTE: To ensure overall protection level, only probabilities associated with pre-planned
comparisons should be used.
```

block을 고정효과로 간주한 결과 각 treat (A,B,C,D)의 평균의 분산은

$$Var(\overline{y_{.j}}) = \frac{\sigma^2}{n}, \quad j = A, B, C, D$$

로 18.833/5=3.766이며 이를 이용한 95% 신뢰구간은

$$84 \pm t(0.975, 12) \times 1.940 = 84 \pm 4.229 = (79.77,\ 89.22) \qquad (3.3)$$

로 block를 랜덤효과로 간주하여 구한 신뢰구간 (3.2)보다 더 좁은 신뢰구간을 가지게 된다. 즉 block를 고정효과와 랜덤효과로 선택하는 기준은 block의 성질에 좌우된다. 특정 집단으로 랜덤하게 선택될 수 있는 변량일 경우 랜덤효과로 간주되며 이는 경시적 자료에서 개체의 효과로 확장된다. 즉 모집단으로부터 임의로 선택된 환자는 고정효과가 아니며 랜덤효과로 간주되는 이유이다. 다음 절에서는 경시적 자료를 공부하기 전에 비슷한 자료 구조(내포 구조)를 가지는 실험계획법인 split plot 분석을 공부한다.

3.2 split plot(분할구) 분석

고전적인 반복측정 분산분석(ANOVA)은 임학, 농학, 산림학 등에서 관측된 자료에 자주 적용된다. 자료의 특징은 반복측정의 횟수와 측정 시점이 동일한 완전 균형자료 형태를 취한다. [자료 2: spruce]의 가문비나무 자료는 두 가지 환경(오존 노출 여부)이 나무의 성장에 미치는 영향을 알아보기 위해 나무의 성장 정도를 반복측정하였다. 반복측정 ANOVA 모형은 Split plot 실험설계와 비슷한 점을 가진다.

만약 두 가지 요인 A와 B가 있다고 하자. 일반적으로 요인 A는 다루기 어려운 데 반면 B는 이보다 배치하는 것이 더 쉬운 요인이라고 하자. 따라서 먼저 요인 A가 전체 plot에 배치된 후 각 plot 내에서 요인 B가 배치되게 된다. 이 실험설계는 A보다 B에 더 관심이 있는 경우에 적용될 수 있다.

예제 3.2 | 분할구 자료1

두 가지 농작물 품종(variety: v1, v2)을 4가지 서로 다른 관개 시설(irrigation: i1~i4) 방법을 이용하여 배양한 후 그 수확량을 비교하였다. 주요 관심은 두 가지 품종의 비교이다. 8개의 농작지(fields)가 가능할 때, 각 농작지에 4개의 관개 시설을 랜덤하게 배치하여 농작지를 두 개로 나눈 후 각각 두 개의 품종을 심었다. 따라서 농작지마다 하나의 관개 시설(irrigation)과 두 개의 품종이 적용된다. 여기서 전체 plot(whole plot)인 관개 시설의 배치는 더 힘든 작업이며 이후 다시 subplot으로 나눈 후 두 개의 품종을 배치하게 된다.

```
> library(faraway)  ## faraway 패키지
> data(irrigation)
> irrigation
     field  irrigation  variety  yield
1       f1          i1       v1   35.4
2       f1          i1       v2   37.9
3       f2          i2       v1   36.7
4       f2          i2       v2   38.2
5       f3          i3       v1   34.8
6       f3          i3       v2   36.4
7       f4          i4       v1   39.5
8       f4          i4       v2   40.0
```

9	f5	i1	v1	41.6
10	f5	i1	v2	40.3
11	f6	i2	v1	42.7
12	f6	i2	v2	41.6
13	f7	i3	v1	43.6
14	f7	i3	v2	42.8
15	f8	i4	v1	44.5
16	f8	i4	v2	47.6

여기서 고려되어야 하는 요인은 관개 시설(r), 품종(v), 그리고 농작지(f)이다. 특히 관개 시설과 품종은 고정효과인 데 반해 농작지는 랜덤하게 선택되었다는 점에서 랜덤효과로 간주하여야 한다. 따라서 위 세 가지 요인을 고려한 모형은 다음과 같다.

$$y_{ijk} = \mu + r_i + v_j + (rv)_{ij} + f_k + \epsilon_{ijk} \ , \ i = 1, \cdots, 4; \ j = 1, 2; \ k = 1, \cdots, 8$$

여기서 r_i는 i번째 관개 시설의 효과, v_j는 j번째 품종의 효과, $(rv)_{ij}$은 관개 시설과 품종의 교호작용(interaction effect), f_k는 k번째 농작지의 효과, ϵ_{ijk}는 오차를 의미한다. $\mu, r_i, v_j, (rv)_{ij}$는 고정효과(fixed effect)인 데 반해 f_k, ϵ_{ijk}는 랜덤효과(random effect)이다. f_k와 ϵ_{ijk}에 대해 각각 평균이 0이고 분산이 σ_f^2, σ_e^2를 가지는 정규분포를 따른다고 가정할 때, 반응변수 y_{ijk}도 정규분포를 따르게 되며 따라서 선형혼합효과모형(Linear mixed effect model: LMM)을 적용할 수 있다. 다음은 R 프로그램의 lme4 패키지에 있는 lmer 함수를 적용한 결과이다. 선형혼합효과에 대해 nlme 패키지에 있는 lme 함수도 적용될 수 있다. lmer 함수에서 랜덤효과는 (1 | field)로 표시한다.

```
> fit_f<-lmer(yield~irrigation*variety+(1 | field), data=irrigation)
> anova(fit_f)
Analysis of Variance Table                    ①

                    Df  Sum Sq  Mean Sq  F value
irrigation           3  2.4543  0.81811   0.3882
variety              1  2.2500  2.25000   1.0677
irrigation:variety   3  1.5500  0.51667   0.2452

> summary(fit_f)
Linear mixed model fit by REML ['lmerMod']
```

```
Formula: yield ~ irrigation * variety + (1 | field)
   Data: irrigation
REML criterion at convergence: 45.4
Scaled residuals:
    Min          1Q      Median        3Q       Max
-0.7449     -0.5510      0.0000    0.5510    0.7449
Random effects:
 Groups          Name    Variance Std.    Dev.
 field      (Intercept)           16.201   4.025
 Residual         2.107            1.452
Number of obs: 16, groups:  field, 8
```

① 모형의 고정효과(fixed effect)에 대해 교호작용이 포함된 경우, 교호작용에 의한 효과를 먼저 해석하여야 한다.

교호작용의 F-value(=0.2452)와 p-value=P(F(3,8)>0.2452)=0.86>0.05이므로 교호작용이 없다는 귀무가설을 채택하게 된다. 또한 주효과(main effect)인 품종 효과는 F-value(=0.3883)로 p-value=P(F(1,8)>1.067)=0.76, 관개 시설 효과의 F-value(=1.07)의 p-value=Pr(F(3,8)>1.07)=0.833이므로 각 수준 간의 유의한 차이가 존재하지 않았다.

이와 관련된 회귀계수의 추정을 위해 다음의 결과를 이용할 수 있다.

```
Fixed effects:
                      Estimate  Std. Error   t value
(Intercept)             38.500       3.026    12.725
irrigationi2            -1.200       4.279     0.280
irrigationi3             0.700       4.279     0.164
irrigationi4             3.500       4.279     0.818
varietyv2                0.600       1.452     0.413
irrigationi2:varietyv2  -0.400       2.053    -0.195
irrigationi3:varietyv2  -0.200       2.053    -0.097
irrigationi4:varietyv2   1.200       2.053     0.585
```

위 R 프로그램의 결과를 통해 관개시설 1과 품종 1이 디폴트 또는 기저 그룹으로 간주된다. 따라서 관개시설 1에 비교하여 관개 시설 2,3,4의 효과는 유의한 차이를 가지고 있지 않았다. 또한 varietyv2는 품종 2와 품종 1의 차이를 보여주는데 이 또한 유의하지 않았다. 좀 더 자세히 설명하면,

(0) intercept는 관개 시설 1에서의 품종 1의 평균 수확량을 추정한다.

(1) irrigation2-irrigation4는 품종 1에 대해 관개 시설 1과 비교하여 관개 시설 2,3,4의 차이를 보여 준다(즉, $r_2 - r_1 = 1.2$, $r_3 - r_1 = 0.7$, $r_4 - r_1 = 3.5$).

(2) varietyv2는 관개시설 1에서 품종 2와 1의 차이를 보여 준다.

(3) 마지막 세 줄(irrigationi2:varietyv2-irrigationi4:varietyv2)은 품종 1에 대한 품종 2의 관개 시설 2,3,4에서 효과를 보여 준다.

예제 3.3 [3][4] 분할구 자료

아래 자료는 4개의 block에 두 가지 요인(A,B)의 효과를 보여 주는 모의자료이다. 분석을 위해 SAS의 proc mixed를 적용한다.

```
data sp;
input Block A B Y @@;
datalines;
1 1 1 56 1 1 2 41
1 2 1 50 1 2 2 36
1 3 1 39 1 3 2 35
2 1 1 30 2 1 2 25
2 2 1 36 2 2 2 28
2 3 1 33 2 3 2 30
3 1 1 32 3 1 2 24
3 2 1 31 3 2 2 27
3 3 1 15 3 3 2 19
4 1 1 30 4 1 2 25
4 2 1 35 4 2 2 30
4 3 1 17 4 3 2 18

proc mixed;      ## model (3.1)
class A B Block;
model Y = A B A*B/s;
```

3) Stroup, W. W. (1989a). "Predictable Functions and Prediction Space in the Mixed Model Procedure." Applications of Mixed Models in Agriculture and Related Disciplines 39–48. Southern Cooperative Series Bulletin No. 343, Louisiana Agricultural Experiment Station, Baton Rouge.

4) SAS Institute Inc. 2015. SAS/STAT® 14.1 User''s Guide. Cary, NC:SAS Institute Inc.

```
random Block A*Block;          ④
run;

proc mixed;   ## model 3.2
class A B Block;
model Y = A B A*B/s;
random Block B*Block;          ⑤
run;

proc mixed        ###model 3.3
class A B Block;
model Y = A B A*B/s;
random Block A*Block B*BLOCK;     ⑥
run;

proc mixed data=sp;
class A B Block;
model Y = A B A*B/s;
random intercept A / subject=Block;  ⑦:     ④번과 동일한 결과
run;
```

표 3.2 세 가지 랜덤 모형하에서 Split-plot 분석 결과 비교

효과	모형 3.1 ④		모형 3.2 ⑤		모형 3.3 ⑥	
	F-value	Pr>F	F-value	Pr>F	F-value	Pr>F
A	4.07	0.076	7.59	0.074	4.07	0.076
B	19.39	0017	8.15	0.064	8.15	0.064
A*B	4.02	0.056	1.75	0.215	12.96	0.006
σ^2_{BL}	62.396		65.37		59.16	
$\sigma^2_{A,BL}$	15.381				18.611	
$\sigma^2_{B,BL}$			0.254		6.458	
σ^2	9.361		21.52		2.902	
AIC	125.8		129.6		123.3	

위 결과에 의하면 두 가지 요인(A,B)과 block의 교호작용에 대해 랜덤효과를 고려한 모형 (3.3)의 AIC가 가장 작은 값을 가진다. 아래는 model 3.3의 랜덤효과의 분산의 유의성을 검정하기 위해 SAS 프로그램이 제공하는 결과이다.

The Mixed Procedure

Covariance Parameter Estimates

Cov Parm	Estimate	Standard Error	Z Value	Pr Z	Alpha	Lower	Upper
Block	59.1667	56.6202	1.04	0.2960	0.05	-51.8069	170.14
A*Block	18.6111	11.6134	1.60	0.1090	0.05	-4.1507	41.3729
B*Block	6.4583	6.0889	1.06	0.2888	0.05	-5.4757	18.3924
Residual	2.9028	1.6759	1.73	0.0416	0.05	1.2054	14.0758

Fit Statistics

-2 Res Log Likelihood	115.3
AIC (Smaller is Better)	123.3
AICC (Smaller is Better)	126.4
BIC (Smaller is Better)	120.9

Type 3 Tests of Fixed Effects

Effect	Num DF	Den DF	F Value	Pr > F
A	2	6	4.07	0.0764
B	1	3	8.15	0.0649
A*B	2	6	12.96	0.0066

모형 비교를 위해 적용된 AIC(Akaike Information Criterion)은 모형의 적합도와 복잡도를 동시에 고려하며 작은 값일수록 더 나은 모형을 의미한다.

3.3 반복측정 자료

관측 개체에 서로 다른 실험 환경 또는 처치를 함으로써 관측 개체를 블록으로 간주할 수 있다. 이러한 종류의 자료를 반복측정 자료(repeated measured data)라고 한다. 예를 들어 7명의 사람을 대상으로 4가지 시력(power) 하에서의 반응치를 측정할 때, 왼쪽과 오른쪽 두 눈에 모두 4가지 다른 처리를 배치함으로써 개인당 8개의 관측값을 가지게 된다. 본 자료는 faraway(2006)에서 분석되었다. <표 3.3>은 7명을 대상으로 한 반복측

표 3.3 7명 양쪽 눈에서 측정된 시력 측정 자료

ID	시력(visual acuity)							
	왼쪽				오른쪽			
	6/6	6/18	6/36	6/60	6/6	6/18	6/36	6/60
1	116	119	116	124	120	117	114	122
2	110	110	114	115	106	112	110	110
3	117	118	120	120	120	120	120	124
4	112	116	115	113	115	116	116	119
5	113	114	114	118	114	117	116	112
6	119	115	94	116	100	99	94	97
7	110	110	105	118	105	105	115	115

정 자료이다. 반응변수는 각 시력 강도의 수준에서 빛이 시신경 피질(cortex)에 전달되는 시간(lag)을 밀리세컨드 단위로 측정한다. 즉, 반응치는 다음과 같이 표현된다.

$$y_{ijk} \qquad i=1,\cdots,7;\ j=1,2\ ;k=1,\cdots,4$$

여기서 i는 개체, j는 양쪽 눈($j=1$은 왼쪽, $j=2$는 오른쪽), $k(=1,2,3,4)$는 4가지 다른 시력을 의미한다.

시력 검사를 받을 때 일정한 거리에서 시력 검사지를 위에서부터 읽으면서 시력을 측정하게 된다. 위 숫자에서부터 6/6, 6/18, 6/36, 6/60에 대응되는 문자, 숫자와 기호가 그려져 있는 분자가 6인 시력 검사지는 유럽형이라고 한다.[5] 현재 우리나라에서는 분자가 20인 미국형 시력 검사지(20/20)를 사용하고 있다. 시력 검사에서 6/A의 의미는 분자 6은 검사를 받는 사람과 시력 검사지 사이의 길이(미터 단위)를 의미한다. 따라서 6/6의 시력을 가진 사람은 6미터 떨어진 시력 검사지에 있는 문자 또는 숫자를 인식함을 의미하며 시력의 기준(건강한 시력)으로 간주된다. 6/12은 일반적인 사람은 12미터 거리에서 인식할 수 있는 물체를 그는 6미터 거리에 똑같은 물체를 구분할 수 있음을 의미한다. 따라서 분모가 커질수록 시력이 낮음을 의미한다. 가령, 6/3이 최고 시력으로 간주된다. 사냥매의 시력은 20/2으로 인간의 시력보다 훨씬 뛰어남을 알 수 있다. 두 눈의 시력 패턴을 시각적으로 탐색하기 위해 7명 중 두 명의 관측치에 대한 스파게티 그림을 작성해 보자.

```
> library(faraway)
```

5) https://en.wikipedia.org/wiki/Visual_acuity

```
> data(vision)
> vision$power2<-as.numeric(vision$power)
> head(vision)
  acuity power   eye subject power2
1    116   6/6  left       1      1
2    119  6/18  left       1      2
3    116  6/36  left       1      3
4    124  6/60  left       1      4
5    120   6/6 right       1      1
6    117  6/18 right       1      2
> xyplot(acuity~power2|subject, data=vision, type="l", groups=eye, lty=1:2, title="Subject=1" )
```

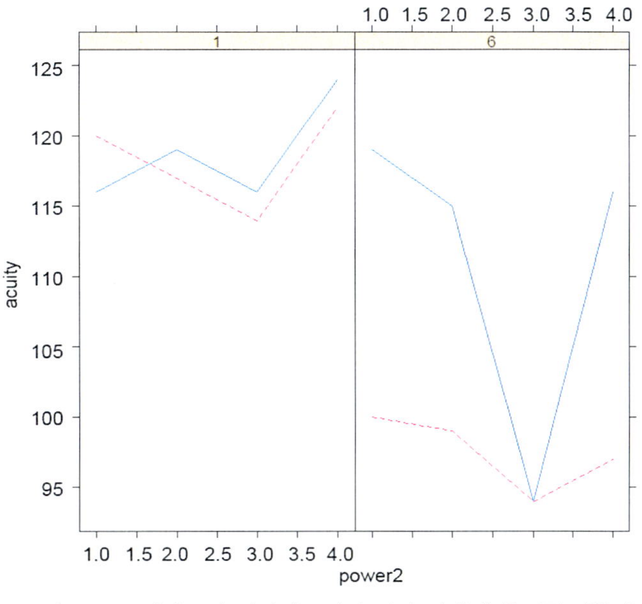

그림 3.1 1번과 6번 사람의 4가지 시력 하에서 측정된 반응값

<그림 3.1>을 통해 1번 사람의 두 눈의 시력은 서로 비슷한 측정값을 보여주지만 6번 사람의 왼쪽 눈의 시력과 오른쪽 눈의 시력이 서로 매우 다름을 알 수 있다. 특히 왼쪽 눈(실선)의 세 번째 관측치가 왼쪽 눈의 다른 관측치보다 현저히 작은 값을 보인다($y_{613} = 94$). 이러한 특이점은 관측과정에서 발생하는 관측오차(measurement error)의 가능성으로 고려되어야 한다.

자료분석을 위해 양쪽 눈의 효과를 랜덤효과로 간주할 필요가 있다. 만약 양쪽 눈 간의 유의적인 차이가 존재하지 않는다면 단지 반복측정의 의미로써 이해할 수 있다. 하

지만 두 그룹에 속해 있는 각 네 개의 관측치는 서로 다른 공간(왼쪽, 오른쪽 눈)에서 측정되었기 때문에 개인당 8개의 관측치로 간주하기보다는 양쪽 눈에서 관측되었다는 사실을 모형에 반영할 필요가 있다. 이를 위해 양쪽 눈을 위계 구조(Hierarchical structure)로써 내포 자료(nested data)로 간주한다. 따라서 개인별 양쪽 눈의 효과는 개인에 속하는 내포된 랜덤효과로 간주하여야 한다. 관측치에 대해 다음의 모형이 적용된다.

$$y_{ijk} = \mu + \tau_k I(K = k) + b_i + b_{j(i)} + \epsilon_{ijk}, \quad i = 1, \cdots, 7 \;\; j = 1, 2, \quad k = 2, \cdots, 4$$

여기서 μ는 기저 그룹의 효과, τ_k는 k번째 그룹과 기저 그룹 간 효과의 차이, b_i는 i번째 개인별 효과, $b_{j(i)}$는 i번째 개인에 속해 있는 j번째 눈의 효과를 의미한다. 또한 랜덤효과에 대한 분포가정으로

$$b_i \sim N(0, \sigma_1^2), \;\; b_{j(i)} \sim N(0, \sigma_2^2), \;\; \epsilon_{ijk} \sim N(0, \sigma_e^2)$$

이 사용된다. R 프로그램의 lmer에서 내포모형(nested model)의 효과는 (1|subject) +(1|subject:eye)로 표현된다.

```
> mod1<-lmer(acuity~power+(1|subject)+(1|subject:eye), data=vision)
> summary(mod1)
Linear mixed model fit by REML ['lmerMod']
Formula: acuity ~ power + (1 | subject) + (1 | subject:eye)
   Data: vision

REML criterion at convergence: 328.7

Scaled residuals:
    Min      1Q  Median      3Q     Max
-3.4240 -0.3232  0.0110  0.4408  2.4662

Random effects:
 Groups        Name        Variance  Std.Dev.
 subject:eye   (Intercept)    10.27     3.205  ②
 subject       (Intercept)    21.53     4.640
 Residual                     16.60     4.075
Number of obs: 56, groups:  subject:eye, 14; subject, 7

Fixed effects: ①
                    Estimate  Std. Error    t value
```

```
(Intercept)        112.6429      2.2349      50.402
power6/18            0.7857      1.5400       0.510
power6/36           -1.0000      1.5400      -0.649
power6/60            3.2857      1.5400       2.134
```

위 결과에서는 power6/6를 기저 그룹으로 고려한다(intercept). 따라서 평균의 추정치는 $\widehat{\mu_1} = \hat{\mu} = 112.6429$이다. 이후 고정효과(Fixed effects)의 추정치는 각 power 수준과 power6/6 간의 차이의 추정치를 보여준다. 즉, power6/18과 power6/6에서 평균 차이는 0.7857로 power6/18의 추정치는 112.6429+0.7857=113.4286이다. 고정효과 ①에서 마지막 시력 수준 power6/60의 t-value (=2.134)를 통해 기저 그룹과 유의적인 차이를 가진다고 할 수 있다($\hat{\mu}_4 = \hat{\mu} + \widehat{\tau_3} = 112.6429 + 3.2857 = 116.4527$). 대표본하에서 t-value는 정규분포의 기각치 1.96을 이용하여 귀무가설 기각 여부를 판단할 수 있다. 따라서 power6/60은 power6/6과 다른 평균 추정치를 가지며 power6/12, power6/36은 power6/6과 유의적인 차이를 가지고 있지 않다. 즉, power6/60에서는 다른 시력 수준과 비교하여 더 긴 시간이 걸림을 알 수 있다.

② 세 가지 랜덤효과의 분산 ($\hat{\sigma}_1^2 = 10.27$, $\hat{\sigma}_2^2 = 21.53$, $\hat{\sigma}_e^2 = 16.60$)의 추정치가 상당히 큼을 알 수 있다. 이 결과의 원인을 알아내기 위해 id=6의 관측 개체를 제외하고 위 모형을 다시 적용해 보았다. vision6s는 id=6 환자를 제외한 자료셋이다.

```
> vision6s<-vision[vision$subject!=6,]

> mod1s<-lmer(acuity~power+(1|subject)+(1|subject:eye), data=vision6s)
boundary (singular) fit: see ?isSingular
> summary(mod1s)
Linear mixed model fit by REML ['lmerMod']
Formula: acuity ~ power + (1 | subject) + (1 | subject:eye)
REML criterion at convergence: 237.3

Scaled residuals:
    Min       1Q   Median       3Q      Max
-1.9444  -0.3325   0.2676   0.4773   1.7440

Random effects:
 Groups                 Name      Variance      Std.Dev.
```

```
 subject:eye     (Intercept)   5.162e-08   0.0002272  ③
 subject         (Intercept)   1.396e+01   3.7363043
 Residual                      7.498e+00   2.7382134
Number of obs: 48, groups:  subject:eye, 12; subject, 6

Fixed effects:
             Estimate  Std. Error   t value
(Intercept)   113.167       1.718    65.872
power6/18       1.333       1.118     1.193
power6/36       1.417       1.118     1.267
power6/60       4.333       1.118     3.876
```

위 결과 ③과 이전 모형의 결과 ②를 비교해 보면 양쪽 눈과 관련된 분산이 현저히 줄어들었다($\widehat{\sigma_2^2} < 0.001$, $\widehat{\sigma_1^2} = 13.96$, $\widehat{\sigma_e^2} = 7.49$). ③에 근거하면 개인별 왼쪽 눈과 오른쪽 눈의 시력 측정치 간에는 유의한 변이가 존재하지 않다고 할 수 있다. 또한 랜덤효과 분산에서 subject:eye 변량의 분산은 매우 작음을 알 수 있다. 따라서 이 변량은 제거한 후 다시 추정하였다(mod2s).

```
> mod2s<-lmer(acuity~power+(1|subject), data=vision6s)
> summary(mod2s)
Linear mixed model fit by REML ['lmerMod']
Formula: acuity ~ power + (1 | subject)
   Data: vision6s
REML criterion at convergence: 237.3

Random effects:
 Groups   Name        Variance  Std.Dev.
 subject  (Intercept)   13.968     3.737
 Residual                7.497     2.738
Number of obs: 48, groups:  subject, 6

Fixed effects:
            Estimate  Std. Error  t value
(Intercept)  113.167       1.718   65.858
power6/18      1.333       1.118    1.193
power6/36      1.417       1.118    1.267
power6/60      4.333       1.118    3.877
```

```
Correlation of Fixed Effects:
           (Intr)  pw6/18  pw6/36
power6/18 -0.325
power6/36 -0.325   0.500
power6/60 -0.325   0.500   0.500
```

②와 ③의 결과 차이는 id=6의 이상치와 관련이 있음을 알 수 있다(그림 3.1). 다음은 ②와 ③의 차이를 확인하기 위해 귀무가설 H_0 : 네 가지 시력 간에는 시신경 피질에 도달하는 데 걸리는 시간에 차이가 없음($H_0 : \tau_1 = \tau_2 = \tau_3 = 0$)에 대한 가설검정 결과를 보여 준다. 아래 결과를 통해 mod2s(id6이 제거된 자료)의 F-value가 mod1의 F-value보다 더 큰 값을 가짐을 알 수 있고 이는 검정력이 향상됨을 의미한다.

```
> anova(mod1)
Analysis of Variance Table
      npar  Sum Sq   Mean Sq  F value
power    3  140.77    46.923   2.8263

> anova(mod2s)
Analysis of Variance Table
      npar  Sum Sq   Mean Sq  F value
power    3  120.23    40.076   5.3454
```

lmer 함수가 p-값을 제공하지 않아 검정 과정에 불편함을 주기 때문에 nlme 패키지의 lme 함수를 적용하는 것이 더 편안하다. 두 함수는 R 프로그램의 문법이 다르지만 같은 결과를 제공한다.

lme에서는 랜덤효과를 위해 randon=~1 | id의 형식을 사용한다.

```
> mod3<-lme(acuity~power, random=~1|subject, data=vision6s)
> summary(mod3)
Linear mixed-effects model fit by REML
  Data: vision6s
       AIC      BIC    logLik
  249.2791 259.9843 -118.6396
```

```
Random effects:
 Formula: ~1 | subject
        (Intercept) Residual
StdDev:    3.737315 2.738125

Fixed effects:  acuity ~ power
                Value Std.Error DF  t-value p-value
(Intercept)  113.16667  1.718341 39 65.85808  0.0000
power6/18      1.33333  1.117835 39  1.19278  0.2402
power6/36      1.41667  1.117835 39  1.26733  0.2126
power6/60      4.33333  1.117835 39  3.87654  0.0004
 Correlation:
          (Intr)  pw6/18  pw6/36
power6/18 -0.325
power6/36 -0.325   0.500
power6/60 -0.325   0.500   0.500
```

다음은 SAS 프로그램을 이용한 내포된 랜덤효과를 분석한 결과이다.

```
proc mixed data=vision6s covtest cl method=type1 order=data;
class  power eye subject ;
model acuity=power/s;
random subject;
run;
```

Covariance Parameter Estimates

Cov Parm	Estimate	Standard Error	Z Value	Pr Z	Alpha	Lower	Upper
subject	13.9675	9.4289	1.48	0.1385	0.05	-4.5129	32.4479
Residual	7.4973	1.6978	4.42	<.0001	0.05	5.0309	12.3612

Fit Statistics

-2 Res Log Likelihood	237.3

AIC (Smaller is Better)	241.3
AICC (Smaller is Better)	241.6
BIC (Smaller is Better)	240.9

The Mixed Procedure

Solution for Fixed Effects

Effect	power	Estimate	Standard Error	DF	t Value	Pr > |t|
Intercept		117.50	1.7183	5	68.38	<.0001
power	6/6	-4.3333	1.1178	39	-3.88	0.0004
power	6/18	-3.0000	1.1178	39	-2.68	0.0106
power	6/36	-2.9167	1.1178	39	-2.61	0.0128
power	6/60	0	.	.	.	.

Type 3 Tests of Fixed Effects

Effect	Num DF	Den DF	F Value	Pr > F
power	3	39	5.35	0.0035

제4장

모형선형혼합모형

Linear Mixed effect model: LMM

앞 장에서 공부한 전통적인 ANOVA 방법은 동일한 반복횟수와 동일한 관측시점의 가정이 필요하다. 하지만 이러한 분석 방법은 사람 또는 동물을 대상으로 하는 종단 연구에 적용하기에는 한계가 있다. 가동성을 가진 관측 개체에 관한 전향 연구(prospective study)에서는 계획과는 다른 관측 시점과 우발적인 사건 발생(예를 들어, 환자의 사망)으로 인해 연구 탈퇴(drop out)가 발생할 수 있다. 따라서 관측 개체 간 반복횟수가 서로 다루고 관측 시점이 서로 다른 불완전한 자료(incomplete data)가 발생할 수 있다. 본 장에서는 이러한 일반화된 반복측정 자료를 다루기 위한 통계 모형을 다루어보자. 관측 개체 $i(=1,\cdots,n)$에 대한 자료는 다음과 같이 표현될 수 있다.

$$Y_i = (y_{i1},\cdots,y_{im_i})',$$

$$t_i = (t_{i1},t_{i2},\cdots,t_{im_i})',$$

$$X_i = (X_{i1},\cdots,X_{im_i})', \qquad X_{ij} = (x_{ijk},x_{ij2},\cdots,x_{ijp})$$

표 4.1은 일반적인 경시적 자료구조를 보여준다. 4장에서는 3장에서 공부한 랜덤효과를 이용한 혼합효과모형을 공부한다.

4.1 혼합효과모형

경시적 자료에 대한 전통적인 다변량 분석의 적용은 다음과 같은 한계점을 가지고 있다.

(1) 모든 개체가 같은 시점과 같은 반복횟수를 가정한다.
(2) 시간 가변 공변량(time-varying covariate)의 적용에 한계를 가진다.
(3) 결측자료 또는 연구 탈퇴를 적절하게 고려할 수 없다.

선형혼합효과모형(linear mixed effect model: LMM)은 경시적 자료분석을 위해

표 4.1 일반적인 경시적 자료 구조

ID	반응변수	관측시간	공변량		
1	y_{11}	t_{11}	x_{111}	$\cdots$	x_{11p}
1	y_{12}	t_{12}	x_{121}	$\cdots$	x_{12p}
$\vdots$	$\vdots$	$\vdots$	$\vdots$	$\vdots$	$\vdots$
$\vdots$	$\vdots$	$\vdots$	$\vdots$	$\vdots$	$\vdots$
n	y_{nm_n}	t_{nm_n}	x_{nm_n1}	$\cdots$	x_{nm_np}

Laird and Ware(1982)에 의해 제시되었다.

$$Y_i = X_i\beta + Z_i b_i + \epsilon_i,\ \ i = 1,\cdots,n$$

$$Y_i = \begin{pmatrix} y_{i1} \\ y_{i2} \\ \vdots \\ y_{im_i} \end{pmatrix},\qquad X_i = \begin{pmatrix} 1 & x_{i11} & x_{i12} & \cdots & x_{i1p} \\ 1 & x_{i21} & x_{i22} & \cdots & x_{i2p} \\ 1 & \vdots & \vdots & \cdots & \vdots \\ 1 & x_{im_i1} & x_{im_i2} & \cdots & x_{im_ip} \end{pmatrix},\ \ Z_i = \begin{pmatrix} 1 & z_{i11} & z_{i12} & \cdots & x_{i1q} \\ 1 & z_{i21} & z_{i22} & \cdots & z_{i2q} \\ 1 & \vdots & \vdots & \cdots & \vdots \\ 1 & z_{im_i1} & z_{im_i2} & \cdots & z_{im_iq} \end{pmatrix}$$

$$\beta = \begin{pmatrix} \beta_0 \\ \beta_1 \\ \beta_2 \\ \vdots \\ \beta_p \end{pmatrix},\qquad b_i = \begin{pmatrix} b_{i0} \\ b_{i1} \\ b_{i2} \\ \vdots \\ b_{iq} \end{pmatrix},\qquad \epsilon_i = \begin{pmatrix} \epsilon_{i1} \\ \epsilon_{i2} \\ \vdots \\ \epsilon_{im_i} \end{pmatrix}$$

이에 대한 행렬 표현은 다음과 같다(여기서 $N = \sum_{i=1}^{n} m_i$).

$$Y_{N\times 1} = X_{N\times(p+1)}\beta_{(p+1)\times 1} + Z_{N\times r}b_{r\times 1} + \epsilon_{N\times 1} \qquad (4.1)$$

여기서 $r = n\times(q+1)$, $Z = BLD(Z_1,\cdots,Z_n)$이며 $b = \begin{pmatrix} b_1 \\ \vdots \\ b_n \end{pmatrix}$를 의미한다. $Y = (Y_1, \cdots, Y_N)'$, $X = (X_1,\cdots,X_N)'$, $Z = (Z_1,\cdots,Z_N)'$이며 X와 Z가 고정효과와 랜덤효과와 관련된 공변량을 표시하며 벡터 크기가 $(p+1)\times 1$인 β는 고정효과(fixed effect)를, 크기가 $(q+1)\times 1$인 b_i는 랜덤효과(random effect)를 표시한다. ϵ은 오차항을 의미하며 랜덤효과와 독립을 가정한다. 고정효과와 랜덤효과를 동시에 표현하는 것을 혼합효과모형(mixed effect model)이라고 한다. 이는 두 가지 다른 모형의 합성으로 이루어지는 혼합모형(mixture model)과 구분되어야 한다. 식 (4.1)에서 랜덤 변수인 랜덤효과와 오차항에 대해 다음의 가정을 적용한다.

$$E(b_i) = 0,\qquad Var(b_i) = G$$
$$E(\epsilon_i) = 0,\qquad Var(\epsilon_i) = R_i,\qquad Cov(b_i,\epsilon_i) = 0$$

따라서 반응변수 $Y_i = (y_{i1},\cdots,y_{im_i})$의 분산-공분산행렬은

$$V_i = Var(Y_i) = Var(X_i\beta + Z_i b_i + \epsilon_i) = Var(Z_i b_i + \epsilon_i) = Z_i G Z_i' + R_i \qquad (4.2)$$

이며, 전체 관측 개체의 분산-공분산행렬은 크기가 $N\times N$인 블록 행렬(Block diag

(BLD)로 표시된다. 이제부터 당분간 모든 관측개체가 동일한 공분산을 가지고 있다고 가정하자. 즉, $V_i = V_0$.

$$V = Var(Y) = Var(Y_1, \cdots, Y_n) = BLD(V_0, \cdots, V_0) = ZGZ + R$$

더 나아가 우도(likelihood)에 근거한 통계적 추론을 위해 랜덤효과와 오차에 대해 정규분포 가정을 더하게 된다.

$$b_i \sim N(0, G), \qquad \epsilon_i \sim N(0, R)$$

만약 분산 공분산행렬 V(정확히 말하면 G, R)가 완전히 알려져 있다면 고정효과 β의 추정을 위해 일반최소제곱법(Generalized least squares)을 이용할 수 있다. 즉, 선형혼합모형 (4.1)을 다음과 같이 표현할 때,

$$Y = X\beta + \Gamma, \qquad E(\Gamma) = 0, \quad Var(\Gamma) = V, \quad \text{즉} \;\; Y \sim N(X\beta, V)$$

V가 알려져 있고 비정치행렬이라면 β의 추정량은 다음과 같다.

$$\hat{\beta} = (X' V^{-1} X)^{-1} (X' V^{-1} Y)$$

위 추정량을 가중최소제곱추정량(weighted least squared estimator)이라고 한다. 하지만 실제 V의 구조와 구성성분은 알려져 있지 않다.

식 (4.2)를 통해 분산 V는 Z_i, G, R에 의해 결정됨을 알 수 있는데, 일반적으로 Z_i는 공변량 X_i와 동일하거나 그중 일부로 구성된다. 따라서 분산은 G와 R에 대한 적절한 모형의 적용이 중요하다. 우리는 이미 2.2절에서 경시적 자료의 변이를 구성하는 세 가지 요소를 공부하였다. 선형모형 하에서 이를 모형화하기 위해 4.2절에서는 다양한 공분산구조를 소개한다. 일단 공분산구조가 결정된 후 이를 구성하는 모수추정을 위해 4.3절에서는 우도 방법(likelihood approach)인 최대우도(Maximum likelihood)와 제한된 최대우도(REML: Restricted maximum likelihood) 방법이 적용된다. 4.4절에서는 앞 절에서 추정된 공분산구조를 이용하여 고정효과와 랜덤효과를 추정한다. 4.5절에서는 실제 자료를 분석해 보자.

4.2 공분산구조

경시적 자료분석에서는 (I) 평균 반응에 대한 모형과 (II) 공분산구조의 설정과 추정이 주요한 관심 분야이다. 공분산구조의 유도를 통해 (a) 자료의 종속 구조를 반영함으로써 그 연관 관계를 파악할 수 있을 뿐만 아니라, (b) 평균모형을 구성하는 회귀계수의 표준오차를 줄임으로써 효율성(efficiency)의 향상을 가져오게 된다. 따라서 정확한 공분산구조는 경시적 자료의 추론에서 매우 중요한 역할을 하게 된다. 여러 가지 공분산구조를 소개하고 공분산 행렬을 선택하기 위한 방법을 소개한다. 당분간 관측 횟수는 모든 관측 개체에 대해 동일하다고 가정한다($m_i = m$).

A. 균일상관모형(Uniform correlation model, compound symmetric(CS), exchangeable)

균일상관은 관측 개체 i의 모든 반복치 쌍들의 상관관계가 동일함을 의미한다. 시간 간격과 무관하게 $Corr(Y_{ij}, Y_{ik}) = \rho$, $(j \neq k)$이며 분산-공분산행렬 V_0는 다음과 같이 정의된다.

$$V_0 = \sigma^2[(1-\rho)I + \rho J] \tag{4.3}$$

여기서 I는 크기가 $m \times m$이고 대각원소만이 1인 대각행렬이며 J는 모든 원소가 1인 크기가 $m \times m$ 행렬이다. 좀 더 자세히 표현하면 다음과 같다.

$$V_0 = \begin{bmatrix} \sigma^2 & \rho\sigma^2 & \rho\sigma^2 & \cdots & \rho\sigma^2 \\ \rho\sigma^2 & \sigma^2 & \rho\sigma^2 & \cdots & \rho\sigma^2 \\ \vdots & \vdots & \ddots & \cdots & \rho\sigma^2 \\ \rho\sigma^2 & \rho\sigma^2 & \rho\sigma^2 & \rho\sigma^2 & \sigma^2 \end{bmatrix} = \sigma^2 \begin{bmatrix} 1 & \rho & \rho & \cdots & \rho \\ \rho & 1 & \rho & \cdots & \rho \\ \vdots & \vdots & \ddots & \cdots & \rho \\ \rho & \rho & \rho & \rho & 1 \end{bmatrix}$$

균일상관모형 하에서 선형모형은 다음과 같은 혼합모형으로 다시 표현된다.

$$Y_{ij} = X_{ij}\beta + b_i + \epsilon_{ij} \tag{4.4}$$

여기서 b_i는 랜덤절편효과(random intercept effect)로 $N(0, \sigma_b^2)$를 가정한다. b_i는 i번째 개체별 효과(subject-specific effect)로 i번째 개체로부터 측정된 모든 반응변수가 공유하는 효과(shared effect)로 인식할 수 있다. 모형 (4.4)에는 2.2절에서 공부한 변이 중 두 가지 요인이 적용된다(개체간 변이 + 관측오차). 오차항이 $\epsilon_{ij} \sim N(0, \sigma_e^2)$을 가정하고 ϵ_{ij}와 b_i가 서로 독립일 때, 평균과 분산은 다음과 같다.

$$E(Y_{ij}) = X_{ij}\beta$$

$$Var(Y_{ij}) = \sigma_{ij}^2 = \sigma_b^2 + \sigma_e^2 = \sigma^2, \quad cov(Y_{ij}, Y_{ik}) = \sigma_b^2 \ ,$$

$$\rho_{jk} = \rho = \frac{\sigma_b^2}{\sigma_b^2 + \sigma_e^2} = \frac{\sigma_b^2}{\sigma^2} = \rho \tag{4.5}$$

위 모형의 변형으로 각 시점에서의 분산의 동일성 가정을 보완하기 위해, 시점마다 관측되는 오차의 분산은 서로 다름을 반영한 heterogeneous compound symmetric 모형이 고려될 수 있다. 즉, 오차항에 대해 $\epsilon_{ij} \sim N(0, \sigma_{e,j}^2)$를 가정함으로써

$$Var(Y_{ij}) = \sigma_j^2 = \sigma_b^2 + \sigma_{e,j}^2, \quad cov(Y_{ij}, Y_{ik}) = \sigma_j \sigma_k [\rho I(j \neq k) + 1(j = k)],$$

$$\rho_{jk} = \rho$$

하지만 [자료 2] 가문비나무 예에서 보았듯이 모든 시간 간격에 대해 동일한 상관계수 가정은 현실적으로 적절한 가정이 아닐 수 있으며 시점 간의 거리를 반영한 다른 모형이 고려될 필요가 있다.

B. 지수상관모형(exponential correlation model)

서로 근접된 관측치들의 상관관계는 멀리 떨어져 있는 관측치와의 상관관계보다 더 강할 것으로 예상된다. 또한 관측 시점이 서로 다른 경우 시간 간격을 고려한 상관계수를 고려해볼 필요가 있다. 따라서 V_0의 (j,k) 시점 간의 공분산 σ_{jk}는 지수함수(exponential function)를 이용하여

$$cov(Y_{ij}, Y_{ik}) = \sigma_{jk} = \sigma^2 \exp(-\phi |t_j - t_k|) \tag{4.6}$$

로 표현할 수 있다. 여기서 $\phi > 0$으로 연관 관계의 감소 패턴(상관관계가 얼마나 빨리 감소)을 결정한다. 즉, ϕ값이 클수록 상관관계가 급속하게 감소함을 의미한다(그림 2.6, 2.7 참고).

만약 시간 간격이 일정할 경우($|t_{j-1} - t_j| = d, \ \forall j$), 공분산과 상관계수는 다음과 같이 표현된다. 이를 자기상관(auto correlation) 공분산이라고 한다.

$$\sigma_{jk} = \sigma^2 \rho_{jk} \tag{4.7}$$

$$\rho_{jk} = \exp(-\phi |j-k|) = \rho^{|j-k|}, \quad 0 \le \rho \le 1$$

위 공분산구조 아래서 선형모형은 다음과 같이 표현된다.

$$Y_{ij} = X_{ij}\beta + W_{ij}, \tag{4.8}$$

여기서 $W_{ij} = \rho W_{ij-1} + Z_{ij}$이며 $Var(Y_{ij}) = Var(W_{ij}) = \sigma^2$이기 위해 $Z_{ij} \sim N(0, \sigma^2(1-\rho^2))$를 가정한다. 만약 관측 시간 간격이 동일한 경우 V_0는 다음과 같이 정의된다.

$$V_0 = \sigma^2 \begin{pmatrix} 1 & \rho & \rho^2 & \cdots & \rho^{m-1} \\ \rho & 1 & \rho & \cdots & \rho^{m-2} \\ \rho^2 & \rho & 1 & \cdots & \rho^{m-3} \\ \vdots & \vdots & \vdots & \ddots & \cdots \\ \rho^{m-1} & \rho^{m-2} & \rho^{m-3} & \cdots & 1 \end{pmatrix}$$

따라서 모형 (4.8)의 공분산구조는 2.3절에서 논의한 변이 중 개체 내 변이와 관측오차를 포함한 모형이다.

C. Toeplitz 모형

관측 시점이 동일하고 두 관측 시간 간의 간격이 동일한 경우 공분산은 같음을 가정할 수 있다. 즉, (y_{i1}, y_{i3})의 공분산은 (y_{i2}, y_{i4})의 공분산과 같음을 의미한다. 따라서 m번의 시점에서 반복측정된 경우, V_0는 다음과 같다.

$$V_0 = \begin{pmatrix} \sigma^2 & \sigma_1 & \sigma_2 & \cdots & \sigma_{m-1} \\ \sigma_1 & \sigma & \sigma_1 & \cdots & \sigma_{m-2} \\ \sigma_2 & \sigma_1 & \sigma & \cdots & \sigma_{m-3} \\ \vdots & \vdots & \vdots & \ddots & \vdots \\ \sigma_{m-1} & \sigma_{m-2} & \sigma_{m-3} & \cdots & 1 \end{pmatrix}$$

D. 무구조 상관모형(Unstructured correlation model)

분산 공분산에 어떤 제한을 두지 않는다. 따라서 자료에 가장 충실한 모형이지만 반복횟수가 많은 경우 그리고 관측 시점이 너무 이질적인 경우 추정할 모수의 개수가 너무 많아져 계산적 부담(computation burden)을 주게 된다.

$$V_0 = \begin{pmatrix} \sigma_1^2 & \sigma_{12} & \sigma_{13} & \cdots & \sigma_{1m} \\ \sigma_{12} & \sigma_2^2 & \sigma_{23} & \cdots & \sigma_{2m} \\ \sigma_{13} & \sigma_{23} & \sigma_3^2 & \cdots & \sigma_{3m} \\ \vdots & \vdots & \vdots & \ddots & \vdots \\ \sigma_{1m} & \sigma_{2m} & \sigma_{2m} & \cdots & \sigma_m^2 \end{pmatrix}$$

표 4.2 다양한 공분산구조

공분산구조	Structure	
First-order autoregressive moving average	ARMA(1,1)	$\sigma^2\begin{bmatrix} 1 & \gamma & \gamma\rho & \gamma\rho^2 \\ \gamma & 1 & \gamma & \gamma\rho \\ \gamma\rho & \gamma & 1 & \gamma \\ \gamma\rho^2 & \gamma\rho & \gamma & 1 \end{bmatrix}$
Heterogeneous CS	CSH	$\begin{bmatrix} \sigma_1^2 & \sigma_1\sigma_2\rho & \sigma_1\sigma_3\rho & \sigma_1\sigma_4\rho \\ \sigma_2\sigma_1\rho & \sigma_2^2 & \sigma_2\sigma_3\rho & \sigma_2\sigma_4\rho \\ \sigma_3\sigma_1\rho & \sigma_3\sigma_2\rho & \sigma_3^2 & \sigma_3\sigma_4\rho \\ \sigma_4\sigma_1\rho & \sigma_4\sigma_2\rho & \sigma_4\sigma_3\rho & \sigma_4^2 \end{bmatrix}$
First-order factor analytic	FA(1)	$\begin{bmatrix} \lambda_1^2+d_1 & \lambda_1\lambda_2 & \lambda_1\lambda_3 & \lambda_1\lambda_4 \\ \lambda_2\lambda_1 & \lambda_2^2+d_2 & \lambda_2\lambda_3 & \lambda_2\lambda_4 \\ \lambda_3\lambda_1 & \lambda_3\lambda_2 & \lambda_3^2+d_3 & \lambda_3\lambda_4 \\ \lambda_4\lambda_1 & \lambda_4\lambda_2 & \lambda_4\lambda_3 & \lambda_4^2+d_4 \end{bmatrix}$
Huynh-Feldt	HF	$\begin{bmatrix} \sigma_1^2 & \frac{\sigma_1^2+\sigma_2^2}{2}-\lambda & \frac{\sigma_1^2+\sigma_3^2}{2}-\lambda \\ \frac{\sigma_2^2+\sigma_1^2}{2}-\lambda & \sigma_2^2 & \frac{\sigma_2^2+\sigma_3^2}{2}-\lambda \\ \frac{\sigma_3^2+\sigma_1^2}{2}-\lambda & \frac{\sigma_3^2+\sigma_2^2}{2}-\lambda & \sigma_3^2 \end{bmatrix}$
First-order antedependence	ANTE(1)	$\begin{bmatrix} \sigma_1^2 & \sigma_1\sigma_2\rho_1 & \sigma_1\sigma_3\rho_1\rho_2 \\ \sigma_2\sigma_1\rho_1 & \sigma_2^2 & \sigma_2\sigma_3\rho_2 \\ \sigma_3\sigma_1\rho_2\rho_1 & \sigma_3\sigma_2\rho_2 & \sigma_3^2 \end{bmatrix}$
Heterogeneous Toeplitz	TOEPH	$\begin{bmatrix} \sigma_1^2 & \sigma_1\sigma_2\rho_1 & \sigma_1\sigma_3\rho_2 & \sigma_1\sigma_4\rho_3 \\ \sigma_2\sigma_1\rho_1 & \sigma_2^2 & \sigma_2\sigma_3\rho_1 & \sigma_2\sigma_4\rho_2 \\ \sigma_3\sigma_1\rho_2 & \sigma_3\sigma_2\rho_1 & \sigma_3^2 & \sigma_3\sigma_4\rho_1 \\ \sigma_4\sigma_1\rho_3 & \sigma_4\sigma_2\rho_2 & \sigma_4\sigma_3\rho_1 & \sigma_4^2 \end{bmatrix}$

그 외에도 다양한 공분산구조가 있으며 이는 <표 4.2>에 제시되어 있다.

4.3 최대우도추정량, 제한된 최대우도추정(REML)

관심 있는 회귀계수 β를 추정하기 위해 분산-공분산 모형이 먼저 추정되어야 한다. 분산공분산행렬이 다음과 같을 때,

$$V = Var(X\beta + Zb + \epsilon) = Var(Zb + \epsilon) = ZGZ' + R = BLD(V_0)$$

$$V = \begin{bmatrix} V_0 & 0 & \cdots & \cdots & 0 \\ 0 & V_0 & 0 & \cdots & 0 \\ \vdots & \vdots & \ddots & \cdots & 0 \\ 0 & 0 & 0 & 0 & V_0 \end{bmatrix}$$

여기서 $BLD(V_0)$는 V_0을 대각행렬로 하고 나머지는 모두 0으로 구성된 행렬을 의미한다. 이 절에서는 V_0를 구성하는 G와 R의 구성요소를 추정하기 위해 우도함수에 기반을 둔 두 가지 방법인 최대우도추정법(ML)과 제한된 최대우도추정(REML) 방법을 소개한다.

오차항과 랜덤효과의 정규분포 가정 하에서 연속형(continuous) 반응변수는 정규분포를 가정한다. 따라서 로그 우도함수는 다음과 같다.

$$l(G,R) = l(V) = -\frac{1}{2}\left\{\log|V| + (Y - X\beta)' V^{-1}(Y - X\beta)) + \frac{n}{2}\log(2\pi)\right\} \tag{4.9}$$

$$= -\frac{1}{2}\sum_{i=1}^{n}\log|V_0| - \frac{1}{2}\left\{\sum_{i=1}^{n}(y_i - X_i\beta)' V_0^{-1}(y_i - X_i\beta)\right\}$$

위 우도함수를 최대화하기 위해 다음의 단계를 적용한다.

각 관측개체별 공분산이 (4.5)와 (4.6)과 같이 $V_0 = \sigma^2 V_1$로 표현될 때, 로그 우도함수 (4.9)는 다음과 다시 표현될 수 있다.

$$l(\beta, \sigma^2, V_1) = -\frac{1}{2}\left\{nm\log\sigma^2 + m log|V_1| + \sigma^{-2}(Y - X\beta)' V_1^{-1}(Y - X\beta))\right\} \tag{4.10}$$

(단계1) β의 초기값을 구하기 위해 간단한 공분산구조 V_1을 가정한다. 예를 들어, 독립성 가정 하에서 $V_1 = I_{m \times m}$이다. 따라서 $V = V_{nm \times nm} = BLD(V_0)$을 이용하여 다음의 추정량을 구한다.

$$\hat{\beta}(V_0) = (X' V^{-1} X)^{-1} X' V^{-1} Y$$

$$= \left[\sum_{i=1}^{n}(X_i' V_0^{-1} X_i)\right]^{-1} \sum_{i=1}^{n}(X_i' V_0^{-1} Y_i)$$

(단계2) (단계1)에서 구한 $\hat{\beta}(V_0)$를 로그 우도함수 (4.10)에 대입한 후 σ^2에 대해 미분함으로써 σ^2에 대한 추정치를 다음과 같이 구하게 된다.

$$\tilde{\sigma}^2(V_0) = \frac{(Y - X\hat{\beta}(V_0))' V^{-1}(Y - X\hat{\beta}(V_0))}{nm} = \frac{RSS}{nm} = \tilde{\sigma}^2 \tag{4.11}$$

(단계3) (단계1)과 (단계2)에서 구한 $\hat{\beta}(V_0)$과 $\tilde{\sigma}^2(V_0)$를 식 (4.10)에 다시 대입함으로써 다음의 로그 우도함수를 가진다.

$$l(V_0) = -\frac{1}{2}\left\{nm\log\tilde{\sigma}^2 + mlog|V_0| + \tilde{\sigma}^{-2}(Y - X\hat{\beta}(V_0))' V_0^{-1}(Y - X\hat{\beta}(V_0))\right\} \tag{4.12}$$

위 로그 우도함수를 최대화하는 V_0의 추정값 $\widehat{V_0}$를 구한 후, 이를 이용하여 $\hat{\beta}(\widehat{V_0})$와 $\tilde{\sigma}^2(\widehat{V_0})$를 다시 업데이트한다.

좀 더 일반적인 공분산구조 하에서는 랜덤효과와 관련된 분산 G와 R의 형태는 더 복잡하게 되며 관련 모수를 추정하기 위해 EM 알고리즘과 Newton-Raphson 방법이 적용될 수 있다. 많은 경우, 후자의 방법이 적용되어 왔다.

이제 위에서 구한 추정량의 성질을 고려해 보자. 대표본 하에서 이 추정량들은 불편성(unbiasedness)을 만족시킨다. 하지만 소표본 하에서는 공분산구조와 관련된 σ^2와 V_0의 추정은 과소 또는 과대 추정값을 가져올 수 있다.

이해를 돕기 위하여 가장 간단한 예로 독립성 가정 하에서(랜덤효과가 없는 경우, $Z=0$) 공분산 V는 σ^2에만 의존하며 이때 σ^2에 대한 추정량은

$$\tilde{\sigma}^2 = \frac{\sum_{ij}(Y_{ij} - X_{ij}\hat{\beta})^2}{(nm)} = \frac{RSS}{(nm)}$$

이 된다. 하지만 $E(\tilde{\sigma}^2) = \frac{(nm-p)}{nm}\sigma^2$으로 과소편의추정량이 된다. 즉, 불편추정량은

$$\hat{\sigma}^2 = \frac{RSS}{(nm-p)}$$

이며 여기서 p는 회귀계수 β의 개수이다.

이러한 편이성(bias) 문제는 σ^2, V_0를 추정할 때, 또 다른 추정량 $\hat{\beta}$의 변이를 반영하는 과정에서 발생한다. 식 (4.11)과 (4.12)에서 보다시피 두 추정량은 $\hat{\beta}$를 포함하고 있으며 따라서 σ^2와 V_0에 대한 불편추정량을 구하기 위해서 $\hat{\beta}$의 변이성(variation)이 반영될 필요가 있다. 이에 대한 여러 방법 중에 가장 많이 사용되는 방법으로 제한된 최대우도(REML)추정 방법이 있다.

σ^2와 V_0에 대한 편이 여부는 $\hat{\beta}$의 추정과 관련되어 있으므로 이에 대한 효과를 보정하기 위해 우도함수에서 $\hat{\beta}$와 관련된 부분을 삭제하는 것이다. 이를 위해 다음과 같은 방법이 고려될 수 있다.

선형결합(linear combination)을 통해 β에 의존하지 않게 자료의 변환(transform)을 고려하는 것이다. 예를 들어, 독립성 가정 하에서 $\hat{\beta}$를 추정한 후, 그 잔차(residual) $r_{ij} = Y_{ij} - X_{ij}\hat{\beta}_0$를 이용하여 다음의 제한된 로그 우도함수(restricted likelihood function)를 유도한다.

$$l_R(\sigma^2, V_0) = -\frac{1}{2}\left\{nm\log\sigma^2 + mlog|V_0| + \sigma^{-2}R' V_0^{-1}R + \log|\sum_{i=1}^{n} X_i V_0^{-1} X_i|)\right\} \quad (4.13)$$

여기서 $R = Y - X(X' V^{-1} X)^{-} X' V^{-1} Y = Y - X\hat{\beta}$로 표현된다. 식 (4.10)과 비교하여 제한된 로그 우도함수의 가장 큰 특징은 마지막 항의 의미이다. 여기서 |.|는 행렬의 determinant(행렬식)을 의미하며 마지막 항은 다음과 같이 표현될 수 있다.

$$-\frac{1}{2}\log|\sum_{i=1}^{n} X_i' V_0^{-1} X_i| - \frac{1}{2}\log|(\sum_{i=1}^{n} X_i' V_0^{-1} X_i)^{-1}| = \log|Cov(\hat{\beta})|^{\frac{1}{2}} \quad (4.14)$$

$|Cov(\hat{\beta})|$는 $\hat{\beta}$의 공분산의 크기를 표시한다. 즉, 추정량 $\hat{\beta}$의 변이(variation)가 공분산 추정 과정에 반영되는 효과를 가지게 된다. 이러한 방법으로 추정된 공분산행렬 추정량은 최대우도 방법에 의해 편이된 σ^2과 V_0의 추정량을 보정하는 역할을 하게 된다.

식 (4.13)의 $l_R(\sigma^2, V_0)$의 최대화를 통해 구한 추정량을 각각 $\hat{\sigma}^2_{RE}$, $\hat{V}_{RE}$라고 한다. 따라서 이들 추정량을 이용하여 회귀계수를 다시 업데이트한 후 이를 $\hat{\beta}_{RE} = \hat{\beta}(\hat{V}_{RE}, \hat{\sigma}^2_{RE})$로 정의하게 된다.

다음 절로 넘어가기 전에 최대우도추정(ML) 방법과 제한된 최대우도추정(REML) 방법의 적용범위에 대해 언급할 필요가 있다. REML은 평균 구조는 고정되어 있고 공분산구조 간의 nested 모형들을 비교할 때는 적용될 수 있다.

하지만 평균과 관련된 내포모형(nested model)을 비교하기 위해(예로 $H_0 : \beta_2 = 0$, $H_1 : \beta_2 \neq 0$: 즉, $E(y_{ij}) = \beta_0 + \beta_1 x_{ij} + \beta_2$, $vs.$ $E(y_{ij}) = \beta_0 + \beta_1 x_{ij}$), 우도비 검정(Likelihood ratio test)이 사용될 경우 REML의 결과는 적용될 수 없다. 왜냐하면 식 (4.13)의 마지막 항이 서로 다르면 이의 효과는 평균의 효과를 변질시킬 수 있기 때문이다. 따라서 평균 $E(Y) = X\beta$와 관련된 내포모형들을 비교하기 위해서는 ML 방법이

적용되어야 한다. 다음은 그 적용 예를 보여 준다. 가문비 나무의 성장 자료에서, 시간과 오존 처리의 교호작용 유의성을 검정하기 위해 두 모형을 비교한다. 여기서 anova( ) 함수를 이용하여 두 모형의 최대우도값이 비교된다.

```
> anova(mod0,mod1)
refitting model(s) with ML(instead of REML)
Data: spruce3
Models:
mod0: log(growth) ~ time + trt + (1 | id)
mod1: log(growth) ~ time + trt + time * trt + (1 | id)
        Df     AIC     BIC  logLik deviance   Chisq  Chi Df  Pr(>Chisq)
mod0     8  -1072.9  -1041.0         544.44  -1088.9
mod1    12  -1076.3  -1028.5         550.15  -1100.3  11.421  4  0.02221*
```

위 예에서는 mod0(trt와 time 효과만)와 mod1(tr+time, 그리고 교호효과)를 비교한 결과이다. R의 OUTPUT에서는 "refitting model(s) with ML(instead of REML)"를 볼 수 있다. 이 우도비 검정에서 귀무가설(축소모형이 적합하다)이 기각된다. 즉, 교호효과를 포함한 mod1을 선택하게 된다.

4.4 고정효과와 랜덤효과의 추정

공분산구조가 알려져 있거나 또는 앞 절에서 설명한 방법을 통해 G와 R의 추정치가 알려져 있다고 하자. 고정효과와 연관된 회귀계수 β와 랜덤효과 b를 추정하기 위해 다음의 혼합모형 방정식(mixed model equation)이 적용된다(Henderson, 1984).

$$\begin{bmatrix} X'\hat{R}^{-1}X & X'\hat{R}^{-1}Z \\ Z'\hat{R}^{-1}X & Z'\hat{R}^{-1}Z+\hat{G}^{-1} \end{bmatrix} \begin{bmatrix} \hat{\beta} \\ \hat{b} \end{bmatrix} = \begin{bmatrix} X'\hat{R}^{-1}Y \\ Z'\hat{R}^{-1}Y \end{bmatrix} \quad (4.15)$$

위 방정식의 근은 다음의 식으로 유도된다.

$$\hat{\beta} = (X'\hat{V}^{-1}X)^{-1}X'\hat{V}^{-1}Y$$
$$\hat{b} = \hat{G}Z'\hat{V}^{-1}(Y - X\hat{\beta})$$

위 혼합모형 방정식 (4.15)는 정규 방정식과 비슷한 유형을 가지며, 또한 $\hat{G}$는 비정치

(nonsingular) 행렬임을 가정한다.

정리 만약 $(\hat{\beta}, \hat{b})$가 혼합모형 방정식 (4.15)의 근이라면, $\hat{\beta}$는 β의 최량선형불편추정량(best linear unbiased estimator, BLUE)이며, $\hat{b}$는 b의 최량선형불편예측량(best linear unbiased predictor, BLUP)이 된다.

여기서 최량이란 최소평균제곱오차(minimum mean squared error)를 의미한다. 따라서 $(\hat{\beta}-\beta, \hat{b}-b)$의 공분산행렬은

$$C=\begin{bmatrix} X'\hat{R}^{-1}X & X'\hat{R}^{-1}Z \\ Z'\hat{R}^{-1}X & Z'\hat{R}^{-1}Z+\hat{G}^{-1} \end{bmatrix}^{-1}$$

증명 선형혼합모형(LMM) $Y=X\beta+Zb+\epsilon$에서 $E(Y)=X\beta$와 $Var(Y)=V=ZGZ'+R$ 하에서, $\hat{\beta}$이 $X'V^{-1}X\beta=X'V^{-1}Y$의 근(solution)일 때, $X\hat{\beta}$은 $X\beta$의 BLUE이다. 이를 증명하기 위해

$$V^{-1}=R^{-1}-R^{-1}Z\{G^{-1}+Z'R^{-1}Z\}^{-1}Z'R^{-1} \tag{4.16}$$

를 이용한다. 이때 혼합모형 방정식의 왼쪽을 정리하면 다음과 같다.

$$\begin{bmatrix} X'R^{-1}X\hat{\beta}+X'R^{-1}Z\hat{b} \\ Z'R^{-1}X\hat{\beta}+\{Z'R^{-1}Z+G^{-1}\}\hat{b} \end{bmatrix}=\begin{bmatrix} X'R^{-1}Y \\ Z'R^{-1}Y \end{bmatrix} \tag{4.17}$$

여기서 왼쪽 항의 두 번째 행에 대해

$$\hat{b}=\{G^{-1}+Z'R^{-1}Z\}^{-1}Z'R^{-1}(Y-X\hat{\beta}) \tag{4.18}$$

이며 이를 (4.17)의 왼쪽 항의 첫 번째 행에 대입함으로써

$$X'R^{-1}X\hat{\beta}+X'R^{-1}Z\{G^{-1}+Z'R^{-1}Z\}^{-1}Z'R^{-1}(Y-X\hat{\beta})=X'R^{-1}Y$$

또는

$$\begin{aligned} &X'R^{-1}X\hat{\beta}-X'R^{-1}Z\{G^{-1}+Z'R^{-1}Z\}^{-1}Z'R^{-1}X\hat{\beta} \\ &=X'R^{-1}Y-X'R^{-1}Z\{G^{-1}+Z'R^{-1}Z\}^{-1}Z'R^{-1}Y \end{aligned}$$

는 다시 다음과 같이 정리된다.

$$X'\left(R^{-1}-R^{-1}Z\{G^{-1}+Z'R^{-1}Z\}^{-1}Z'R^{-1}\right)X\hat{\beta}$$
$$=X'\left(R^{-1}-R^{-1}Z\{G^{-1}+Z'R^{-1}Z\}^{-1}Z'R^{-1}\right)Y$$

여기서 (4.16)의 V^{-1}을 이용하여

$$X'V^{-1}X\hat{\beta}=X'V^{-1}Y$$

를 유도할 수 있다.

이제 $\hat{b}$가 BLUP임을 보이기 위해 식 (4.18)에 가공의 항을 삽입-삭제함으로써 다음과 같이 다시 쓸 수 있다.

$$\hat{b}=\left[G(G^{-1}+Z'R^{-1}Z)-GZ'R^{-1}Z\right]\times(G^{-1}+Z'R^{-1}Z)^{-1}Z'R^{-1}(Y-X\hat{\beta})$$
$$=(GZ'R^{-1}-GZ'R^{-1}Z\{G^{-1}+Z'R^{-1}Z\}^{-1}Z'R^{-1})(Y-X\hat{\beta})$$
$$=GZ(R^{-1}-R^{-1}Z(G^{-1}+Z'R^{-1}Z)^{-1}Z'R^{-1})(Y-X\beta)$$
$$=GZ'V^{-1}(Y-X\hat{\beta})$$

따라서 G와 V에 REML 추정치를 삽입하면

$$\hat{b_i}=\hat{G}Z_i'\hat{V_0}^{-1}(Y_i-X'\hat{\beta})$$

을 얻게 되며 이를 empirical BLUP 또는 empirical Bayes 추정량이라고 한다.

⟨$\hat{\beta}$의 성질⟩

A. $\hat{\beta}$은 $\beta=(\beta_0,\cdots,\beta_p)'$의 일치추정량(consistent estimator)이다. 충분히 큰 표본에 대해, 오차항이 정규 분포여부와 상관없이(대칭 정도의 조건만 만족한다면), 불편성(unbiasedness)을 만족한다.

B. $\hat{\beta}$의 표본분포는 근사적으로 다변량 정규분포(multivariate normal distribution)를 따르면 공분산은

$$Cov(\hat{\beta})=\left(\sum_{i=1}^{n}(X_i'V_0^{-1}X_i)\right)^{-1}$$

이 된다. 여기서 반응변수의 정규분포 가정은 필요하지는 않다.

⟨b_i의 성질⟩

$$Cov(\hat{b_i}-b_i)=G-GZ_i'V_0^{-1}Z_i+GZ_i'V_0^{-1}X_i(\sum_{i=1}^{n}X_i'V_0^{-1}X_i)^{-1}X_i'V_0^{-1}Z_iG$$

4.5 적용 예

4.5.1 가문비나무의 성장 곡선

[자료 2]의 79 그루의 가문비나무에 대해 152일을 시작으로 174, 201, 227 그리고 258일에 성장 정도가 측정된다. 여기서 반응변수는 $\log(hd^2)$이며 h는 나무의 키를, d는 지름을 보여 준다. 이 실험의 목적은 오존이 식물의 성장에 미치는 영향을 조사하기 위한 것으로 두 개의 처리(오존 70 ppb 노출 여부)에 54그루(오존 노출)와 25그루(비노출)를 나누어 배치하였다. 79그루의 가문비나무는 동일한 관측 시점에서 같은 관측 횟수를 가지고 측정되었다.

분석 1 | 랜덤 절편(random intercept)

혼합모형을 추정하기 위해 R 패키지 lme4에서 제공되는 lmer 함수를 사용한다. 본 분석에서는 모든 공변량(시간(time)과 처리(trt))을 이산형으로 간주한다. 따라서 제공되는 결과는 공변량의 각 수준의 효과에 대한 것이다.

$$
\begin{aligned}
\log(y_{ij}) = \beta_0 &+ \beta_{11}I(t_{ij}=day_{174}) + \beta_{12}I(t_{ij}=day_{201}) + \beta_{13}I(t_{ij}=day_{227}) + \beta_{14}I(t_{ij}=day_{258}) \\
&+ \beta_2 I(trt_i) + \beta_{21}I(t_{ij}=day_{174}) * I(trt_i) + \beta_{22}I(t_{ij}=day_{201})I(trt_i) \\
&+ \beta_{23}I(t_{ij}=day_{227})I(trt_i) + \beta_{24}I(t_{ij}=day_{258})I(trt_i) + b_i + \epsilon_{ij}
\end{aligned}
$$

위 모형에서 주목할 점은 두 가지가 있다. (i) day 152와 오존 비노출 그룹이 각각 기저 그룹(baseline 또는 reference)으로 배치되었다. (ii) 각 관측 시간을 연속형 변수로 간주하지 않고 이산형(그룹형) 변수로 간주하였다. 따라서 시간대별 변화 정도를 면밀히 조사할 수 있으며 단조 증가하지 않는 자료에 적합하다.

```
>spruce3$trt<-ifelse(spruce3$id<=54,1,0)
> head(spruce3)
      id   time  growth  trt
1      1 day152   4.515    1
2      2 day152   4.235    1
3      3 day152   3.980    1
4      4 day152   4.357    1
5      5 day152   4.340    1
6      6 day152   4.586    1
```

위 모형의 회귀계수를 설명하기 전에 교호작용의 유의성을 먼저 검정한다. 아래 프로그램에서 mod11은 교호작용을 포함한 모형의 결과이며 mod21은 교호작용이 제거된 축소모형이다. 이 두 모형 간의 우도비 검정을 통해 교호작용이 유의함을 알 수 있다 ① ($\chi^2 = 11.421$, p-value=0.02221).

```
> mod11<-lmer(log(growth)~time+trt+time*trt+(1|id), data=spruce3)
> mod21<-lmer(log(growth)~time+trt+(1|id), data=spruce3)

> anova(mod11,mod21)
refitting model(s) with ML (instead of REML)
Data: spruce3
Models:
mod2: log(growth) ~ time + trt + (1 | id)
mod1: log(growth) ~ time + trt + time * trt + (1 | id)
        Df      AIC      BIC  logLik deviance    Chisq    Chi DfPr(>Chisq)
mod2     8  -1072.9  -1041.0           544.44  -1088.9
mod1    12  -1076.3  -1028.5           550.15  -1100.3  11.421   4   0.02221 *   ①
---
Signif. codes:  0 '***' 0.001 '**' 0.01 '*' 0.05 '.' 0.1 ' ' 1
```

따라서 교호작용이 포함된 모형의 회귀계수를 해석해 보자. 이를 위해 nlme 패키지의 lme 함수를 이용한다. 물론 위에서 구한 lmer의 결과를 사용하여도 되겠지만 p-값을 제공하지 않아 불편하다.

```
> mod1<-lme(log(growth)~time+trt+time*trt, random=~1|id, data=spruce3)
> summary(mod1)
Linear mixed-effects model fit by REML
 Data: spruce3
        AIC       BIC  logLik
  -1002.532 -955.0932 513.266

Random effects:
 Formula: ~1 | id
         (Intercept)   Residual
StdDev:    0.1346122 0.04073224
```

```
Fixed effects: log(growth) ~ time + trt + time * trt
                     Value   Std.Error  DF   t-value  p-value
(Intercept)      1.4072489  0.02812796 308  50.03025   0.0000 ②
timeday174       0.1125474  0.01152082 308   9.76905   0.0000 ③
timeday201       0.2002952  0.01152082 308  17.38550   0.0000
timeday227       0.2780214  0.01152082 308  24.13209   0.0000
timeday258       0.3170184  0.01152082 308  27.51700   0.0000
trt             -0.0172301  0.03402161  77  -0.50645   0.6140 ④
timeday174:trt  -0.0145361  0.01393477 308  -1.04316   0.2977 ⑤
timeday201:trt  -0.0186735  0.01393477 308  -1.34007   0.1812
timeday227:trt  -0.0302962  0.01393477 308  -2.17414   0.0305
timeday258:trt  -0.0439608  0.01393477 308  -3.15476   0.0018
```

위 output에서 Fixed effect는 각 그룹별로 시간별 효과의 추정치와 그 유의성을 보여 준다. 여기서 152일은 기저(baseline) 시간으로 코딩되어 있으므로 ② intercept의 회귀계수 추정치는 152일에서 (trt=0) 오존 비노출 그룹의 평균 추정치이다. ③ 또한 timeday174, timeday201, timeday227, timeday258은 오존 비노출 그룹의 152일과 비교하여 174, 201, 227, 258 시점에서의 평균 증감분의 추정치이다. 또한 ④ trt에서는 (trt=1) 오존 대기 노출 그룹의 152일에서 trt=0과의 차이의 추정치이다. ⑤ timeday174:trt~timeday258:trt는 (trt=1) 오존 대기 노출 그룹에 152일과 비교하여 각 시간별 평균 증감분의 추정치이다.

좀 더 자세히 보면, ④의 결과를 통해 연구 초기 시점(153일)에는 오존 노출 그룹과 비노출 그룹의 평균 성장 정도 차이(로그 scale)는 −0.01732이었으며 그 정도는 유의하지 않았다(t value=−0.506, p-값=0.614).

이제 각 그룹별 성장 정도를 검토해 보자.

③ timeday174~timeday258은 trt=0 그룹에 대한 timeday152와 비교하여 얼마나 성장했는지와 유의성을 보여 준다. timeday174에서는 평균적으로 0.1125만큼 성장하였으며 그 성장정도는 매우 유의하였다. timeday201, timeday227, timeday258의 회귀계수도 비슷한 해석이 적용될 수 있다. 여기서 해당 계수(0.11255<0.2003<0.2780<0.3172)는 152일과 비교한 평균 성장 증가분을 보여 주는 것이므로 시간이 경과할수록 큰 값을 가지는 것은 당연한 것이다. 또한 해당 추정값을 이용하여 day152부터 day258의 평균 성장을 추정할 수 있다(표 4.3 참조).

⑤ timeday174:trt~timeday258:trt는 비노출 그룹과 비교하여 오존 노출 그룹(trt=1)의

시간별 증감 정도를 보여 준다. 예를 들어, 기저 시간대 day152에서 비노출 그룹과 노출 그룹의 차이는 trt의 회귀계수 ④ (−0.017)이다. fixed effect의 timeday174:trt는 day174에서 비노출 그룹(trt=0)에 비교하여 얼마나 더 성장했는지 여부와 그 유의성을 보여 준다. 즉, 오존 노출 그룹(trt=1)과 비노출 그룹(trt=0)의 성장 차이는 로그 scale으로 −0.01454이었다. 하지만 이 차이는 통계적으로 유의적인지 않았다(p-값=0.2977). 비슷하게 day201에서도 두 그룹의 성장 차이는 −0.0186이었고 역시 유의적이지 않았다(p-값=0.1812). 하지만 day 227과 day258에서의 오존 노출 그룹(trt=1)과 비노출 그룹(trt=0)의 성장 정도는 유의적으로 차이가 남을 알 수 있다(day 227과 day 258일 때, p-값=0.0305, p-값=0.0018). 따라서 자료분석을 통해 두 그룹의 성장 정도(growth rate)는 연구 중반(~day 201)까지는 유의한 차이가 없었으나 그 이후에 오존 처리를 받은 나무 그룹이 정상 대기 하에서 자란 나무 그룹보다 성장이 느림을 보여 주었다. 표 4.3은 위 모형에서 구한 회귀계수를 이용하여 시간별 그룹별 평균 성장을 계산한 값이며 <그림 4.1>은 이러한 평균값을 도식화한 것이다. 시간이 갈수록 평균간격이 점차적으로 커짐을 알 수 있다.

표 4.3 가문비나무의 오존 처리 여부에 따른 시간별 평균 성장(랜덤 절편)

	오존 비노출 그룹	오존 노출 그룹
day152	1.407	1.407−0.0172=1.3898
day174	1.407+0.112=1.519	1.407−0.0172+0.112−0.0145=1.4873
day201	1.407+0.200=1.607	1.407−0.0172+0.200−0.0187=1.5711
day227	1.407+0.278=1.685	1.407−0.0172+0.278−0.0303=1.6375
day239	1.407+0.317=1.724	1.407−0.0172+0.317−0.0439=1.6629

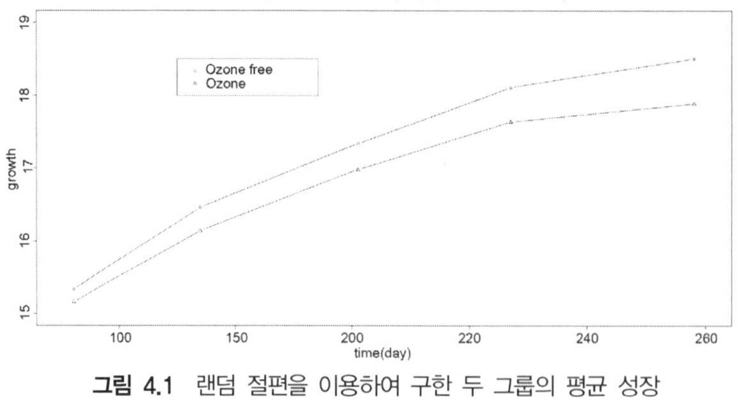

그림 4.1 랜덤 절편을 이용하여 구한 두 그룹의 평균 성장

분석 2 랜덤 절편과 랜덤 기울기

가문비나무의 성장 패턴의 다양성을 반영하기 위해 기울기에 대한 랜덤효과를 고려한다. 이를 위해서 관측 시간을 연속형으로 변환해야 한다. 이 작업을 위해 gsub 명령문을 적용한다.

$$\begin{aligned}\log(y_{ij}) = \beta_0 + \beta_{11}I(t_{ij}=day_{174}) + \beta_{12}I(t_{ij}=day_{201}) + \beta_{13}I(t_{ij}=day_{227}) + \beta_{14}I(t_{ij}=day_{258})\\ + \beta_2 I(trt_i) + \beta_{21}I(t_{ij}=day_{174})^* I(trt_i) + \beta_{22}I(t_{ij}=day_{201})I(trt_i)\\ + \beta_{23}I(t_{ij}=day_{227})I(trt_i) + \beta_{24}I(t_{ij}=day_{258})I(trt_i) + b_{i0} + b_{i1}t_{ij} + \epsilon_{ij}\end{aligned}$$

여기서 $\begin{pmatrix} b_{i0} \\ b_{i1} \end{pmatrix} \sim BN(0, G)$, $G = \begin{pmatrix} g_{11}\ g_{12} \\ g_{12}\ g_{22} \end{pmatrix}$이며 b_{i0}는 나무의 연구 시작점에서의 개별 효과를 의미하며, b_{i1}는 각 나무의 성장 정도를 표현한다.

```
> time2<-gsub("day", " ",spruce3$time)
> time2<-as.numeric(time2)
> spruce3$time2<-as.numeric(time2)          ## time2는 연속형 변수
> head(spruce3)
     id    time   growth   trt   time2
1     1  day152    4.515     1     152
2     2  day152    4.235     1     152
3     3  day152    3.980     1     152
4     4  day152    4.357     1     152
5     5   day15    4.340     1     152
6     6  day152    4.586     1     152

> mod1s<-lme(log(growth)~time+trt+time*trt, random=~time2|id, data=spruce3)
> anova(mod1s,mod1)
      Model  df       AIC        BIC     logLik    Test  L.Ratio  p-value
mod1s     1  14 -1156.906 -1101.5603  592.4529
mod1      2  12 -1002.532  -955.0932  513.2660 1 vs 2 158.3737   <.0001 ⑥
> summary(mod1s)
Linear mixed-effects model fit by REML
 Data: spruce3
      AIC       BIC   logLik
  -1156.906 -1101.56 592.4529

Random effects:
```

```
 Formula: ~time2 | id
 Structure: General positive-definite, Log-Cholesky parametrization
                   StdDev        Corr
(Intercept)     0.251831131     (Intr)
time2           0.000759223     -0.888  ⑦
Residual            0.02537      4547
```

⑥의 결과는 랜덤 기울기를 더한 경우에 랜덤 절편만 가진 모형(mod1)보다 더 작은 AIC를 보여준다. 즉, 적합도가 더 좋음을 알 수 있다. ⑦ 두 확률변수의 상관계수는 $corr(b_{i0}, b_{i1}) = -0.88$으로 음의 값을 가지는데 이는 랜덤 절편이 큰 나무의 기울기가 랜덤 절편이 작은 나무의 기울기보다 작음을 의미한다. 즉, 초기에 키가 큰 나무의 성장 변화가 초기에 작은 키를 가진 나무의 성장 변화보다 더 작음을 의미한다. 이러한 현상은 성장곡선(growth curve)과 관련된 자료분석에서 자주 발생한다. 랜덤 기울기를 포함함으로써 고정효과 중 day227:trt의 효과가 유의적이지 않는 것으로 바뀌었다.

다음은 SAS 프로그램과 결과물을 보여준다. ⑧은 랜덤 절편의 적용 예이다. R 프로그램은 각 회귀계수의 효과를 보여주는 반면에 SAS 프로그램에서 다음의 가설을 검정할 수 있다. (i) 연구 시작 시점에 두 처리 간에 차이가 있는가, (ii) 정상 그룹에서 시간별 성장 정도가 차이가 있는가?(이 가설은 너무도 당연하다. 시간이 지남에 따라 나무는 성장한다.) (iii) 두 처리(오존과 정상 환경) 간 성장 정도에 차이가 발생하는가? (i)은 두 그룹이 연구 초기에는 성장 정도가 동일함을 확인해 준다. (ii)는 나무가 유의적으로 성장함을, (iii)의 p-value=0.0247는 두 그룹 간의 성장 정도에 차이가 있음을 보여준다.

```
data spruce;
infile 'c:\data\spruce3.txt' firstobs=2;
input  id0$ id$   time$ growth NA$ trt$ time2;
log_growth=log(growth);
run;

/*## random intercept  model ###*/ ⑧
Proc mixed data=spruce covtest;
class time trt id;
model  log_growth=trt time  trt*time/ s;
random int/ type=un subject=id solution g gcorr;
run;
```

Covariance Parameter Estimates

Cov Parm	Subject	Estimate	Standard Error	Z Value	Pr > Z
UN(1,1)	id	0.01812	0.002974	6.09	<.0001
Residual		0.001659	0.000134	12.41	<.0001

Fit Statistics

-2 Res Log Likelihood	-1026.5
AIC (Smaller is Better)	-1022.5
AICC (Smaller is Better)	-1022.5
BIC (Smaller is Better)	-1017.8

Type 3 Tests of Fixed Effects

Effect	Num DF	Den DF	F Value	Pr > F
(i) trt	1	308	1.39	0.2395
(ii) time	4	308	595.17	<.0001
(iii) time*trt	4	308	2.83	0.0247

```
/*## random intercept+random slope model ###*/⓪
Proc mixed data=spruce covtest;
class time trt id;
model  log_growth=trt time  trt*time/ s;
random int  time2/ type=un subject=id solution g gcorr;
run;
```

Covariance Parameter Estimates

Cov Parm	Subject	Estimate	Standard Error	Z Value	Pr Z
UN(1,1)	id	0.06342	0.01085	5.84	<.0001
UN(2,1)	id	-0.00017	0.000032	-5.25	<.0001
UN(2,2)	id	5.764E-7	0	.	.
Residual		0.000644	0.000060	10.75	<.0001

Estimated G Matrix

Row	Effect	id	Col1	Col2
1	Intercept	1	0.06342	-0.00017
2	time2	1	-0.00017	5.764E-7

The Mixed Procedure

Estimated G Correlation Matrix

Row	Effect	id	Col1	Col2

```
1  Intercept  1    1.0000  -0.8878 ⑩
2      time2  1   -0.8878   1.0000

            Covariance Parameter Estimates

                                   Standard          Z
Cov Parm     Subject   Estimate       Error      Value      Pr Z

UN(1,1)           id    0.06342     0.01085       5.84    <.0001
UN(2,1)           id   -0.00017    0.000032      -5.25    <.0001
UN(2,2)           id   5.764E-7           0          .         .
Residual               0.000644    0.000060      10.75    <.0001


                  Fit Statistics

        -2 Res Log Likelihood       -1184.9
        AIC (Smaller is Better)     -1176.9
        AICC (Smaller is Better)    -1176.8
        BIC (Smaller is Better)     -1167.4


            Type 3 Tests of Fixed Effects

                    Num     Den
        Effect       DF      DF   F Value    Pr > F

        trt           1     231      1.39    0.2398
        time          4     231    282.76    <.0001
        time*trt      4     231      1.15    0.3326
```

⑨는 랜덤 기울기가 더해진 경우 SAS 프로그램의 결과이다. AIC는 더 작은 값을 가지며 주목할 점은 time*trt와 관련된 p-value는 0.3328이므로 귀무가설을 채택하게 된다. 즉, 개체별 성장 변이가 모형에 반영된 결과 더 나은 적합도를 보여주었으며 두 가지 그룹의 성장패턴에는 유의한 차이가 없었다(p-value=0.3326).

이제 개체 내 변이를 반영한 두 가지 상관모형이 고려된다. 아래 R 프로그램의 결과는 AR(1)과 무구조 상관모형으로부터 얻어진다. 랜덤 절편모형과 비교하면 AR(1) 모형의 적합도가 더 좋음을 알 수 있다⑪. 즉, 이를 통해 개체 간 변이, 개체 내 변이 그리고 관측오차가 모두 존재함을 알 수 있다.

분석 3 AR(1)

```
>mod2s<-lme(log(growth)~time*trt, random =~1|id,correlation = corAR1(), data=spruce3)
> anova(mod2s)
            numDF  denDF   F-value  p-value
(Intercept)     1    308  9008.931   <.0001
time            4    308   354.755   <.0001
trt             1     77     1.260   0.2652
time:trt        4    308     1.797   0.1293

> mod1<-lme(log(growth)~time*trt, random =~1|id, data=spruce3)
> anova(mod2s, mod1)
        Model  df       AIC         BIC    logLik    Test  L.Ratio  p-value
mod2s       1  13  -1176.578  -1125.1854  601.2888
mod1        2  12  -1002.532   -955.0932  513.2660  1 vs 2  176.0455 <.0001 ⑪
```

네 번째 고려되는 모형으로는 상관모형에 대해 어떤 구조를 가정하지 않는 무구조 상관모형이 적용된다. 여전히 개체 간 변이를 반영하기 위해 랜덤 절편이 포함된다

분석 4 무구조(unstructured) 상관모형

```
> mod3s<-lme(log(growth)~time*trt, random =~1|id,correlation=corSymm(), data=spruce3)
> anova(mod3s)
            numDF  denDF   F-value  p-value
(Intercept)     1    308  9323.263   <.0001
time            4    308   266.493   <.0001
trt             1     77     1.339   0.2508
time:trt        4    308     2.778   0.0271

> anova(mod3s, mod1)
        Model  df       AIC         BIC    logLik    Test  L.Ratio  p-value
mod3s       1  22  -1239.445  -1152.4735  641.7224
mod1        2  12  -1002.532   -955.0932  513.2660  1 vs 2  256.9128   <.0001
```

위 결과에 의하면 무구조 상관모형(correlation=corSymm)의 AIC 값이 가장 작음을 알 수 있다. 각 고정효과에 대한 anova 분석 결과(⑫) 다시 time과 time*trt 효과는 유의함을

알 수 있다. time*trt와 관련된 고정효과 중에 trt:timeday258만이 유의하였으며, 마지막 관측 시점 258일에는 두 처리 효과가 유의한 차이를 보여준다⑬.

```
> summary(mod3s)
Linear mixed-effects model fit by REML
 Data: spruce3
       AIC       BIC   logLik
  -1239.445 -1152.473 641.7224

Random effects:
 Formula: ~1 | id
         (Intercept)   Residual
StdDev:   0.1428292 0.04987738

Correlation Structure: General
 Formula: ~1 | id
 Correlation:
            1       2       3       4
2        0.457
3       -0.070   0.750
4       -0.396   0.522   0.776
5       -0.474   0.468   0.699   0.922

 anova(mod3s)
            numDF  denDF   F-value   p-value
(Intercept)     1    308  9323.261    <.0001
time            4    308   266.492    <.0001
trt             1     77     1.339    0.2508
time:trt        4    308     2.778    0.0271  ⑫

                 Fixed effects: log(growth) ~ time * trt
                    Value   Std.Error   DF    t-value   p-value
(Intercept)     1.4072489  0.03025752  308   46.50906    0.0000
timeday174      0.1125474  0.01039366  308   10.82847    0.0000
timeday201      0.2002952  0.01459529  308   13.72327    0.0000
timeday227      0.2780214  0.01666665  308   16.68130    0.0000
timeday258      0.3170184  0.01712870  308   18.50802    0.0000
trt            -0.0172301  0.03659738   77   -0.47080    0.6391
timeday174:trt -0.0145361  0.01257145  308   -1.15628    0.2485
timeday201:trt -0.0186735  0.01765344  308   -1.05778    0.2910
```

```
timeday227:trt    -0.0302962   0.02015881    308    -1.50288    0.1339
timeday258:trt    -0.0439608   0.02071768    308    -2.12190    0.0346 ⑬
```

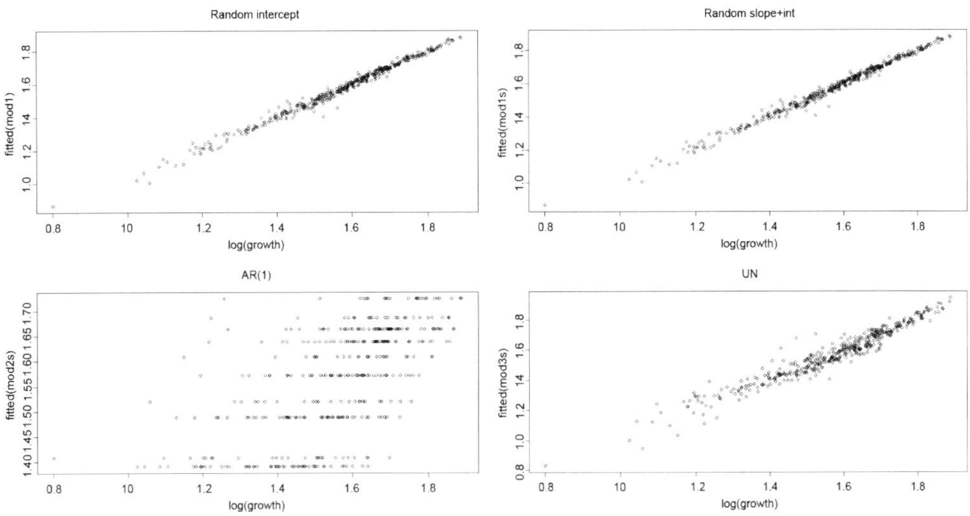

그림 4.2 네 가지 공분산구조 하에서 추정치와 관측값의 산점도

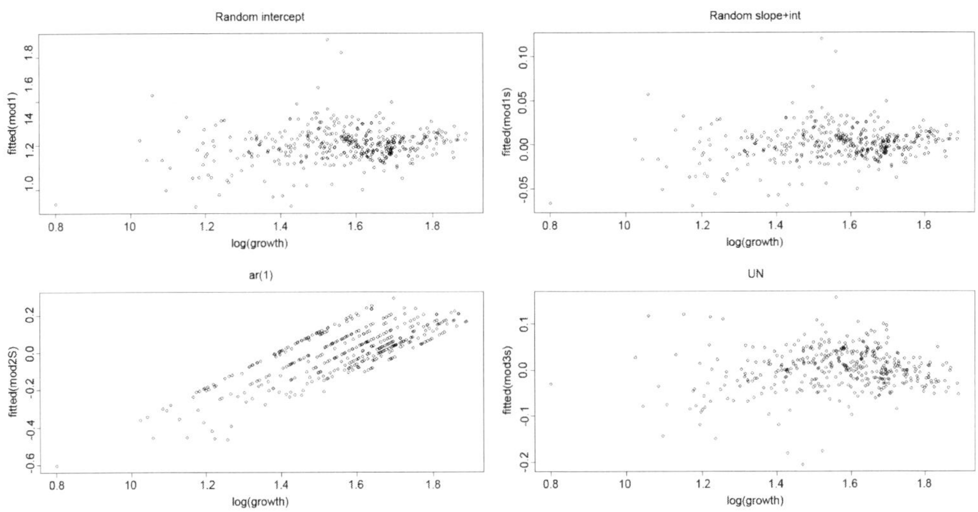

그림 4.3 네 가지 공분산구조 하에서 전차(residual)와 관측값의 산점도

네 가지 공분산구조의 적합도를 그림으로 검토하기 위해 <그림 4.2>와 <그림 4.3>을 참고하자. <그림 4.2>에서 랜덤 절편 + 랜덤 기울기에서 관측치와 추정치의 적합도가 가장 좋은 것으로 보인다. 반면에 AR(1)은 그림을 통해 시간별 선형성이 반영될 필요가 있음을 확인할 수 있다. 여기서 적용한 상관구조 외에도 lme 함수에서는 corARMA, corCAR1, corCompSymm, corExp, corGaus, corLin, corRatio, corSpher가 사용될 수 있다. 이에 대한 좀 더 자세한 설명은 help(lme)를 참고하길 바란다.

다음은 SAS의 Proc mixed를 이용한 분석 결과를 비교한다. 즉, (i) AR(1)과 (ii) 무제한인 경우(type=un)의 적용 결과를 보여준다.

```
proc mixed;
class time trt id;
model  log_growth=trt time  trt*time;
repeated / type=ar(1) subject=id;          # (i)

run;proc mixed;
class time trt id;
model  log_growth=trt time  trt*time;
repeated / type=un subject=id;             # (ii)
run;
```

제5장

일반화추정방정식

Generalized estimating equation: GEE

이항(binary), 다항(multinomial), 계수형(count) 자료와 같은 범주형(categorical) 또는 이산형(discrete) 경시 자료를 분석하기 위해 일반화선형모형을 확장한 세 가지 방법이 고려될 수 있다. (1) 주변모형(marginal model: GEE), (2) 랜덤효과 또는 혼합효과모형(mixed effect model), (3) 전이모형(transition model). 그중에서 주변모형이 5장에서 다루어지며 혼합효과모형이 6장에 논의된다.

5.1절에서는 일반화선형모형과 경시적 자료에 대한 확장을 설명하고 위 세 가지 방법을 비교한다. 5.2절에서는 주변모형, 5.3절에서는 일반화추정방정식(Generalized Estimating Equation: GEE)을 설명한다. 5.4절에서는 모형의 선택을 설명하고 5.5절에서는 다양한 예제를 제시하며, 5.6절에서는 GEE의 확장을 설명한다.

5.1 일반화선형모형(GLM)과 경시적 자료로 확장

본 절에서는 일변량 반응변수의 회귀모형에 적용되는 일반화선형모형을 복습한다. 간단한 예로 공변량 벡터 $X_i = (1, X_{i1}, \cdots, X_{ip})$가 주어져 있을 때, 이항 반응변수($Y_i = 0, 1$)의 평균 $p_i = E(Y_i|X_i)$에 대해 다음의 선형모형(linear model)을 고려해 보자.

$$E(Y_i|X_i) = p_i = X_i\beta$$

여기서 $\beta = (\beta_0, \beta_1, \cdots, \beta_p)$는 회귀계수를 의미한다. 하지만 위의 관계식은 확률의 범위($0 < p_i < 1$)를 고려할 때 선형관계식 $X_i\beta$의 범위를 제한하게 된다. 따라서 이러한 결점을 보완하기 위해 p_i를 그대로 사용하는 대신에 적절한 변환(transform)을 적용하고 대신 우변의 선형 관계 모형을 그대로 사용하고자 한다. 여기서 반응변수의 평균에 대한 변환을 위해 연결함수(link function)를 적용한다. 반응변수가 지수족(exponential family)이라는 가정이 필요한데 이를 위해 지수족의 정의와 성질들은 다음과 같다.

- **지수족(exponential family)**: 확률변수 Y의 확률 질량(또는 밀도)함수가 다음과 같은 형태로 유도될 때 확률분포는 지수족에 포함된다고 한다.

$$f(y;\theta) = \exp[(\theta y - b(\theta))/a(\phi) + c(y, \phi)]$$

지수족은 다음의 성질을 가진다.

(i) Y의 적률함수, $M_Y(t)$는

$$M_Y(t) = E[e^{tY}] = \exp[b(\theta) + ta(\phi)) - b(\theta)/a(\phi)]$$

이며 이를 이용해

(ii) Y의 평균과 분산은 다음과 같다.

$$E(Y) = \mu = b'(\theta), \qquad Var(Y) = \sigma^2 = b''(\theta)a(\phi)$$

위 성질을 이용하여 지수족에 포함된 세 가지 분포의 평균과 분산을 구한다.

a. 정규분포 $N(\mu,\sigma^2)$이며 σ^2이 알려져 있다고 할 때,

$$\begin{aligned} f(y;\mu) &= \exp[-(y-\mu)^2/2\sigma^2 - \log(2\pi\sigma^2)/2] \\ &= \exp[(y\mu - \mu^2/2)/\sigma^2 - y^2/2\sigma^2 - \log(2\pi\sigma^2)/2] \\ &= \exp[(y\theta - b(\theta))/a(\phi) + c(y,\phi)] \end{aligned}$$

여기서 $\mu = \theta$, $\sigma^2 = \phi$이고 $b(\theta) = \theta^2/2$, $a(\phi) = \phi = \sigma^2$이다. 따라서 평균과 분산은 다음과 같다.

$$\begin{aligned} &E(Y) = b'(\theta) = \mu, && b''(\theta) = 1 \\ &E(Y) = \mu, && Var(Y) = b''(\theta)a(\phi) = \sigma^2 \end{aligned}$$

b. 이항분포: $B(n,\pi)$

$$\begin{aligned} f(y;\pi) &= \frac{n!}{y!(n-y)!}\pi^y(1-\pi)^{n-y} \\ &= \exp[y\log\pi + (\mathrm{n}-\mathrm{y})\log(1-\pi) + \log n!/(y!(n-y)!)] \\ &= \exp[y\log(\pi/(1-\pi)) + n\log(1-\pi) + \log n!/(y!(n-y)!)] \\ &= \exp(y\theta - b(\theta) + c(y)) \end{aligned}$$

여기서 $\log(\pi/(1-\pi)) = \theta$, $b(\theta) = -n\log(1-\pi) = n\log(1+\exp(\theta))$, $a(\phi) = 1$이다. 따라서 평균과 분산은 다음과 같다.

$$b'(\theta) = n\exp(\theta)/(1+\exp(\theta)) = n\pi, \quad b''(\theta) = n\exp(\theta)/(1+\exp(\theta))^2 = n\pi(1-\pi)$$

$$E(Y) = b'(\theta) = n\pi, \quad Var(Y) = b''(\theta)a(\phi) = n\pi(1-\pi)$$

c. 포아송 분포: Poisson(λ)

$$f(y;\lambda) = \exp(-\lambda)\lambda^y/y! = \exp[y\log\lambda - \lambda - \log y!] = \exp[y\theta - b(\theta) + c(y)]$$

여기서 $\log\lambda = \theta$, $b(\theta) = \lambda = \exp(\theta)$.

$$E(Y) = b'(\theta) = \exp(\theta) = \lambda, \quad b''(\theta) = \exp(\theta), \quad a(\phi) = 1,$$
$$Var(Y) = b''(\theta)a(\phi) = \exp(\theta) = \lambda$$

이제 반응변수에 대한 공변량 $X_i = (1, X_{i1}, \cdots, X_{ip})$의 효과를 추정하기 위해 평균 μ에 대한 적절한 연결함수 $\eta = g(\mu)$를 고려해 보자.

$$\eta_i = g(\mu_i) = \beta_0 + \beta_1 X_{i1} + \cdots + \beta_p X_{ip} = X_i\beta$$

(1) 정규분포

$g(\mu_i) = \mu_i$: 항등 연결

(2) 이항분포

$g(\pi_i) = \log(\pi_i/(1-\pi_i))$: 로짓 연결(logit)

$g(\pi_i) = \Phi(\pi_i)$: 프로빗 연결(probit)

$g(\pi_i) = \log[-\log(1-\pi_i)]$: 보 로그로그 연결(complementary log-log)

(3) 포아송 분포

$g(\lambda_i) = \log\lambda_i$: 로그 연결(log)

이제 β를 추정하기 위해 다음의 로그 우도함수($= l(\beta)$)를 유도한다.

$$l(\beta) = \sum_{i=1}^{n} \log f(y_i;\beta) = \sum_{i=1}^{n} \left\{ \frac{y_i\theta_i - b(\theta_i)}{a(\phi)} + c(y_{i,}\phi) \right\}$$

여기서 $\theta_i = X_i\beta = g(\mu_i)$이다. 위 로그 우도함수를 β에 대해 편미분함으로써 다음과 같은 스코어 방정식(score equation)을 유도한다.

$$U(\beta) = \frac{\partial l(\beta)}{\partial \beta} = \sum_{i=1}^{n} \frac{y_i X_i - b'(\theta)}{a(\phi)} = 0 \quad (5.1)$$

따라서 로그 우도함수를 최대화($L(\hat{\beta}) > L(\beta)$)하거나 스코어 방정식($U(\hat{\beta}) = 0$)을 만족하는 β를 구하게 된다.

스코어 방정식은 일반적으로 닫힌 형태로 존재하지 않는다. 따라서 해를 구하기 위해 Newton-Raphson 방법을 적용하거나 반복가중최소제곱법(Iterative weighted least squares, IWLS)을 적용할 수 있다. 반복가중최소제곱법은 일반적인 최소제곱법의 변형으로 가중치를 통해 최적의 회귀계수를 찾아가는 과정이며 매번 가중치가 업데이트된다.

이제부터 위에서 설명한 일반화선형모형을 경시적 자료로 확장을 고려해 보자. 먼저 경시적 자료$(y_{ij}, x_{ij},\ i=1,\cdots,n;\ j=1,\cdots,m_i)$에 적용되는 다음 세 가지 모형을 비교해 보자.

- 주변모형(모집단 평균모형: population average model): marginal model
- 혼합모형(개체별 모형: subject-specific model): generalized linear mixed model
- 전이 반응모형: transition model

세 가지 모형을 비교하기 위해 반응변수의 평균모형을 각각 정의해 보자.

• **주변모형**에서는 반응변수에 대해 특정 분포를 가정하지 않는다. 대신 평균과 분산과 공변량과의 관계는 다음과 같이 표시된다. $x_{ij}=(1, x_{ij1}, \cdots, x_{ijp})$에 대하여

$$g(\mu_{ij}) = x_{ij}\beta$$
$$var(y_{ij}) = \phi v(\mu_{ij}), \qquad cov(y_{ij}, y_{ij'}) = h(\mu_{ij}, \mu_{ij'}, \alpha)$$

주변모형하에서 추정된 회귀계수 β는 모집단의 평균 효과로 해석된다. 예를 들어, $X=(0,1)$로 그룹1과 그룹2를 각각 표시한다면 관련된 회귀계수 β는 그룹1과 비교하여 그룹2의 평균 효과의 증감분을 추정한다.

• **혼합모형**에서는 개체별 변이(subject variation)를 반영하기 위해 랜덤효과 b_i를 포함한다. 즉, 4장의 연속형 자료에 적용되었던 선형혼합모형(LMM)의 확장으로 이해할 수 있다.

$$g(\mu_{ij}^c) = x_{ij}\beta + z_{ij}b_i, \qquad \mu_{ij}^c = E(y_{ij}|b_i, x_{ij}, z_{ij})$$

여기서 z_{ij}가 랜덤효과와 관련된 공변량일 때, b_i는 해당 공변량과 관련된 개인별 특성 정도를 보여준다. 따라서 개체 간의 랜덤효과가 서로 비슷하다면 개체별 변이는 작을 것이며 이는 서로 동질적(homogeneous)임을 의미한다. 조건부독립성 조건으로, 랜덤효과가 주어질 때, 같은 관측 개체 내 반응변수들은 서로 독립이 된다.

• **전이모형**에서는 과거 기록을 공변량으로 사용하므로 dynamic model이라고도 하며 다음의 조건부평균을 가진다.

$$g[E(y_{ij}|x_{ij}, F(t_{ij}-)] = x_{ij}\beta + f(F(t_{ij}-))$$

여기서 $F(t_{ij}-)$는 이전 반응변수에 대한 모든 기록을 포함한다.

위 세 가지 모형을 여러 가지 기준 아래에서 비교해 보자.

1) 분포 가정

주변모형에서는 반응변수에 대한 분포 가정을 필요로 하지 않는다. 이는 일반화선형모형이 지수족에 한해 적용된다는 제한에서 자유롭게 된다. 대신 스코어 방정식을 그래도 적용하기 위해 준우도함수(quasi-likelihood)를 이용한다.

혼합모형은 일반적으로 랜덤효과 b_i가 주어져 있다는 가정하에서 각각의 반응변수들은 서로 독립이 된다. 따라서 이들 반응변수의 분포에 대해 자주 사용되는 분포를 그대로 적용할 수 있다. 예를 들어, $y_{ij}|b_i \sim B(1, p_{ij})$, $g(p_{ij}) = x_{ij}\beta + z_{ij}b_i$가 적용될 수 있다. 이러한 분포의 적용은 우도함수의 유도를 쉽게 하며 이후 관련 모수추정은 최대우도 추정을 의미하게 한다.

전이모형은 과거의 반응변수(history)를 통해 두 가지에 모두 적용된다. 하지만 이 모형의 적용은 충분히 큰 표본에만 적용될 수 있어 위 두 모형보다 덜 사용된다.

2) 추정된 모수 β에 대한 해석

주변모형의 별칭은 모집단 평균(population average)모형이다. 즉, 주변모형은 통합 평균(marginal mean)에 대한 공변량의 효과를 모형화함으로써 자료가 뽑힌 집단의 특성을 추정한다. 혼합모형에서는 어떤 특정 랜덤효과를 가진 개인의 평균에 대한 공변량의 효과를 추정한다. 따라서 개인별 효과(subject-specific effect)로 해석된다. 전이모형에서는 과거(history)에 대한 기록을 조건부로 하며, 특정 시점에서의 평균 반응에 대한 공변량의 효과를 의미한다.

예를 들어, 아동의 비타민 A 결핍 여부와 호흡기 유병률의 연관성을 연구하는 자료를 고려해보자. 만약 비타민 A 결핍 여부와 유병률과의 연관성을 연구하는 공공 보건(public health)상의 목적일 때는 주변모형의 방법이 적용되어야 하며, 어떤 개인이 비타민 A 결핍이 호흡기 질병 발생 위험을 얼마나 증가하는지가 연구 목적일 때는 혼합효과모형이 적용되어야 한다.

본 책에서는 주변모형과 혼합모형을 자세히 다루도록 한다. 5장에서는 주변모형을, 6장에서는 혼합모형을 공부한다.

5.2 주변모형

주변모형(marginal model)은 일반화선형모형(generalized linear model: GLM)의 직접적인 확장으로 이해할 수 있다. (i) 적절한 연결함수(link function)를 이용하여 공변량과 반응변수의 관계를 설정하고 (ii) 공분산행렬을 이용하여 개체 내 연관 관계를 모형화하여 가중치 행렬로 정의함으로써 스코어 방정식 (5.1)을 확장하게 된다. 이 모형의 가장 큰 장점은 다변량 반응변수 $(y_{i1}, \cdots, y_{im_i})$에 대한 분포가 정확하지 않을 때 평균구조(mean structure)와 공분산구조(covariance structure)에 대한 가정만을 통해서 공변량의 효과에 대해 추론을 할 수 있다는 것이다.

5.2.1 모형 설정과 모수의 해석

일반화선형모형(GLM)의 확장으로 주변모형은 다음의 가정들을 필요로 한다.

가정 1 반응변수의 평균 $E(Y_{ij}|x_{ij}) = \mu_{ij}$를 주변평균(marginal mean)이라 하며, 적절한 연결함수 g를 이용하여 공변량의 선형결합으로 표현한다. 따라서

$$g(\mu_{ij}) = x_{ij}\beta$$

연결함수의 예는 다음과 같다.

(i) 연속형 반응변수: $g(\mu_{ij}) = \mu_{ij}$ (항등 연결)

(ii) 이항 반응변수: $g(\mu_{ij}) = \log[\mu_{ij}/(1-\mu_{ij})]$ (로짓 연결)

(iii) 계수형 반응변수: $g(\mu_{ij}) = \log(\mu_{ij})$ (로그 연결)

가정 2 반응변수의 분산은 평균함수와 적절한 척도변수(scale parameter) ϕ를 이용하여 표현된다.

$$Var(y_{ij}) = v(\mu_{ij})\phi$$

(i) 연속형 반응변수: $\nu(\mu_{ij}) = 1, \quad \phi = \sigma^2$

(ii) 이항 반응변수: $\nu(\mu_{ij}) = \mu_{ij}(1-\mu_{ij}), \quad \phi = 1$

(iii) 계수형 반응변수: $\nu(\mu_{ij}) = \mu_{ij}, \quad \phi = 1$

여기서 이항 반응변수와 계수형 반응변수에 대해 과대산포(overdispersion)를 고려해야 하는 경우 $\phi \neq 1$이 되어야 한다.

가정 3 반복치들 간의 상관관계 $Cor(y_{ij}, y_{ik}) = \rho(\mu_{ij}, \mu_{ik}, \alpha) = r_{jk}$를 이용하여 working correlation matrix(가상관행렬) $R = \{r_{jk}\}$를 정의한다. 여기서 가상관행렬이란 실제 상관행렬이 알려져 있지 않을 때 연구자가 분석을 위해 적용하는 상관행렬이다.

따라서 공분산행렬 V_i는 다음과 같이 정의된다.

$$V_i = V_i(\mu_i, \alpha, \phi) = A_i^{1/2} R(\alpha) A_i^{1/2}$$

$$A_i = diag\{Var(y_{i1}), \cdots, Var(y_{im_i})\} = \phi \begin{pmatrix} v(\mu_{i1}) & & 0 \\ & \ddots & \\ 0 & & v(\mu_{im_i}) \end{pmatrix}$$

만약 가상관행렬이 실제 상관행렬과 동일하다면 가장 효율적인(efficient) 추정량을 얻게 된다. 다음은 가상관 행렬로 자주 적용되는 몇 가지 예를 보여준다.

(i) Exchangeable(Uniform): $R_{jk} = \rho$

: 모든 시점 간의 연관 관계는 동일하다. 이는 균일 상관관계라고도 한다.

: 4장의 공분산구조에서 compound symmetric과 같은 의미를 가진다.

(ii) AR(1): $R_{jk} = \rho^{|j-k|}$

: 시점 간의 연관 관계는 시간 간격에 의존한다. 시간 간격이 클수록, 상관계수는 작아진다.

(iii) Stationary m-dependent:

$$\begin{aligned} R_{jk} &= \rho^{|j-k|}, & |j-k| &\le m \\ &= 0, & |j-k| &> m \end{aligned}$$

: 일정 시간 간격 내에만 상관관계가 존재하며 시간 간격 이상에서는 0의 상관계수를 가진다.

(iv) Unspecified(unstructured): $R_{jk} = r_{jk}$

: 모든 쌍에 대해 각각의 상관계수를 정의한다. 따라서 m개의 시점에 대해서는 $\frac{m(m-1)}{2}$개의 상관계수가 추정된다. 시점이 작을 때는 적용될 수 있지만,

시점이 많을 때는 추정될 모수의 개수가 많아져 복잡하게 된다. 또한, 모든 개체의 관측 시점이 동일한 경우에 적용된다.

주변모형의 특징은 평균과 개체 내 연관 관계가 별도로 모형화된다는 것이다. 이는 4장에서 공부한 우도함수에 근거한 방법과 구분된다. 우도함수를 유도하기 위해서는 경시적 자료의 정확한 분포, 즉 결합분포(joint distribution)가 명시될 필요가 있으며 연속형 자료에 대해서는 다변량 정규분포가 널리 적용된다. 반면에 다변량 이산형 자료는 정의하기가 쉽지 않다. 이에 대한 대안으로 다변량 반응변수의 분포의 설정이 필요로 하지 않는 주변모형이 유용하게 된다. 이러한 특징은 회귀계수의 해석에서 중요한 의미를 가진다. 추정된 β의 효과는 모집단(population)의 평균 효과로 해석된다.

예제 5.1

인도네시아 어린이의 호흡 질병 자료를 고려하자[6]. 이 연구의 목적은 비타민 A 결핍 여부(X)와 호흡기 질환 여부(Y)의 연관 관계를 조사하고자 한다. 250명을 대상으로 호흡기 질환 여부가 6개의 시점에서 조사되었다(0, 3, 6, 9, 12, 15주). 이 자료는 어린이들의 나이, 성별과 같은 인구학적 자료도 포함되어있지만, 일단은 공변량으로 비타민 A 결핍 여부만을 고려한다. 주변모형하에서는 다음의 문제에 대한 답을 얻을 수 있게 된다.

(Q1) 시간이 지남에 따라 호흡기 질환 발생 가능성은 증가하는가?
(Q2) 비타민 A 결핍 여부와 호흡기 질병 발생확률과 연관 관계가 있는가?
(Q3) 비타민 A 결핍 여부와 호흡기 질병 발생확률과의 연관 관계가 시간에 따라 어떻게 변화하는가?

이를 위해 (x_{ij}, y_{ij})에 대해 다음과 같은 정의가 필요하다.

$x_{ij} = 1$: i번째 어린이가 j번째 시점에서 vitamin A 결핍 그룹에 속함
$y_{ij} = 1$: i번째 어린이가 j번째 시점에서 호흡기 질환을 겪음

평균 $\pi_{ij} = P(y_{ij} = 1|x_{ij})$와 공변량의 선형결합을 연결하기 위해 로짓 연결이 적용된다.

$$\text{(A.1)}\quad \text{logit}(\pi_{ij}) = \log\frac{\pi_{ij}}{1-\pi_{ij}} = \log\frac{\Pr(y_{ij}=1)}{\Pr(y_{ij}=0)} = \beta_0 + \beta_1 x_{ij} + \beta_2 t_{ij} + \beta_3 x_{ij} t_{ij}$$

6) Diggle et al (2013). Analysis of Longitudinal Data (Oxford Statistical Science Series)

또한, 이항분포 $y_{ij} \sim B(1, \pi_{ij})$의 분산 공식을 이용하여 다음을 정의한다.

$$\text{(A.2)} \quad Var(y_{ij}) = \pi_{ij}(1-\pi_{ij})$$

마지막으로 상관계수는 다음과 같이 정의된다.

$$\text{(A.3)} \quad Corr(y_{ij}, y_{ik}) = \frac{\Pr(y_{ij}=1, y_{ik}=1) - \pi_{ij}\pi_{ik}}{\sqrt{\pi_{ij}(1-\pi_{ij})\pi_{ik}(1-\pi_{ik})}} \qquad (5.2)$$

◎ 모수의 해석

(A.1)에서 정의된 회귀계수는 다음과 같은 의미가 있다.

$$\text{(i)} \quad \exp(\beta_0) = \frac{\Pr(Y_{ij}=1|x_{ij}=t_{ij}=0)}{\Pr(Y_{ij}=0|x_{ij}=t_{ij}=0)}$$

: 기저 시점($t_{ij}=0$)에서 vitamin A가 결핍되지 않은 그룹($x_{ij}=0$)에서 호흡기 질병 발생확률의 오즈(odds)를 의미한다.

$$\text{(ii)} \quad \exp(\beta_0+\beta_1) = \frac{\Pr(Y_{ij}=1|x_{ij}=1, t_{ij}=0)}{\Pr(Y_{ij}=0|x_{ij}=1, t_{ij}=0)}$$

: 기저 시점($t_{ij}=0$)에서 vitamin A 결핍 그룹($x_{ij}=1$)에서 호흡기 질병 발생확률의 오즈를 의미한다.

이제 (i)과 (ii)의 비율(오즈비)은

$$\text{(iii)} \quad \exp(\beta_1) = \frac{\exp(\beta_0+\beta_1)}{\exp(\beta_0)}$$

: 기저 시점($t_{ij}=0$)에서 두 그룹 간의 호흡기 질병 발생확률의 오즈비(odds ratio)가 된다.

위 방법과 비슷하게,

$$\text{(iv)} \quad \exp(\beta_0+\beta_2 t_{ij}) = \frac{\Pr(Y_{ij}=1|x_{ij}=0, t_{ij})}{\Pr(Y_{ij}=0|x_{ij}=0, t_{ij})}$$

: t_{ij} 시점에서 vitamin A 결핍되지 않은 그룹($x_{ij}=0$)에서 호흡기 질병 발생확률의 오즈(odds)를 의미한다.

$$\text{(v)} \quad \exp(\beta_0+\beta_1+(\beta_2+\beta_3)t_{ij}) = \frac{\Pr(Y_{ij}=1|x_{ij}=1, t_{ij})}{\Pr(Y_{ij}=0|x_{ij}=1, t_{ij})}$$

: t_{ij} 시점에서 vitamin A 결핍 그룹($x_{ij}=1$)에서 호흡기 질병 발생확률의 오즈 (odds)를 의미한다.

이제 (iv)과 (v)의 비율(오즈비)은

(vi) $\exp(\beta_1+\beta_3 t_{ij})$

: t_{ij} 시점에서 vitamin A 결핍 여부에 따른 두 그룹의 호흡기 질병 발생확률의 오즈비를 의미한다.

(iii)과 (vi)를 비교함으로써 $\beta_3=0$은 시간에 따른 호흡기 질병 발생의 변화에 두 그룹의 동일성 여부를 조사한다. 즉, 질문(Q3)에 대한 답변이 될 수 있다.

만약 Q3($H_0:\beta_3=0$)가 기각된다면, 그룹별로 시간별 증가 추세가 다름을 의미한다. 만약 위 귀무가설이 채택된다면, 시간에 따른 두 그룹의 증가 추세가 동일함을 의미한다. 따라서 동일한 증가 추세에 대한 β_2에 대한 가설검정과 추정치를 이용한다.

이항 경시적 자료에서 식 (5.2)의 상관계수는 다음의 조건을 만족하는 결합확률을 이용하여 구한다.

$$\max(0,\mu_1+\mu_2-1)<\Pr(y_1=1,y_2=1)<\min(\mu_1,\mu_2)$$

여기서 결합확률은 μ_1,μ_2에 관련되어 있어 추정 과정에 제약을 받는다. 따라서 이항 경시적 자료(binary longitudinal data)에서는 평균에 제약을 받지 않는 **오즈비(odds ratio)**를 이용하여 반응변수 간의 연관 관계를 모형화한다.

$$\gamma_{ijk}=OR(y_{ij},y_{ik})=\frac{\Pr(y_{ij}=1,y_{ik}=1)\Pr(y_{ij}=0,y_{ik}=0)}{\Pr(y_{ij}=1,y_{ik}=0)\Pr(y_{ij}=0,y_{ik}=1)} \tag{5.3}$$

특히 식 (5.3)의 오즈비를 주변 오즈비(marginal odds ratio)라고 하며 큰 값은 강한 양의 상관관계를 의미한다. 다음은 γ_{ijk}에 대한 몇 가지 예를 보여준다.

(i) 만약 모든 (i,j,k)에 대해 $\gamma_{ijk}=\alpha$일 때, 이는 모든 관측 쌍의 연관 관계는 같음을 의미하며 **연속형 자료의 균일 상관관계**에 해당한다.

(ii) 만약 $\gamma_{ijk}=\alpha_0+\alpha_1|t_{ij}-t_{ik}|^{-1}$이라면 연관 정도(degree of association)는 관측치 간 시간에 반비례함을 의미하며 이는 연속형 자료에 대한 **지수상관모형** 또는 **AR(1) 모형**에 해당한다.

이항 경시적 자료에 대한 보다 자세한 분석은 5.5절에서 논의한다.

5.3 주변모형에서 GEE를 이용한 통계적 추론

일반화추정방정식(GEE: generalized estimating equation)에 대해 설명하기 전, **준우도**(quasi-likelihood)와 연관된 방정식을 일변량 반응변수에서 유도한다.

$$Y = (Y_1, \ldots, Y_n)'$$

기본 개념은 주어진 자료에 대해 최소한의 가정하에서 적합한 추정방정식을 유도하는 데 있다. 반응변수에 대한 특정 분포의 가정 없이는 우도함수의 유도가 불가능하다. 하지만 분포에 대한 정보가 부재한 경우, 우도함수와 비슷한 준우도함수를 유도하여 이에 근거한 **준최대우도추정량**(quasi MLE)을 구하고자 한다. 이를 위한 첫 번째 단계는 반응변수의 평균과 분산을 설정하는 것이다.

$$E(Y_i) = \mu_i, \qquad Var(Y_i) = \phi \ v(\mu_i)$$

여기서 $\mu(\beta) = (\mu_1(\beta), \cdots, \mu_n(\beta))'$, $\mu_i(\beta) = x_i'\beta$이다. 5.1절에서는 지수족의 우도함수에 근거한 다음의 스코어 방정식(우도방정식)을 유도하였다.

$$\sum_{i=1}^{n} \left(\frac{\partial \mu_i}{\partial \beta} \right) \frac{1}{\phi v(\mu_i)} \{ Y_i - \mu_i(\beta) \} = 0.$$

위 스코어 방정식(우도방정식)은 평균과 분산을 통해서만 표현됨을 확인할 수 있으며 이를 흉내 냄으로써 다음의 준우도방정식을 유도할 수 있게 된다. Wedderburn(1974)은 반응변수분포의 가정 없이, 적절하게 선택된 연결함수(link function)와 공분산행렬(V_i)을 통해 다음의 준우도방정식을 정의하였다.

$$\sum_{i=1}^{n} \left(\frac{\partial \mu_i}{\partial \beta} \right) V_i^{-1} \{ Y_i - \mu_i(\beta) \} = 0 \tag{5.4}$$

위 방정식을 만족하는 추정량을 준우도추정량(quasi-likelihood estimator)이라고 한다. 특히, 공분산행렬(V_i)의 선택과는 무관하게, 준우도추정량은 일치 추정량이며 점근적(asymptotically)으로 정규분포를 따르게 된다(Wedderburn, 1974). 만약 $V_i = Var(Y_i)$

을 만족한다면, 준우도추정량은 가장 작은 분산을 가지는 최량추정량(best estimator)이 된다. 하지만 $V_i \neq Var(Y_i)$일지라도, 추정량의 일치성은 여전히 유효하다. 따라서 준우도추정량은 다음의 성질로 요약된다.

$$\sqrt{n}\,(\widehat{\beta_n} - \beta) \rightarrow_d N_p(0, C_\beta)$$

여기서 $C_\beta = I_0^{-1} I_1 I_0^{-1}$,

$$I_0 = \frac{1}{n}\sum_{i=1}^{n}\left(\frac{\partial \mu_i}{\partial \beta}\right)' V_i^{-1}\left(\frac{\partial \mu_i}{\partial \beta}\right),$$
$$I_1 = \frac{1}{n}\sum_{i=1}^{n}\left(\frac{\partial \mu_i}{\partial \beta}\right)' V_i^{-1}\, Var(Y_i)\, V_i^{-1}\left(\frac{\partial \mu_i}{\partial \beta}\right),$$

여기서 $\hat{C}_{\hat{\beta}} = \hat{I}_0^{-1} \hat{I}_1 \hat{I}_0^{-1}$를 샌드위치 분산(sandwich variance) 또는 로버스트 분산(robust variance)이라고 한다.

이제부터 위에서 유도된 준우도방정식 (5.4)를 경시적 자료로 확장함으로써 일반화추정방정식(GEE: Generalized estimating equation, Liang and Zeger, 1986; Zeger and Liang, 1986)을 다음의 과정을 통해 유도한다. 당분간 $m_i = m$으로 가정한다. $\mu_{ij} = X_{ij}'\beta = \beta_1 X_{ij1} + \beta_2 X_{ij2} + \cdots + \beta_p X_{ijp}$를 의미한다.

(i) $A_i = \{a_{ii}\}$는 $m \times m$ 대각행렬로 대각원소는 $a_{ij} = Var(\mu_{ij})$이다.

(ii) $R_i(\alpha)$는 $m \times m$는 가상관행렬(working correlation matrix)일 때, 가공분산행렬(working covariance matrix)은 다음과 같다.

$$V_i(\alpha, \phi) = \phi A_i^{1/2} R_i(\alpha) A_i^{1/2} = Cov(Y_i) = V_i \tag{5.5}$$

(iii) 위 두 모형을 이용하여 다음의 일반화추정방정식이 유도된다. 특정 β_k에 대해,

$$S(\beta_k) = \sum_{i=1}^{n}\left(\frac{\partial \mu_i}{\partial \beta_k}\right)' V_i^{-1}(\alpha, \phi)\{Y_i - \mu_i(\beta)\} = 0 \tag{5.6}$$

여기서 $\mu_i = (\mu_{i1} \cdots \mu_{im})'$이며 $S(\beta) = (S(\beta_i) \cdots S(\beta_p))'$가 된다.

만약 $R_i(\alpha)$가 실제 상관계수행렬이라면, (5.6)을 만족하는 $\hat{\beta}$는 최량의 성질을 가지게 된다. 상관계수행렬 $R_i(\alpha)$에 대해 적용될 수 있는 모형은 다음과 같다.

- Exchangeable: $\rho_{st} = \alpha, \quad s \neq t$
- AR(1): $\rho_{st} = \alpha^{|t-s|}$
- Unstructured: $\rho_{i,st} = \alpha_{st}$

하지만 실제 α, ϕ는 알려지지 않았기 때문에 추정되어야 하며 이를 위해 반복기법을 적용한다. 또한 α, ϕ의 추정은 β를 포함하며 이에 대한 효과를 반영하기 위해 다음과 같이 정의된 피어슨의 잔차(Pearson residual)를 사용한다.

$$e_{ij} = \frac{y_{ij} - \mu_{ij}(\hat{\beta})}{\sqrt{v(\mu_{ij}(\hat{\beta}))}} \tag{5.7}$$

위 피어슨의 잔차 (5.7)의 적률을 이용하여 가상관계수를 추정하였다.

(1) exchangeable: $\hat{\alpha} = \frac{1}{n}\sum_{i=1}^{n}\frac{1}{m(m-1)}\sum_{j\neq k} e_{ij}e_{ik}$

(2) AR(1): $\hat{\alpha} = \frac{1}{n}\sum_{i=1}^{n}\frac{1}{(m-1)}\sum_{j\leq m-1} e_{ij}e_{ij+1}$

(3) Unstructured: $\widehat{\alpha_{jk}} = \frac{1}{n}\sum_{i=1}^{n} e_{ij}e_{ik}$

그리고

$$\hat{\phi} = \frac{1}{n}\sum_{i=1}^{n}\frac{1}{n_i}\sum_{j=1}^{n_i} e_{ij}^2 \tag{5.8}$$

따라서 (5.6)은 다음과 같이 다시 표현된다.

$$S(\beta) = \sum_{i=1}^{n} S_i(\beta) = \sum_{i=1}^{n}\left(\frac{\partial \mu_i}{\partial \beta}\right)' V_i^{-1}(\mu_i, \hat{\alpha}, \hat{\phi})\{Y_i - \mu_i\} = 0 \tag{5.9}$$

◉ 요약하면 GEE 추정량은 다음의 반복 알고리즘을 통해 구해질 수 있다.

단계 0: 독립성 가정을 하고 초깃값 $\hat{\beta}$을 추정한다.

단계 1: 피어슨의 잔차를 이용하여, $\hat{\alpha}$, $\hat{\phi}$가 계산되고 $V_i(\hat{\beta}, \hat{\alpha})$가 계산된다.

단계 2: 다음 식을 이용하여 β를 업데이트한다.

$$\hat{\beta}^{(m+1)} = \hat{\beta}^{(m)} + (\sum_{i=1}^{n} D_i' V_i^{-1} D_i)^{-1} \sum_{i=1}^{n} D_i' V_i^{-1}(Y_i - \mu_i), \qquad D_i = \frac{\partial \mu_i}{\partial \beta}$$

단계 3: 수렴할 때까지 단계 1과 단계 2를 반복적으로 시행한다.

위 과정을 통해 구한 $\hat{\beta}$는 다음의 성질을 가진다.

$$\sqrt{n}(\hat{\beta} - \beta) \rightarrow_d N_p(0, C_\beta)$$

여기서

$$C_\beta = I_0^{-1} I_1 I_0^{-1}, \tag{5.10}$$

$$I_0 = \frac{1}{n}\sum_{i=1}^{n}\left(D_i' V_i^{-1} D_i\right), \qquad I_1 = \frac{1}{n}\sum_{i=1}^{n}\left(D_i' V_i^{-1} Cov(Y_i) V_i^{-1} D_i\right).$$

위 분산의 추정량은 다음의 샌드위치 분산을 통해 구한다.

$$\hat{C}_{\hat{\beta}} = \hat{I}_0^{-1} \hat{I}_1 \hat{I}_0^{-1},$$
$$\widehat{Cov}(Y_i) = (Y_i - \hat{\mu}_i)(Y_i - \hat{\mu}_i)'$$

만약, $Cov(Y_i) = V_i$이라면, $I_0 = I_1$, $AVar(\sqrt{n}\hat{\beta}) = I_0^{-1}$가 된다.

◉ GEE 추정량의 성질

1. 경시적 반응변수에 대한 정확한 분포가 알려지면(반응변수 간의 상관관계가 정확히 알려진 경우를 포함) 스코어 방정식 $U(\beta)$의 유도는 우도함수에 근거한다. 하지만 일반적으로 상관관계에 대한 정확한 정보를 알 수 없으며 또한 특정 분포에 대해 가정이 어려운 경우, GEE 방법은 매우 유익한 추론 방법을 제공한다. 즉, GEE는 준우도(quasi-likelihood) 추정 방법의 다변량적 확장으로 이해할 수 있다.

2. 공변량과의 관계:

$$E(Y_{ij}|x_{i1}, \cdots, x_{im_i}) = E(Y_{ij}|x_{ij})$$

(a) 시간 고정 공변량에서 위 가정은 적합하다.
(b) 시간 가변 공변량일지라도 미리 정해진 것이라면, 위 가정은 문제가 되지 않는다.
(c) 만약 시간에 따라 랜덤하게 변하는 공변량이라면(공변량이 확률변수라면), 위 가

정은 타당하지 못하다. 즉,

$$E(Y_{ij}|x_{i1},\cdots,x_{in_i}) \neq E(Y_{ij}|x_{ij})$$

3. 균형자료에서 독립(independent) 가상관행렬(working correlation)의 사용은 효율(efficiency) 손실을 크게 가져오지 않는다. 하지만 불균형 자료는 효율성을 떨어뜨리게 된다.
4. 결측자료: 결측이 MCAR(missing completely at random)인 경우, GEE 사용은 문제를 일으키지 않는다. 반면 MAR(missing at random)일 경우 GEE 추정량은 적절하지 못한 결과를 가져올 수 있다. 이 주제는 7장에서 다룬다.

5.4 모형의 선택

GEE에서 최적의 상관행렬을 선택하기 위해 QIC 적용을 고려한다. Pan(2001)은 AIC(Akaike Information Criterion)의 확장을 고려하여 준우도(Quasilikelihood)에 기반한 QIC를 제안하였다. 우도함수의 유도를 위해 정확한 분포 가정을 필요로 하는 것 대신에 준우도함수는 우도함수의 개념만을 이용하여 Y_{ij}의 기여도를 반응변수의 형태에 따라 정의한 후 그들의 곱으로 정의하고자 한다. 즉, 미리 정해진 가중치 w_{ij}와 함께 준우도 로그함수(log quasi-likelihood)는 다음과 같이 정의된다.

$$Q=\sum_{i=1}^{n}\sum_{j=1}^{m} Q_{ij}(\beta,y_{ij},x_{ij})$$

다음은 여러 가지 반응변수에 자주 적용되는 준우도함수의 형태를 보여준다.

(i) 정규분포

$$Q_{ij}(\beta,y_{ij},x_{ij})=-\frac{1}{2}w_{ij}(y_{ij}-\mu_{ij})^2,\quad \mu_{ij}=x_{ij}\beta$$

(ii) 포아송 분포

$$Q_{ij}(\beta,y_{ij},x_{ij})=w_{ij}[y_{ij}\ \log(\mu_{ij})-\mu_{ij}],\quad \log\mu_{ij}=x_{ij}\beta$$

(iii) 이항분포

$$Q_{ij}(\beta, y_{ij}, x_{ij}) = w_{ij}[y_{ij}\log p_{ij} + (1-y_{ij})lof(1-p_{ij})], \quad \log(p_{ij}/(1-p_{ij}) = x_{ij}\beta$$

(iv) 다항분포(s개의 범주)

$$Q_{ij}(\beta, y_{ij}, x_{ij}) = w_{ij}\sum_{k=1}^{s} y_{ijk}\log p_{ijk}, \quad \log(p_{ijk})/(1-p_{ijk}) = x_{ij}\beta$$

따라서 Q는 독립성 가정하에서 개별 관측치의 기여도의 합으로 구성된다. 가상관계수 행렬 R을 이용하여 추정된 $\hat{\beta}(R)$을 이용하면

$$Q(\hat{\beta}(R), \phi) = \sum_{i=1}^{n}\sum_{j=1}^{m} Q(\hat{\beta}(R), y_{ij}, x_{ij})$$

로 표현되며 Pan(2001)은 AIC(Akaike information criterion)

$$AIC = -2\log Lik(\beta, V) + 2p$$

와 유사한 QIC를 제안하였다.

$$QIC(R, \psi) = \quad 2Q(\hat{\beta}(R), \phi) + 2tr(\widehat{\Omega}_I \widehat{V_R})$$

등식 오른쪽의 첫 번째 항은 모형의 적합도(goodness of fit)를, 두 번째 항은 모형의 복잡도에 대한 페널티(penalty)를 의미한다. 여기서 $\widehat{V_R}$은 $\hat{\beta}(R)$의 로버스트(샌드위치) 분산을 의미하며 $\widehat{\Omega}_I$는 $Var(\hat{\beta}(I))$의 역함수이다. 따라서 $R=I$이 적용된다면(독립성 가정이 맞는다면), 페널티 항은

$$2tr(\widehat{\Omega}_I \widehat{V_R}) = 2tr(\hat{V}_R^{-1}\hat{V}_R) = 2p$$

가 되며, QIC는 AIC가 된다.

만약 비교하고자 하는 모델들이 같은 공분산 행렬하에서 서로 다른 평균 구조를 가진 경우라면 QIC와 비슷한 측도인 QIC_u가 사용되기도 한다.

$$QIC_u(R, \phi) = -2Q(\hat{\beta}(R), \phi) + 2p$$

여기서 QIC_u의 특징은 페널티 항이 R의 선택과 상관없이 $2p$가 된다. SAS에서는 QIC, QIC_u가 디폴트로 제공되는 반면 R에서는 geepack 패키지의 geeglm() 함수를 사용해야 한다. Imori(2012)는 독립준우도함수에 기반하여 계산된 준우도함수의 근사적

불편추정량으로 수정된(modified) QIC(MQIC)를 제안하였다. 만약, 독립 가상관 행렬이 참값이라면 QIC와 MQIC 는 같은 값을 가지게 된다. MQIC는 7장에서 모형 선택을 위해 적용된다.

5.5 적용 예

5.5.1 이항 경시적 자료분석(자료 4: ICHS)

미취학 인도네시아 아동 250명을 대상으로 3개월 간격으로 여섯 번 호흡기 질병 여부에 대한 비타민 A 결핍과의 연관관계가 조사되었다. 그 외 공변량으로 시간(time), 나이(age), 성별(sex)이 고려된다.

```
>head(ichs)
  ID RESPONSE TIME GENDER VITA AGE
1 1        0    0      1    0   4
2 1        0    3      1    0   4
3 1        0    6      1    0   4
4 1        1    9      1    0   4
5 1        0   12      1    0   4
6 1        0   15      1    0   4
> table(ichs[ichs$TIME==0,]$VITA)
  0   1
159  91
> table(ichs[ichs$TIME==0,]$GENDER)
  0   1
115 135
```

여기서 비타민 A 결핍은 시간 고정 공변량으로 91명이 비타민 A 결핍을 가지고 있었다. 평균 나이는 3.7살이며 남녀는 각각 135명과 115명이었다.

```
================================================================================
R 프로그램에서 gee 패키지에 있는 gee 함수를 사용한다. 관측치 간의 연관성을 위한 가상관행렬은 다음의 옵션을 통해 적용된다.
```

```
corstr= "independence": 독립
      = "exchangeable": compound symmetric
      = "AR-M": M=1   : AR(1)자기상관
      = "unstructured" : 완전임의(무구조)
================================================================================
install.packages("gee")
library(gee)

fit1<-gee(RESPONSE~VITA+TIME+AGE+GENDER, id=ID, family=binomial, data=ichs,
corstr= "exchangeable",scale.fix=TRUE)

> summary(fit1)
 Model:
 Link:                          Logit
 Variance to Mean Relation:     Binomial
 Correlation Structure:         Exchangeable

Call:
Coefficients:
                 Estimate    Naive S.E.    Naive z   Robust S.E.    Robust z
(Intercept)   -0.54444440   0.266011113  -2.046698   0.275383137   -1.977043
VITA           0.27583755   0.220526118   1.250816   0.222846078    1.237794
TIME           0.01687918   0.007887617   2.139960   0.008264108    2.042469
AGE           -0.07438931   0.055761812  -1.334055   0.054573937   -1.363092
GENDER        -0.55506169   0.215508859  -2.575586   0.216436014   -2.564553
Estimated Scale Parameter:  1
Number of Iterations:  2

Working Correlation
          [,1]      [,2]      [,3]      [,4]      [,5]      [,6]
[1,] 1.0000000 0.5049451 0.5049451 0.5049451 0.5049451 0.5049451
[2,] 0.5049451 1.0000000 0.5049451 0.5049451 0.5049451 0.5049451
[3,] 0.5049451 0.5049451 1.0000000 0.5049451 0.5049451 0.5049451
[4,] 0.5049451 0.5049451 0.5049451 1.0000000 0.5049451 0.5049451
[5,] 0.5049451 0.5049451 0.5049451 0.5049451 1.0000000 0.5049451
[6,] 0.5049451 0.5049451 0.5049451 0.5049451 0.5049451 1.0000000

================================================================================
 fit2<-gee(RESPONSE~VITA+TIME+AGE+GENDER, id=ID, family=binomial, data=ichs,
corstr= "independence", scale.fix=TRUE)
```

```
Coefficients:
                Estimate      Naive S.E.   Naive z    Robust S.E.   Robust z
(Intercept)   -0.55754171   0.16207298   -3.440066   0.275499647   -2.023747
VITA           0.28699892   0.11751611    2.442209   0.223148511    1.286134
TIME           0.01689471   0.01119992    1.508467   0.008262876    2.044653
AGE           -0.07159874   0.02972753   -2.408499   0.054423929   -1.315575
GENDER        -0.55768288    .11490799   -4.853299   0.216757424   -2.572843

Estimated Scale Parameter:  1
Number of Iterations:  1

Working Correlation
     [,1] [,2] [,3] [,4] [,5] [,6]
[1,]    1    0    0    0    0    0
[2,]    0    1    0    0    0    0
[3,]    0    0    1    0    0    0
[4,]    0    0    0    1    0    0
[5,]    0    0    0    0    1    0
[6,]    0    0    0    0    0    1

===============================================================================
fit3<-gee(RESPONSE~VITA+TIME+AGE+GENDER, id=ID, family=binomial, data=ichs,
corstr= "AR-M", scale.fix=TRUE)
 Correlation Structure:     AR-M , M = 1
Summary of Residuals:
       Min         1Q     Median         3Q        Max
-0.4785820 -0.3113555 -0.2380935  0.6097858  0.8245299
Coefficients:
                 Estimate   Naive S.E.     Naive z  Robust S.E.    Robust z
(Intercept)   -0.56177490   0.23339081   -2.407014  0.273753765   -2.052118
VITA           0.28618782   0.18042269    1.586208  0.223833876    1.278572
TIME           0.01777996   0.01280532    1.388482  0.008974773    1.981104
AGE           -0.07683687   0.04567218   -1.682356  0.054530024   -1.409075
GENDER        -0.52454885   0.17637463   -2.974061  0.217629077   -2.410288

Estimated Scale Parameter:  1
Number of Iterations:  2
Working Correlation
              [,1]        [,2]        [,3]        [,4]        [,5]        [,6]
[1,] 1.00000000   0.52819152   0.2789863   0.1473582   0.07783335   0.04111091
```

```
[2,] 0.52819152   1.00000000  0.5281915  0.2789863  0.14735819  0.07783335
[3,] 0.27898628   0.52819152  1.0000000  0.5281915  0.27898628  0.14735819
[4,] 0.14735819   0.27898628  0.5281915  1.0000000  0.52819152  0.27898628
[5,] 0.07783335   0.14735819  0.2789863  0.5281915  1.00000000  0.52819152
[6,] 0.04111091   0.07783335  0.1473582  0.2789863  0.52819152  1.00000000

==============================================================================
> fit4<-gee(RESPONSE ~ VITA + TIME + AGE + GENDER, id = ID,
data = ichs, family = binomial, corstr = "unstructured", scale.fix = TRUE)
> summary(fit4)

 GEE:  GENERALIZED LINEAR MODELS FOR DEPENDENT DATA
 gee S-function, version 4.13 modified 98/01/27 (1998)
Model:
 Link:                        Logit
 Variance to Mean Relation:   Binomial
 Correlation Structure:       Unstructured
:
gee(formula = RESPONSE ~ VITA + TIME + AGE + GENDER, id = ID,
    data = ichs, family = binomial, corstr = "unstructured", scale.fix = TRUE)
Summary of Residuals:
       Min         1Q     Median         3Q        Max
-0.4793952 -0.3107263 -0.2390064  0.6089235  0.8240636
Coefficients:
                Estimate  Naive S.E.    Naive z  Robust S.E.   Robust z
(Intercept)  -0.54693663  0.26550822  -2.059961  0.273654737  -1.998638
VITA          0.28401386  0.21891551   1.297367  0.220159207   1.290039
TIME          0.01717699  0.00819486   2.096069  0.008211437   2.091838
AGE          -0.07719814  0.05539285  -1.393648  0.054110062  -1.426687
GENDER       -0.53399974  0.21394737  -2.495940  0.214762490  -2.486467

Estimated Scale Parameter:  1
Number of Iterations:  3
Working Correlation
          [,1]      [,2]      [,3]      [,4]      [,5]      [,6]
[1,] 1.0000000 0.5622825 0.4606242 0.4239575 0.5035208 0.4480448
[2,] 0.5622825 1.0000000 0.5757297 0.5628520 0.5250650 0.5635701
[3,] 0.4606242 0.5757297 1.0000000 0.5587432 0.4249550 0.5148461
[4,] 0.4239575 0.5628520 0.5587432 1.0000000 0.4341680 0.5188658
[5,] 0.5035208 0.5250650 0.4249550 0.4341680 1.0000000 0.5097497
```

```
[6,]      0.4480448  0.5635701   0.5148461    0.5188658    0.5097497     1.0000000
```

R 프로그램에서 *QIC*를 구하기 위해 패키지 geepack에서 제공되는 geeglm 함수를 이용한다. corstr="independence", "exchangeable", "ar1", "unstructured"이 사용될 수 있다.

```
>> fm1<-geeglm(RESPONSE~VITA+TIME+AGE+GENDER, id=ID, family=binomial, data=ichs,
corstr="exchangeable")
> QIC(fm1)
       QIC        QICu   Quasi Lik        CIC      params        QICC
1811.92990 1792.55997 -891.27998   14.68496     5.00000 1812.27558
>
> fm2<-geeglm(RESPONSE~VITA+TIME+AGE+GENDER, id=ID, family=binomial, data=ichs,
corstr="independence")
> QIC(fm2)
       QIC        QICu   Quasi Lik        CIC      params        QICC
1811.91635 1792.54144 -891.27072   14.68745     5.00000 1812.16225
>
> fm3<-geeglm(RESPONSE~VITA+TIME+AGE+GENDER, id=ID, family=binomial, data=ichs,
corstr="ar1")
> QIC(fm3)
       QIC        QICu   Quasi Lik        CIC      params        QICC
1813.76484 1792.92201 -891.46101   15.42141     5.00000 1814.11052
>
> fm4<-geeglm(RESPONSE~VITA+TIME+AGE+GENDER, id=ID, family=binomial, data=ichs,
corstr="unstructured")
> QIC(fm4)
       QIC        QICu   Quasi Lik        CIC      params        QICC
1811.46935 1792.61965 -891.30982   14.42485     5.00000 1815.13747
```

위 결과를 통해 cor=unstructured의 QIC가 가장 작은 값을 가짐을 알 수 있다. 다음은 위 자료에 대해 SAS 프로그램의 적용 과정과 결과를 보여준다.

```
============================================================
<sas  program>
```

```
data infection;
infile 'c:\\data\\data_lda\ichs.dat';
input  id infection time gender vita age;
run;


proc genmod  descending;  /* descending :  prob(Y=1) 에 대한 회귀모형을 위해*/
class id ;
model infection=vita time age gender/dist=bin link=logit;
repeated subject=id/type=indep corrw;      /* working correlation 출력을 원함*/
run


proc genmod  descending;
class id ;
model infection=vita time age gender/dist=bin link=logit;
repeated subject=id/type=exch corrw;
run;


proc genmod  descending;
class id ;
model infection=vita time age gender/dist=bin link=logit;
repeated subject=id/type=ar1 corrw;
run;


proc genmod  descending;
class id ;
model infection=vita time age gender/dist=bin link=logit;
repeated subject=id/type=un corrw;
run;
```

다음은 "type=un"을 적용하였을 때의 SAS의 출력 결과이며 R 프로그램의 출력 결과와 동일함을 알 수 있다. QIC의 값의 미세한 차이는 quasi-likelihood 계산방법의 차이로 발생된다.

```
                    Data Set                    WORK.INFECTION
                Distribution                          Binomial
```

```
              Link Function                                    Logit
              Dependent Variable                           infection

              Number of Observations Read                       1500
              Number of Observations Used                       1500
              Number of Events                                   444
              Number of Trials                                  1500

                           Class Level Information

        Class      Levels    Values

        id           250     1 2 3 4 5 6 7 8 9 10 11 12 13 14 15 16 17 18 19 20
                             21 22 23 24 25 26 27 28 29 30 31 32 33 34 35 36 37
                             38 39 40 41 42 43 44 45 46 47 48 49 50 51 52 53 54
                             55 56 57 58 59 60 61 62 63 64 65 66 67 68 69 70 71
                             72 73 74 75 76 77 78 79 80 81 82 83 84 85 86 87
                             ...
                              Response Profile
                  Ordered                            Total
                    Value     infection          Frequency

                        1     1                        444
                        2     0                       1056

PROC GENMOD is modeling the probability that infection='1'.
                           Parameter Information
                           Parameter        Effect

                           Prm1             Intercept
                           Prm2             vita
                           Prm3             time
                           Prm4             age
                           Prm5             gender


            Algorithm converged.


                           GEE Model Information

              Correlation Structure                   Unstructured
              Subject Effect                        id (250 levels)
              Number of Clusters                               250
              Correlation Matrix Dimension                       6
              Maximum Cluster Size                               6
              Minimum Cluster Size                               6

            Algorithm converged.

                           The GENMOD Procedure
                         Working Correlation Matrix
```

	Col1	Col2	Col3	Col4	Col5	Col6
Row1	1.0000	0.5719	0.4684	0.4312	0.5121	0.4556
Row2	0.5719	1.0000	0.5855	0.5725	0.5340	0.5731
Row3	0.4684	0.5855	1.0000	0.5682	0.4322	0.5235
Row4	0.4312	0.5725	0.5682	1.0000	0.4415	0.5277
Row5	0.5121	0.5340	0.4322	0.4415	1.0000	0.5184
Row6	0.4556	0.5731	0.5235	0.5277	0.5184	1.0000

GEE Fit Criteria

QIC	1811.3765
QICu	1792.6271

Analysis Of GEE Parameter Estimates
Empirical Standard Error Estimates

Parameter	Estimate	Standard Error	95% Confidence Limits		Z	Pr > |Z|
Intercept	-0.5467	0.2736	-1.0829	-0.0104	-2.00	0.0457
vita	0.2840	0.2201	-0.1473	0.7154	1.29	0.1969
time	0.0172	0.0082	0.0011	0.0333	2.09	0.0363
age	-0.0774	0.0541	-0.1835	0.0286	-1.43	0.1525
gender	-0.5328	0.2147	-0.9537	-0.1119	-2.48	0.0131

표 5.1 4가지 공분산구조 하에서 추정된 호흡기 질병과 공변량의 효과(표준오차): SAS

Effect	IND	EXCH	AR1	UN
int	−0.557(0.275)	−0.544(0.275)	−0.562(0.273)	−0.546(0.274)
비타민 A결핍	0.287(0.223)	0.276(0.223)	0.286(0.224)	0.284(0.220)
Time	0.016(0.008)	0.016(0.008)	0.017(0.009)	0.017(0.008)
나이	−0.071(0.054)	−0.074(0.055)	−0.0768(0.054)	−0.077(0.054)
성별(여아=1)	−0.557(0.217)	−0.555(0.216)	−0.524(0.217)	−0.533(0.214)
QIC	1811.76	1811.77	1812.27	1811.37
QIC_u	1792.54	1792.55	1792.65	1792.63

<표 5.1>은 SAS의 결과를 정리한 것으로 마지막 두 줄은 각 모형에서 계산된 QIC와 QIC_u를 보여 준다. <표 5.1>의 결과를 보면 네 가지 공분산구조의 회귀계수는 모두 비슷한 값을 보인다. 비타민 A 결핍과 호흡기 질병과의 관계는 양의 연관 관계를 보이지만 유의적이지 않았다. 유의적인 p-값을 보여 주는 공변량은 시간(Time)과 성별이었다. 즉, 시간이 경과할수록 호흡기 질병 발생률이 증가하며, 남아들에 비해 여아들의 발

생률은 낮았다.

5.5.2 계수형(count) 경시적 자료의 분석(자료 5: Seizure)

58명의 뇌전증환자를 대상으로 progabide 약효를 검토하기 위해 28명과 30명을 각각 대조군(trt=0)과 처리(progabide)(trt=1)군으로 나누어 그들의 발작 횟수를 비교하고자 한다.

모든 환자들은 처방 후 2주(week)마다 4번 반복측정을 시행하였으며 visit=0에서의 seiz 값은 연구 시작 전 8주 동안 일어난 발작 총 횟수를 의미한다. 예를 들어, id가 104인 환자는 연구 시작 전 8주 동안에 11번의 발작을 경험하였다.

```
> seizure[1:10,]
     id  seiz  visit  trt  age  weeks
1    104  11     0     0    31    8   ### 연구 시작 전 8주 동안 11번의 발작
2    104   5     1     0    31    2
3    104   3     2     0    31    2
4    104   3     3     0    31    2
5    104   3     4     0    31    2
6    106  11     0     0    30    8   ### 연수 시작 전 8주 동안 11번 발작
7    106   3     1     0    30    2
8    106   5     2     0    30    2
9    106   3     3     0    30    2
10   106   3     4     0    30    2
```

먼저 연구 시작 전 8주 동안 발생된 발작 총 횟수를 이용하여 연구 시작 전 두 그룹의 환자들 간의 이질성 정도를 확인할 수 있다. 이를 위해 연구 시작 전 8주 자료를 seiz0이라는 자료셋에 저장하여, 두 그룹의 동일성 여부를 조사하였다. 이 분석은 경시적 자료분석이 아닌 일반화선형모형 자료분석이다. 아래는 이 자료셋에 포아송 분포와 음이항 분포를 적용한 결과이다. AIC 기준에 의하면 음이항 분포(498.13)가 포아송 분포(1102)보다 더 적합함을 알 수 있다①.

```
>seiz0<-seiz[seiz$visit==0,]
> summary(glm(seiz~trt, family="poisson",data=seiz0))
Deviance Residuals:
```

```
   Min          1Q      Median        3Q        Max
-5.473       -3.543      -1.111     1.902     11.148
Coefficients:
              Estimate  Std. Error   z value    Pr(>|z|)
(Intercept)    3.42705     0.03406   100.618    <2e-16   ***
trt           -0.10803     0.04865    -2.221    0.0264   *
(Dispersion parameter for poisson family taken to be 1)
    Null deviance: 814.74  on 57  degrees of freedom
Residual deviance: 809.81  on 56  degrees of freedom
AIC: 1102 ①

> library(MASS)     ## 음이항 GLM 적용을 위해 MASS  패키지
> summary(glm.nb(seiz~trt, data=seiz0))      # 음이항 분포
Deviance Residuals:
   Min          1Q      Median        3Q        Max
-1.8316      -1.1267     -0.3202    0.4938    2.4132

Coefficients:
              Estimate  Std. Error   z value    Pr(>|z|)
(Intercept)     3.4271      0.1287    26.627    <2e-16   ***
trt            -0.1080      0.1793    -0.602     0.547   ②
(Dispersion parameter for Negative Binomial(2.3183) family taken to be 1)

    Null deviance: 61.381  on 57  degrees of freedom
Residual deviance: 61.018  on 56  degrees of freedom
AIC: 498.13 ①
```

이에 대한 또 다른 증거는 아래 평균과 분산의 큰 차이를 통해 알 수 있듯이 평균과 분산의 동일성 가정이 적합하지 않다는 것이다. <그림 5.1>의 오른쪽 긴 꼬리를 가지는 히스토그램을 통해 몇몇 환자들이 연구 시작 전 8주 동안 발작 횟수가 다른 환자들보다 훨씬 더 많음을 알 수 있으며 이는 과대 분산(over dispersion)을 가져오게 된다.

```
>seiz0<-seizure[seizure$weeks==8,]
> mean(seiz0$seiz)    ## 평균
[1] 29.15517
> var(seiz0$seiz)     ## 분산
[1] 479.0106
```

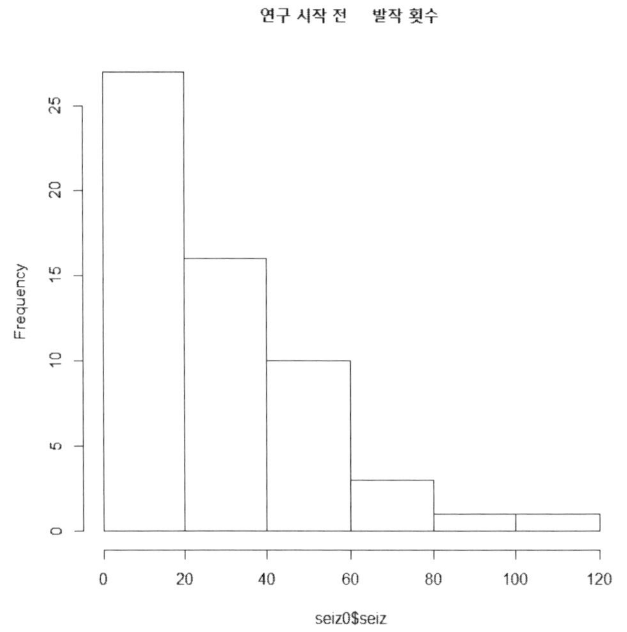

그림 5.1 연구 시작 전 8주 동안 발작 횟수에 대한 히스토그램

이러한 환자 간의 이질성을 고려하기 위해 여러 가지 방법이 적용될 수 있다. 그중 한 가지 방법으로는 다음 장에서 공부할 개인별 효과인 랜덤효과를 적용하는 것이다. 음이항 분포하에서 두 그룹의 처리 전 8주 동안의 발작 횟수에는 유의한 차이가 없었다(p-value=0.547)②.

이 자료의 중요한 특성은 발작 횟수를 측정한 시간 단위가 서로 다르다는 것이다. 즉, 환자마다 첫 번째 자료는 8주 동안 측정한 자료이며 그 이후는 2주마다 측정하게 된다. 따라서 측정 단위가 다른 자료를 분석하기 위해 계수형 자료에 대한 율모형(rate model)을 고려한다.

$$\mu_{ij} = E(Y_{ij}) = n_{ij} \times \lambda_{ij} \qquad Var(Y_{ij}) = \phi \mu_{ij}$$

여기서 Y_{ij}는 n_{ij} 시간 동안 측정된 발작 총횟수이다($n_{i1} = 8$, $n_{i2} = n_{i3} = n_{i4} = n_{i5} = 2$). 따라서 λ_{ij}가 평균 발생률이라고 할 때,

$$\log(\mu_{ij}/n_{ij}) = \log\lambda_{ij} = \beta_0 + \beta_1 t_{ij} + \beta_2 trt + \beta_3 \ trt \ * t_{ij}$$

로 표현되며 $\log n_{ij}$가 오프셋(offset)일 때, 평균에 대한 모형은 다음과 같다.

$$\log(\mu_{ij}) = \log\lambda_{ij} + \log(n_{ij}) = \beta_0 + \beta_1 t_{ij} + \beta_2 trt + \beta_3 \ trt \ * t_{ij} + \log(n_{ij})$$

다음 결과는 상관계수행렬로 “Indep”, “AR-1”, “exchangeable”을 적용한 결과이다.

```
> fit<-gee(seiz~visit+trt+age+offset(log(weeks)), corstr="independence", family=poisson,
  data=seiz)
> summary(fit)
Model:
 Link:                      Logarithm
 Variance to Mean Relation: Poisson
 Correlation Structure:     Independent
Coefficients:
                Estimate    Naive S.E.    Naive z  Robust S.E.   Robust z
(Intercept)  1.539910591  0.280762925  5.4847362  0.45569177  3.3792811
time        -0.019615797  0.038791550 -0.5056719  0.0298080  -0.6580697
trt         -0.259976914  0.114453707 -2.2714591  0.19962225 -1.3023444
age         -0.003845611  0.009213634 -0.4173827  0.01590263 -0.2418223

Estimated Scale Parameter:  10.75562
Number of Iterations:  1
Working Correlation
     [,1] [,2] [,3] [,4] [,5]
[1,]    1    0    0    0    0
[2,]    0    1    0    0    0
[3,]    0    0    1    0    0
[4,]    0    0    0    1    0
[5,]    0    0    0    0    1

> fit11<-gee(seiz~time+trt+age+offset(log(week)), corstr="AR-M", family=poisson, data=seiz)
> summary(fit11)
Model:
 Link:                      Logarithm
 Variance to Mean Relation: Poisson
 Correlation Structure:     AR-M , M = 1
Coefficients:
                Estimate   Naive S.E.    Naive z  Robust S.E.   Robust z
(Intercept)   2.06348028  0.38211161  5.4002030  0.42583682  4.8457066
time         -0.02682584  0.04449614 -0.6028803  0.02518089 -1.0653254
trt          -0.10526580  0.15742846 -0.6686580  0.19185153 -0.5486836
age          -0.02578849  0.01298535 -1.9859672  0.01392146 -1.8524272
Working Correlation
```

```
          [,1]      [,2]      [,3]      [,4]      [,5]
[1,] 1.0000000 0.6665955 0.4443495 0.2962014 0.1974465
[2,] 0.6665955 1.0000000 0.6665955 0.4443495 0.2962014
[3,] 0.4443495 0.6665955 1.0000000 0.6665955 0.4443495
[4,] 0.2962014 0.4443495 0.6665955 1.0000000 0.6665955
[5,] 0.1974465 0.2962014 0.4443495 0.6665955 1.0000000

> fit2<-gee(seiz~visit+trt+age+offset(log(weeks)), id=id,corstr="exchangeable", family=
  poisson, data=seizure)
> summary(fit2)
Model:
 Link:                      Logarithm
 Variance to Mean Relation: Poisson
 Correlation Structure:     Exchangeable
Coefficients:
            Estimate Naive S.E.  Naive z Robust S.E. Robust z
(Intercept)   1.9728     0.4031    4.894      0.4421    4.463
visit        -0.0244     0.0320   -0.763      0.0295   -0.827
trt          -0.0742     0.1662   -0.446      0.1933   -0.384
age          -0.0231     0.0137   -1.694      0.0148   -1.559

Estimated Scale Parameter:  12.2
Number of Iterations:  5
Working Correlation
      [,1]  [,2]  [,3]  [,4]  [,5]
[1,] 1.000 0.626 0.626 0.626 0.626
[2,] 0.626 1.000 0.626 0.626 0.626
[3,] 0.626 0.626 1.000 0.626 0.626
[4,] 0.626 0.626 0.626 1.000 0.626
[5,] 0.626 0.626 0.626 0.626 1.000

fm<-geeglm(seiz~visit+trt+age+offset(log(weeks)), id=id, corstr="independence", family=
poisson, data=seiz)
> fm1<-update(fm, corstr="ar1")
> fm2<-update(fm, corstr="exchangeable")

> QIC(fm)
         QIC         QICu   Quasi Lik          CIC      params         QICC
-11228.13688 -11240.84904  5624.42452     10.35608     4.00000 -11227.38217
```

```
> QIC(fm1)
         QIC          QICu    Quasi Lik          CIC       params          QICC
-10978.17900 -10991.05033  5499.52517     10.43566      4.00000 -10977.02516

> QIC(fm2)
         QIC          QICu    Quasi Lik          CIC       params          QICC
-11142.78845 -11154.45189  5581.22594      9.83172      4.00000 -11141.63460
```

위 결과를 통해 독립 가상관계수일 때, 가장 작은 *QIC*값을 가짐을 알 수 있다. 독립 가상관계수 하에서 고정효과(trt, time, age)는 모두 유의하지 않았다. 아래는 SAS 프로그램을 적용한 결과이다.

◎ SAS 프로그램

```
proc genmod data=seiz2;
 class id;
 model seiz=time  trt  age/dist=poisson link=log offset=logtime;
 repeated subject=id/type=indep corrw;    /*independece
run;
```

a. cor=independence 가정

```
                Working Correlation Matrix

              Col1      Col2       Col3       Col4      Col5

      Row1  1.0000    0.0000     0.0000     0.0000    0.0000
      Row2  0.0000    1.0000     0.0000     0.0000    0.0000
      Row3  0.0000    0.0000     1.0000     0.0000    0.0000
      Row4  0.0000    0.0000     0.0000     1.0000    0.0000
      Row5  0.0000    0.0000     0.0000     0.0000    1.0000


                  The GENMOD Procedure

                   GEE Fit Criteria
```

QIC -1025.4310

QICu -1037.8575

Analysis Of GEE Parameter Estimates

Empirical Standard Error Estimates

Parameter	Estimate	Standard Err	95% Confidence Limits		Z	Pr > |Z|
Intercept	1.5399	0.4557	0.6468	2.4331	3.38	0.0007
time	-0.0196	0.0298	-0.0780	0.0388	-0.66	0.5105
trt	-0.2600	0.1996	-0.6512	0.1313	-1.30	0.1928
age	-0.0038	0.0159	-0.0350	0.0273	-0.24	0.8089

b. exchangeable

GEE Model Information

Correlation Structure	Exchangeable
Subject Effect	id (58 levels)
Number of Clusters	58
Correlation Matrix Dimension	5
Maximum Cluster Size	5
Minimum Cluster Size	5

Algorithm converged.

Working Correlation Matrix

	Col1	Col2	Col3	Col4	Col5
Row1	1.0000	0.6255	0.6255	0.6255	0.6255
Row2	0.6255	1.0000	0.6255	0.6255	0.6255
Row3	0.6255	0.6255	1.0000	0.6255	0.6255
Row4	0.6255	0.6255	0.6255	1.0000	0.6255
Row5	0.6255	0.6255	0.6255	0.6255	1.0000

The GENMOD Procedure

Exchangeable Working

Correlation

Correlation 0.6255235787

GEE Fit Criteria

QIC -900.5529

```
              QICu          -908.6826

           Analysis Of GEE Parameter Estimates
           Empirical Standard Error Estimates

                      Standard  95% Confidence
Parameter   Estimate    Error        Limits            Z  Pr > |Z|

Intercept     1.9728   0.4421   1.1064   2.8393    4.46   <.0001
time         -0.0244   0.0295  -0.0821   0.0334   -0.83   0.4082
trt          -0.0742   0.1933  -0.4530   0.3046   -0.38   0.7011
age          -0.0231   0.0148  -0.0522   0.0059   -1.56   0.1190
```

c. cor=AR1

```
GEE Model Information
          Correlation Structure                   AR(1)
          Subject Effect                      id(levels)
          Number of Clusters                         58
          Correlation Matrix Dimension                5
          Maximum Cluster Size                        5
          Minimum Cluster Size                        5
   Algorithm converged.
              Working Correlation Matrix

            Col1      Col2      Col3      Col4      Col5

   Row1   1.0000    0.6694    0.4481    0.2999    0.2008
   Row2   0.6694    1.0000    0.6694    0.4481    0.2999
   Row3   0.4481    0.6694    1.0000    0.6694    0.4481
   Row4   0.2999    0.4481    0.6694    1.0000    0.6694
   Row5   0.2008    0.2999    0.4481    0.6694    1.0000

               The GENMOD Procedure
                GEE Fit Criteria

            QIC                 -896.2088
            QICu                -903.0050

           Analysis Of GEE Parameter Estimates
```

Empirical Standard Error Estimates

Parameter	Estimate	Standard Error	95% Confidence Limits		Z	Pr > |Z|
Intercept	2.0681	0.4260	1.2332	2.9030	4.86	<.0001
visit	-0.0269	0.0252	-0.0762	0.0224	-1.07	0.2852
trt	-0.1039	0.1920	-0.4801	0.2723	-0.54	0.5883
age	-0.0260	0.0139	-0.0533	0.0013	-1.87	0.0619

d. cor=unstructured

The GENMOD Procedure

Model Information

GEE Model Information

Correlation Structure	Unstructured
Subject Effect	id (58 levels)
Number of Clusters	58
Correlation Matrix Dimension	5
Maximum Cluster Size	5
Minimum Cluster Size	5

Algorithm converged.

Working Correlation Matrix

	Col1	Col2	Col3	Col4	Col5
Row1	1.0000	0.9911	0.7345	0.8905	0.7271
Row2	0.9911	1.0000	0.7088	0.8584	0.6388
Row3	0.7345	0.7088	1.0000	0.7169	0.4673
Row4	0.8905	0.8584	0.7169	1.0000	0.6769
Row5	0.7271	0.6388	0.4673	0.6769	1.0000

The GENMOD Procedure

GEE Fit Criteria

QIC	-471.5439
QICu	-483.2268

Analysis Of GEE Parameter Estimates

Empirical Standard Error Estimates

Standard 95% Confidence

Parameter	Estimate	Error	Limits		Z	Pr > |Z|
Intercept	3.1581	0.7093	1.7678	4.5483	4.45	<.0001
visit	-0.0171	0.0334	-0.0824	0.0483	-0.51	0.6089
trt	0.2501	0.2870	-0.3124	0.8126	0.87	0.3835
age	-0.0748	0.0267	-0.1272	-0.0224	-2.80	0.0051

위 SAS 결과를 통해 R과 동일하게 independence 공분산구조하에서 가장 작은 AIC를 가지며 TIME, TRT, AGE 효과는 유의한 차이를 보여주지 않았다.

5.6 GEE의 확장

Liang and Zeger(1986)의 논문에서는 α, ϕ의 추정을 위해 피어슨의 잔차(pearson's residual)가 적용되었다. 하지만 이러한 ad hoc 방법 대신 모형에 기반하여 위 공분산 모형을 추정하는 방법이 Prentice and Zhao (1991)에 의해 제안되었다. 즉, β에 대한 추정방정식 외에도 다음과 같이 α에 대한 추정방정식이 적용된다.

$$U_2(\alpha) = \sum_{i=1}^{n} D_{i,22}' \, V_{i22}(S_i - \sigma_i) = 0 \qquad (5.11)$$

여기서 $S_i = \{s_{ijk}\}$로 구성된 $(m^2 \times 1)$ 벡터로 $s_{ijk} = (y_{ij} - \mu_{ij})(y_{ik} - \mu_{ik})$을 의미하여 관련 평균은 $\sigma_i = (\sigma_{i11}, \cdots, \sigma_{imm})'$이다. $D_{i22} = \frac{\partial \sigma_i}{\partial \alpha'}$이며 V_{i22}는 S_i의 가공분산(working covariance)을 의미한다.

(5.9)의 추정 방정식과 (5.11)의 방정식을 동시에 추정하기 위해 다음의 GEE-1을 유도한다.

$$U_{11} = \sum_{i=1}^{n} D_i' V_i^{-1} f_i = 0$$

여기서

$$D_i = \begin{pmatrix} \frac{\partial \mu_i}{\partial \beta'} & 0 \\ 0 & \frac{\partial \sigma_i}{\partial \alpha'} \end{pmatrix} = \begin{pmatrix} D_{i11} & 0 \\ 0 & D_{i22} \end{pmatrix} \qquad V_i = \begin{bmatrix} V_{i11} & 0 \\ 0 & V_{i22} \end{bmatrix}, \quad f_i = \begin{bmatrix} y_i - \mu_i \\ s_i - \sigma_i \end{bmatrix}$$

GEE-1 모수 (β,α)는 $U_{11}=0$의 근이며 ϕ는 식 (5.8)을 이용하여 구한다. GEE-1의 또 다른 확장으로 GEE-2가 제안되었으며(Prentice and Zhao, 1991), 여기서 공분산모수 α는 더 이상 장애모수(nuisance parameter)가 아니며 관심 모수로 인식된다. 따라서 β,α,ϕ 의 일차, 이차 적률(second moment)이 사용된다. 만약 이러한 이차 적률이 정확하게 명시된다며, GEE-2의 추정량은 가장 효율적인 추정량이 된다.

$$U_{22}=\sum_{i=1}^{n}\widetilde{D}_i'\widetilde{V}_i^{-1}f_i=0$$

$$\widetilde{D}_i=\begin{pmatrix}\dfrac{\partial\mu_i}{\partial\beta'} & 0\\ \dfrac{\partial\sigma_i}{\partial\beta} & \dfrac{\partial\sigma_i}{\partial\alpha'}\end{pmatrix},\quad \widetilde{V}_i=\begin{bmatrix}V_{i11} & cov(y_{i,}s_i)\\ cov(y_{i,}s_i) & V_{i22}\end{bmatrix}.$$

제6장

일반화선형혼합효과모형

Generalized linear mixed effect model, GLMM

이제 4장의 선형혼합모형(Linear mixed effect model, LMM)을 이항, 순서형, 계수형 경시적 자료로 확장해 보자. 연속형 자료에 대한 선형혼합모형(LMM)에서는 오차항의 공분산구조(예를 들어 exchangeable, AR(1))를 통해 반복치들 간의 연관관계를 모형화 할 수 있었다. 하지만 일반화선형모형(GLM)은 오차항을 포함하지 않기 때문에 랜덤효과를 통해 개체별로 공유되는 특징(subject-specific shared effect)을 표현해야 한다.

5장에서 공부한 일반화추정방정식(GEE)과 일반화선형혼합모형(GLMM)의 가장 큰 차이는 우도함수의 적용 여부와 추정된 회귀계수의 해석에 있다. GEE는 반응변수 분포에 대한 가정이 필요하지는 않지만, 반복치들 간의 정확한 상관관계는 효율성(정확성)의 향상을 가져오며 추정된 계수는 관련 모집단에 대한 효과(population-level effect)로 해석된다. 이에 반해 혼합효과모형에서는 개개인의 변이(subject-specific variation)를 반영하기 위해 랜덤효과(random effect)를 모형에 포함함으로써 추정된 계수는 개인 수준(subject-level effect)으로 적용될 수 있다. 본 장에서는 일반화선형혼합효과모형(GLMM)에 대해 자세하게 논의한다. 먼저 6.1절에서는 GLMM에 대한 소개를 6.2절에서는 추정 과정을 설명한다. 6.3절에서는 이항, 명목형, 순서형 다항자료 그리고 계수형 자료를 차례대로 분석한다.

6.1 일반화선형혼합모형(GLMM)

n명의 독립적인 관측 개체의 반응변수가 $\{Y=(y_1,\cdots,y_n),\ y_i=(y_{i1},\cdots,y_{im_i})\}$라고 할 때, 관측 개체별 공유되는 특성을 개체별 랜덤효과 U_i로 표현한다(4장에서는 랜덤효과를 b_i로 표시하였다). 따라서 U_i가 주어져 있다면, 각 개체 내 관측치들은 서로 독립이라고 가정할 수 있다. 이를 조건부독립(conditional independence)이라고 한다. 즉,

$$y_{i1},\cdots,y_{im_i}|U_i \sim f(y_{ij}|U_i),\quad \text{조건부독립}$$

각 관측치의 평균을 $E(y_{ij}|U_i)=\mu_{ij}$라고 할 때, 이들 평균은 GLM의 확장으로 공변량과 랜덤효과에 대해 다음의 모형으로 표현될 수 있다.

$$g(\mu_{ij})=X_{ij}\beta+Z_{ij}U_i$$

여기서 X_{ij}는 고정효과와 관련된 공변량, Z_{ij}는 랜덤효과와 관련된 공변량을, g는 연결함수(link function)를 의미한다. 따라서

- 이항 경시적 자료(binary data): $y_{ij}|U_i \sim B(1, \mu_{ij})$, $\text{logit}\mu_{ij} = X_{ij}\beta + Z_{ij}U_i$
- 계수형 경시적 자료(count data): $y_{ij}|U_i \sim Poisson(\mu_{ij})$, $\log\mu_{ij} = X_{ij}\beta + Z_{ij}U_i$

일반적으로 랜덤효과 U_i는 평균벡터가 0이고 공분산행렬 $G(\theta)$를 가정한다. 따라서

$$U_1, \cdots, U_n \sim f(U;\theta)$$

여기서 U_i에 대한 가장 일반적인 선택은 정규분포 또는 y_{ij} 분포에 대한 conjugate 분포를 적용할 수 있으며 이는 적분 계산의 용이성을 가져오게 된다. 이에 대한 설명은 다음 절에서 논의한다.

6.2 모형 추정

회귀계수추정을 위해 최대우도 방법의 적용을 소개한다. $\{y_i = (y_{i1}, \cdots, y_{im_i}),\ U_i\}$의 결합분포(joint distribution)는 조건부독립을 이용하여 다음과 같이 유도된다.

$$f(y_i, U_i\ ;\beta, \theta) = f(U_i;\theta) f(y_i|U_i, \beta) = f(U_i;\theta) \prod_{j=1}^{m_i} f(y_{ij}|U_i, \beta)$$

이제 y_i의 주변분포(marginal distribution)를 구하기 위해서 랜덤효과에 대해 적분을 취함으로써 다음과 같이 표현될 수 있다.

$$f(y_i;\beta, \theta) = \int f(y_i, U_i;\beta, \theta) dU_i = \int f(U_i;\theta) \prod_{j=1}^{m_i} f(y_{ij}|U_i, \beta) dU_i$$

따라서 완전 자료 우도함수는 n명의 관측 개체의 곱으로 다음과 같이 표현된다.

$$L(\beta, \theta;\ y) = \prod_{i=1}^{n} \int f(U_i;\theta) \prod_{j=1}^{m_i} f(y_{ij}|U_{i,}\beta) dU_i$$

여기서 y_{ij}가 정규분포일 때, 적분은 닫힌 형태로 표현되어 그 계산이 간단하지만, 이항, 계수형, 다항 자료에 대한 일반화선형혼합모형에서 적분은 닫힌 형태로 유도될 수 없다. 이에 대한 한 가지 방편으로 conjugate 분포를 고려할 수도 있다. 예를 들어, 포아송 반응변수에 대해 감마분포(gamma distribution)를 따르는 랜덤 절편 효과를 가정함으로써

($U_{i0} \sim Gam(\eta, \frac{1}{\eta})$), 반응변수의 주변분포는 음이항 분포(negative binomial)로 유도가 가능하다. 하지만 다변량 랜덤효과 ($q > 1$)인 경우, conjugate 분포의 적용은 쉽지 않다. 따라서 일반적으로는 랜덤효과에 대해서 다변량 정규분포를 적용한다. 다변량 정규분포 하에서 적분은 닫힌 형태(clososed form)를 가지지 못하므로 관련된 문제점을 해결하기 위해 (1) 수치 해석적 방법(구적법), (2) 몬테칼로 방법, (3) 우도함수의 근사화를 고려해 볼 수 있다. 다음은 위 세 가지 방법에 대해 간략하게 소개한다.

A. 수치적 방법: 구적법(quadrature)

구적에 의한 근사화는 적분의 개념을 수치해석으로 표현한 것으로, 구적 근사화는 피적분함수의 가중치합(weighted sum)이다. 피적분 함수의 형태에 따라 여러 가지 구적법이 적용되며 가장 많이 사용되는 방법은 Gauss-Hermite와 adaptive Gaussian 구적법이다.

먼저 Gauss-Hermite 구적법(GHQ)에 대해 간단하게 소개한다. 다항함수로 근사화될 수 있는 f에 대한 적분은

$$\int_{-\infty}^{\infty} e^{-x^2} f(x)dx \approx \sum_{k=1}^{R} w_k f(a_k)$$

처럼 R개의 가중치합으로 근사화될 수 있으며 여기서 a_k는 구적점(quadrature point), w_k는 구적 가중치(quadrature weight)라고 한다. 이에 대한 값은 여러 소프트웨어에서 제공된다. 구적점의 개수 R이 커질수록 그 정확도도 향상되겠지만 7~13개 사이의 홀수로도 충분한 근사화를 얻을 수 있다. GHQ의 GLMM에 대한 적용은 다음의 과정을 통해 이루어진다. 이해를 돕기 위해 일단은 랜덤 절편(random intercept)을 가정한다.

$$g(\mu_{ij}) = x_{ij}'\beta + U_i, \qquad U_i \sim N(0, \sigma^2)$$

표준화를 위해 $U_i^* = U_i/\sigma \sim N(0,1)$가 사용될 때

$$\int f(U_i;\sigma) \prod_{j=1}^{m_i} f(y_{ij}|U_i) dU_i = \int \phi(U_i^*) \prod_{j=1}^{m_i} f(y_{ij}|\sigma, U_i^*) dU_i^*$$

이며, 여기서 ϕ는 표준정규분포이고 구적법에 의해 위 적분은 다음과 같이 가중합으로 표현된다.

$$\int_{-\infty}^{\infty}\frac{1}{\sqrt{2\pi}}e^{-U_i^{*2}/2}\prod_{j=1}^{m_i}f(y_{ij}|\sigma,U_i^*)dU_i^* \approx \sum_{k=1}^{R}w_k^*\prod f(y_{ij}|\sigma,a_k^*)$$

여기서 $w_k^* = w_k/\sqrt{\pi}$, $a_k^* = \sqrt{2}a_k$이다.

GHQ 방법에서는 구적점이 고정된 반면에 adaptive Gaussian 구적법(AGQ)에서는 구적점의 위치를 피적분 함수의 형태에 따라 변화시킴으로써 적분의 정확성을 향상시키고자 하였다. 따라서 GHQ보다 더 좋은 근사화 결과를 보여 준다. SAS의 NLMIXED 모형에서는 AGQ를 적용한다. 하지만 AGQ는 다차원 혼합효과에 대해서 그 계산이 복잡하여 상당한 계산시간을 소모하는 단점을 가지고 있다.

B. 몬테칼로 적분

적분은 다음과 같이 기댓값으로 표현될 수 있다.

$$\int f(U_i;\sigma)\prod_{j=1}^{m_i}f(y_{ij}|U_i)dU_i = E[f(y_i|U_i;\beta)]$$

따라서 위 기댓값을 계산하기 위해 단순 몬테칼로 적분법(simple Monte Carlo integration)과 중요 샘플링(Importance sampling) 방법을 적용할 수 있다.

◉ 단순 몬테칼로 적분법

확률변수 $X \sim f_X$의 함수 $h(x)$의 기댓값 $E(h(X))$은

$$E(h(X)) = \int h(x)f_X(x)dx$$

일 때 이의 근사화를 위해 f_X로부터 추출된 표본 $(\widetilde{x_1},\cdots,\widetilde{x_M})$을 이용하여 다음의 표본평균을 구할 수 있다.

$$\overline{h} = \frac{1}{M}\sum_{l=1}^{M}h(\widetilde{x_l})$$

이때 대수의 법칙(LLM)에 의해 $E(h(X)) \approx \overline{h}$가 된다. 이제 위 방법을 GLMM에 적용하면 랜덤효과의 사후분포(posterior distribution)로부터 추출된 표본 $\widetilde{U_1^*},\cdots,\widetilde{U_n^*}$을 이용하여

$$E\left[f(y_{ij}|\sigma, U_i^*)\right] = \int \prod_j f(y_{ij}|\sigma, U_i^*) d U_i^* \approx \frac{1}{M}\sum_{l=1}^{M} f(y_{ij}|\sigma, \widetilde{U_l^*})$$

를 계산할 수 있다.

◉ 중요 샘플링(Importance sampling)

단순 몬테칼로 적분은 f_X로부터 추출된 표본을 이용하여 표본평균을 구하는 방법이었다. 이는 표본에 의해 발생되는 분산의 증가를 가져오는 단점을 가지게 된다. 또한 f_X로부터 직접적으로 표본을 추출하는 것이 불가능한 경우 위의 단순 몬테칼로 적분은 적용될 수 없다. 이에 대한 대체방법으로 적절하게 선택된 중요 함수(importance function) g를 이용하고자 한다. g의 조건은 다음과 같다.

(i) f_X와 같은 영역(support)을 가진다.

(ii) $\dfrac{h(x)f_X(x)}{g(x)}$이 x의 스무드 함수(smooth function)이며 제한된 값을 가진다.

(iii) $\dfrac{h(x)f_X(x)}{g(x)}$의 계산하기 쉽다.

따라서 $h(x)$의 평균은

$$E(h(X)) = \int g(x)\frac{h(x)}{g(x)} f_X(x)dx$$

로 표현될 때, 이는 다음과 같이 근사화될 수 있다.

$$E(h(X)) \approx \frac{1}{M}\sum_{l=1}^{M}\frac{h(\widetilde{x_l^*})f_X(\widetilde{x_l^*})}{g(\widetilde{x_l^*})}$$

여기서 $(\widetilde{x_1^*},\cdots,\widetilde{x_M^*})$은 g로부터 추출한 표본이다. 이제 Importance sampling을 GLMM에 적용하면 랜덤효과의 사후분포에 대한 근사화로 정규분포 $\phi(u_i;\mu_{i,}\tau_i^2)$가 중요 함수 g로 적용된다. 따라서 $\phi(u_i;\mu_{i,}\tau_i^2)$으로부터 추출된 표본 $\widetilde{U_1},\cdots,\widetilde{U_M}$을 이용하여 다음을 계산한다.

$$E\left[f(y_{ij}|\sigma, U_i^*)\right] \approx \frac{1}{M}\sum_{l=1}^{M}\frac{\phi(\widetilde{U_l};\mu_i,\tau_i^2)f(y_{ij}|\sigma\widetilde{U_l})}{\phi(\widetilde{U_l};\mu_{i,}\tau_i^2)}$$

중요 샘플링(Importance sampling)은 SAS의 Proc NLMIXED에 적용되어 있다.

C. 우도함수의 근사화

적분을 포함한 우도함수에 대해 라플라스 근사화(Laplace approximation)를 적용할 수 있다. 일차원 적분에서 라플라스 근사화는 $x = \tilde{x}$에 대한 이차 테일러 전개(Taylor expansion)를 이용하여 유도된다.

$$\begin{aligned}\int_{-\infty}^{\infty} \exp(f(x))dx &\approx \int_{-\infty}^{\infty} \exp[f(\tilde{x}) - (x-\tilde{x})^2/2\sigma^2]dx \\ &= \int_{-\infty}^{\infty} \exp(f(\tilde{x}))\sqrt{2\pi}\,\sigma\phi(x;\tilde{x},\sigma^2)dx \\ &= \exp(f(\tilde{x}))\sqrt{2\pi}\,\sigma\end{aligned}$$

여기서 $\phi(x;\tilde{x},\sigma^2)$은 평균이 $\tilde{x}$이고 분산이 σ^2인 정규분포라 할 때, $\tilde{x}$는 $f(x)$의 mode (최빈값)으로 $f'(\tilde{x}) = 0$이고 $f''(\tilde{x}) = \dfrac{1}{\sigma^2}$이 된다. 이제 라플라스 근사화를 GLMM의 적분 $\int f(U_i;\sigma)\prod_{j=1}^{m_i} f(y_{ij}|U_i)dU_i$에 적용해 보면, 위 식의 $f(x)$에 해당하는 부분은 로그 우도함수가 된다. 즉,

$$\phi(U_i;\sigma)\prod_{j=1}^{m_i} f(y_{ij}|U_i) = \exp\left\{\log[\phi(U_i;\sigma)\prod_{j=1}^{m_i} f(y_{ij}|U_i)]\right\}$$

위 함수는 U_i의 사후분포에 비례하므로 라플라스 근사화에서 정의된 최빈값($\tilde{x}$)은 다음의 사후 최빈값(posterior mode)이 된다.

$$\widetilde{U_i} = \text{arg}max\left\{\phi(U_i;\sigma)\prod_j f(y_{ij}|U_i)\right\}$$

즉, 라플라스 근사화는

$$\begin{aligned}\log f(y_i;\beta,\sigma) &\approx \log(\sqrt{2\pi}\,\sigma_i) + \log(\phi(\widetilde{U_i};\sigma)) + \sum \log f(y_{ij}|\widetilde{U_i}) \\ &= \log(\sigma_i/\sqrt{\sigma}) - \widetilde{U_i^2}/2\sigma + \sum_{j=1}^{m_i} \log f(y_{ij}|U_i)\end{aligned}$$

로 유도될 수 있다. 이 근사화 방법은 랜덤효과가 정규분포를 따를 때만 적용될 수 있다. 라플라스 근사화는 우도함수의 근사화로 이 방법을 통해 구한 추정량은 최대우도추

정량을 반드시 보장하지는 않는다. 라플라스 근사화의 또 다른 버전으로 Penalized quasi likelihood(PQL)가 고려될 수 있다.

6.3 적용 예

6.3.1 이항 경시적 자료분석: ICHS 자료

분석 1 | 랜덤 절편

앞 장에서 분석한 호흡기 질환과 비타민 결핍과의 관계를 조사하기 위해 랜덤 절편(random intercept)을 포함한 로지스틱 회귀모형이 고려된다.

$$\operatorname{logit} \Pr(Y_{ij}=1|U_i) = \frac{\Pr(Y_{ij}=1|U_i)}{\Pr(Y_{ij}=0|U_i)} = \beta_0^* + \beta_1^* X_{ij} + U_i \tag{6.1}$$

여기서 $U_i \sim N(0, \sigma_u^2)$는 개인별 기저 효과를 나타내며 만약 X_{ij}가 처리 여부(0/1)를 알려 준다면($X_{ij}=1$은 i번째 개인이 j번째 관측 시점에서 비타민 결핍) 각각의 회귀계수는 다음의 의미가 있다.

$$\exp(\beta_0^* + U_i) = \frac{\Pr(Y_{ij}=1|x_{ij}=0, U_i)}{\Pr(Y_{ij}=0|x_{ij}=0, U_i)} \tag{6.2}$$

는 <u>i번째 어린이</u>가 비타민 결핍이 아닐 때, 호흡기 질환의 비감염 확률에 대한 감염 확률의 비(오즈, odds)를 의미하며,

$$\exp(\beta_0^* + \beta_1^* + U_i) = \frac{\Pr(Y_{ij}=1|x_{ij}=1, U_i)}{\Pr(Y_{ij}=0|x_{ij}=1, U_i)} \tag{6.3}$$

는 <u>i번째 어린이</u>가 비타민 결핍일 때, 호흡기 질환의 비감염 확률에 대한 감염 확률의 비(오즈)를 보여 준다.

따라서 두 오즈 (6.2)와 (6.3)의 비(오즈비)는

$$\exp(\beta_1^*) = \frac{\exp(\beta_0^* + \beta_1^* + U_i)}{\exp(\beta_0^* + U_i)}$$

이며 이는 i번째 어린이의 비타민 결핍 여부에 따른 호흡기 질환에 대한 오즈비를 의미한다. 모수추정을 위해 다음의 세 가지 가정이 주어진다.

(i) U_i가 주어졌을 때, y_{ij}의 조건부분포 $f(y_{ij}|U_i)$는 지수족에 포함된다.

(ii) U_i가 주어졌을 때, $y_{i1},\ldots,y_{im_i}$는 서로 독립이다.

(iii) U_i는 서로 독립이고 동일한 분포를 가진다.

위 가정하에서 모수추정을 위한 최대우도추정법이 적용된다. 여기서, $U_i \sim N(0,\sigma_u^2)$일 때, 추정될 모수는 β와 σ_u^2이다. 여기서 σ_u^2가 큰 값일 때 개체들은 서로 매우 이질적임을 의미한다. y_{ij}에 대한 주변분포를 유도하기 위해 (Y,U)의 결합분포를 우선 구한다.

$$L(\beta,\sigma_u^2) = \prod_{i=1}^{n}\prod_{i=1}^{m_i} f(y_{ij}|U_{i,}\beta)g(U_i;\sigma_u^2)$$

여기서 $f(y_{ij}|U_i,\beta) = p_{ij}^{y_{ij}}(1-p_{ij})^{1-y_{ij}}$, $\log\frac{p_{ij}}{(1-p_{ij})} = X_{ij}\beta = \beta_1 X_{ij1} + \beta_2 X_{ij2} + \cdots + \beta_p X_{ijp}$,

$$g(U_i|\sigma_u^2) = \frac{1}{\sqrt{2\pi\sigma_u^2}}\exp\left(-\frac{U_i}{\sigma_u^2}\right)$$

이므로 로그 우도함수는 다음과 같이 유도될 수 있다.

$$\begin{aligned} l(\beta,\sigma_u^2) &= \sum_{i=1}^{n}\sum_{j=1}^{m}\log f(y_{ij}|U_{i,}\beta) + \sum_{i=1}^{n}\log g(U_i;\sigma_u^2) \\ &= \sum_{i=1}^{n}\sum_{j=1}^{m}\left[y_{ij}\log\left(\frac{p_{ij}}{1-p_{ij}}\right) + \log(1-p_{ij})\right] - \sum_{i=1}^{n}\left(\frac{U_i^2}{2\sigma_u^2} - \frac{1}{2}\log\sigma_u^2\right) \end{aligned}$$

$\beta = (\beta_1,\cdots,\beta_p)$와 σ_u^2에 대해 편미분함으로써 다음의 스코어 방정식이 유도된다.

$$S(\beta_k \mid Y,U) = \sum_{i=1}^{n}\sum_{j=1}^{m_i} X_{ijk}(y_{ij}-\mu_{ij}) = 0, \quad k = 1,\cdots,p$$

$$S(\sigma_u^2|Y,U) = \frac{1}{2\sigma_u^2}\sum_{i=1}^{n}U_i^2 - \frac{n}{2\sigma_u^4} = 0$$

여기서 $\mu_{ij} = E(y_{ij}|U_i) = p_{ij} = \exp(x_{ij}'\beta + U_i)/[1+\exp(x_{ij}'\beta + U_i)]$. 그러나 실제 U_i는

알려져 있지 않으므로, μ_{ij}와 U_i^2은 미지(unknown)의 값이다. 이에 대한 문제를 해결하기 위해 EM(Expectation-Maximization) 알고리즘이 적용된다. E-step에서는 미지의 랜덤효과와 랜덤효과의 함수를 구하기 위해 조건부평균을 계산한다. 여기서 적분은 닫힌 형태를 가지지 못하기 때문에 앞에서 설명한 Gaussian Quadrature와 Laplace approximation과 같은 수치적분 또는 MCMC 기법을 적용한다. 다음으로 M-step에서는 Newton-Raphson 알고리즘, Fisher's scoring과 같은 최대화 기법을 이용하여 최대우도추정량을 구하게 된다.

이제 모형 (6.1)에 랜덤 기울기(random slope)를 추가하여 다음의 확장된 모형을 고려해 보자.

$$\Pr(Y_{ij}=1|U_{i0},U_{i1}) = \frac{\Pr(Y_{ij}=1|U_{i0},U_{i1})}{\Pr(Y_{ij}=0|U_{i0},U_{i1})} = \beta_0^* + U_{i0} + U_{i1}t_{ij} + \beta_1^* X_{ij} \qquad (6.4)$$

다음은 ICHS 자료분석을 위해 SAS의 glimmix를 적용한 결과이다.

분석 1.1: SAS | 랜덤 절편

SAS의 proc glimmix에서는 적분을 위해 구적분을 사용한다. 여기서 구적점 수의 디폴트값은 7이다. 만약 그 수를 조정하기를 원한다면 METHOD=QUAD(QPOINTS=11)처럼 원하는 구적점 수를 명시할 수 있다.

```
proc glimmix data=infection method=quad;
class id ;
model infection(desc)=vita time age gender/s dist=binary link=logit;
random  intercept /subject=id type=un ;
run;
```

Data Set	WORK.INFECTION
Response Variable	infection
Response Distribution	Binary
Link Function	Logit
Variance Function	Default
Variance Matrix Blocked By	id
Estimation Technique	Maximum Likelihood
Likelihood Approximation	Gauss-Hermite Quadrature
Degrees of Freedom Method	Containment

Class Level Information

Class	Levels	Values
id	250	1 2 3 4 5 6 7 8 9 10 11 12 13 14 15 16 17 18 19 20 21 22 23 24 25 26 27 28 29 30 31 32 33 34 35 36 37 38 39 40 41 42 43 44 45 46 47 48 49 50 51 52 53 54 55 56 57 58 59 60 61 62 63 64 65 66 67 68 69 70 71 72 73 74 75 76 77 78 79 80 81 82 83 84 85 86 87 88 89 90 91 92 93 94 95 96 97 98 99 100 101 102 103 104 105 106 107 108 109 110 111 112 113 114 115 116 117 118 119 120 121 122 123 124 125 126 127 128 129 130 131 132 133 134 135 136 137 138 139 140 141 142 143 144 145 146 147 148 149 150 151 152 153 154 155 156 157 158 159 160 161 162 163 164 165 166 167 168 169 170 171 172 173 174 175 176 177 178 179 180 181 182 183 184 185 186 187 188 189 190 191 192 193 194 195 196 197 198 199 200 201 202 203 204 205 206 207 208 209 210 211 212 213 214 215 216 217 218 219 220 221 222 223 224 225 226 227 228 229 230 231 232 233 234 235 236 237 238 239 240 241 242 243 244 245 246 247 248 249 250

Number of Observations Read	1500
Number of Observations Used	1500

Response Profile

Ordered Value	infection	Total Frequency
1	1	444
2	0	1056

The GLIMMIX procedure is modeling the probability that infection='1'.

Dimensions

G-side Cov. Parameters	1
Columns in X	5
Columns in Z per Subject	1
Subjects (Blocks in V)	250
Max Obs per Subject	6

The GLIMMIX Procedure

Optimization Information

Optimization Technique	Dual Quasi-Newton
Parameters in Optimization	6
Lower Boundaries	1
Upper Boundaries	0
Fixed Effects	Not Profiled
Starting From	GLM estimates
Quadrature Points	7 ① 구적점(디폴트 7)

Iteration History

Iteration	Restarts	Evaluations	Objective Function	Change	Max Gradient
0	0	4	1383.5750304	.	311.3643
1	0	4	1378.4942883	5.08074202	118.571
2	0	3	1370.3089285	8.18535980	23.513
3	0	4	1347.9577513	22.35117729	84.26237
4	0	4	1336.9303904	11.02736085	52.87863
5	0	4	1333.7421533	3.18823709	10.38892
6	0	3	1333.3981093	0.34404404	3.43404
7	0	3	1333.2931251	0.10498420	2.878442
8	0	3	1333.2641949	0.02893013	2.666657
9	0	3	1333.2585408	0.00565416	0.822635
10	0	3	1333.2563924	0.00214837	1.380692
11	0	2	1333.2540025	0.00238993	0.168949
12	0	3	1333.2539669	0.00003554	0.03171
13	0	3	1333.2539629	0.00000401	0.001728

Convergence criterion (GCONV=1E-8) satisfied.

Fit Statistics

-2 Log Likelihood	1333.25
AIC (smaller is better)	1345.25
AICC (smaller is better)	1345.31
BIC (smaller is better)	1366.38
CAIC (smaller is better)	1372.38
HQIC (smaller is better)	1353.76

Fit Statistics for Conditional Distribution

-2 log L(infection | r. effects)	821.99
Pearson Chi-Square	707.51
Pearson Chi-Square / DF	0.47

Covariance Parameter Estimates

Cov Parm	Subject	Estimate	Standard Error
UN(1,1)	id	7.8052	1.3560

The GLIMMIX Procedure

Solutions for Fixed Effects

Effect	Estimate	Standard Error	DF	t Value	Pr > |t|
Intercept	-1.1521	0.5333	246	-2.16	0.0317
vita	0.5991	0.4321	1249	1.39	0.1659
time	0.03409	0.01599	1249	2.13	0.0332
age	-0.1404	0.1091	1249	-1.29	0.1982
gender	-1.0926	0.4208	1249	-2.60	0.0095

분석 1.2: SAS | 랜덤 절편+랜덤 기울기

```
proc glimmix data=infection method=quad;
class id ;
model infection(desc)=vita time age gender/s dist=binary link=logit;
random  intercept time/subject=id type=un ;
run
```

Fit Statistics

-2 Log Likelihood	1332.14
AIC (smaller is better)	1348.14
AICC (smaller is better)	1348.23
BIC (smaller is better)	1376.31
CAIC (smaller is better)	1384.31
HQIC (smaller is better)	1359.48

Fit Statistics for Conditional Distribution

-2 log L(infection | r. effects)	781.74
Pearson Chi-Square	650.31
Pearson Chi-Square / DF	0.43

Covariance Parameter Estimates

Cov Parm	Subject	Estimate	Standard Error
UN(1,1)	id	9.3116	2.5752
UN(2,1)	id	-0.08295	0.1319
UN(2,2)	id	0.005452	0.005997

Solutions for Fixed Effects

Effect	Estimate	Standard Error	DF	t Value	Pr > |t|
Intercept	-1.2218	0.5622	246	-2.17	0.0307
vita	0.6027	0.4474	1000	1.35	0.1782

```
    time          0.04199     0.02448    249        1.72     0.0876
    age          -0.1506      0.1135    1000       -1.33     0.1850
    gender       -1.1147      0.4352    1000       -2.56     0.0106
```

분석 2.1: R | 랜덤 절편

R에서 GLMM을 적용하기 위해 lme4 패키지에 있는 glmer 함수를 적용한다. 적분 처리를 위한 디폴트는 Laplace 방법이다. 아래 결과는 구적법인 AGQ를 적용한 결과이며 SAS 결과와 동일함을 확인하기 위해 구적점을 7로 두었다(nAGQ=7).

```
> fit2_agq<-glmer(RESPONSE~TIME+VITA+GENDER+AGE+(1|ID), data = ichs, nAGQ = 7,
family =binomial)
> summary(fit2_agq)
Generalized linear mixed model fit by maximum likelihood (Adaptive Gauss-Hermite
Quadrature, nAGQ = 7) ['glmerMod']
 Family: binomial  ( logit )
Formula: RESPONSE ~ TIME + VITA + GENDER + AGE + (1 | ID)
   Data: ichs

     AIC       BIC    logLik   deviance    df.resid
  1345.3    1377.1    -666.6     1333.3        1494

Scaled residuals:
    Min        1Q   Median       3Q      Max
-2.1761   -0.3864  -0.1750   0.2967   2.6900

Random effects:
 Groups Name         Variance  Std.Dev.
 ID     (Intercept)   7.806     2.794
Number of obs: 1500, groups:  ID, 250

Fixed effects:
                Estimate    Std. Error    z value    Pr(>|z|)
(Intercept)     -1.15209     0.53337      -2.160     0.03077  *
TIME             0.03410     0.01599       2.133     0.03296  *
VITA             0.59914     0.43218       1.386     0.16565
```

```
GENDER        -1.09267     0.42083     -2.596     0.00942  **
AGE           -0.14040     0.10908     -1.287     0.19802
```

SAS 결과와 동일함을 확인할 수 있다. 다음은 디폴트인 Laplace 근사를 이용한 결과이다.

```
================================================================================
> fit2<-glmer(RESPONSE~TIME+VITA+GENDER+AGE+(1|ID), data = ichs,family = binomial)
> summary(fit2)
Generalized linear mixed model fit by maximum likelihood (Laplace Approximation)
['glmerMod']
 Family: binomial  ( logit )
Formula: RESPONSE ~ TIME + VITA + GENDER + AGE + (1 | ID)
   Data: ichs

     AIC       BIC    logLik  deviance  df.resid
  1356.7     388.5    -672.3    1344.7      1494

Scaled residuals:
    Min       1Q   Median       3Q      Max
-2.1543  -0.3835  -0.1748   0.3054   2.7126

Random effects:
 Groups Name        Variance Std.Dev.
 ID     (Intercept)   7.422    2.724
Number of obs: 1500, groups:  ID, 250

Fixed effects:
              Estimate  Std. Error  z value   Pr(>|z|)
(Intercept)   -1.17278     0.53058   -2.210   0.02708  *
TIME           0.03365     0.01587    2.120   0.03400  *
VITA           0.63254     0.42912    1.474   0.14047
GENDER        -1.15364     0.41948   -2.750   0.00596  **
AGE           -0.14792     0.10809   -1.368   0.17116
```

분석 2.2: R 랜덤 절편+랜덤 기울기

```
> fit22<-glmer(RESPONSE~TIME+VITA+GENDER+AGE+(TIME|ID), data = ichs,family =
  binomial)

> summary(fit22)
Generalized linear mixed model fit by maximum likelihood (Laplace Approximation)
['glmerMod']
 Family: binomial  ( logit )
Formula: RESPONSE ~ TIME + VITA + GENDER + AGE + (TIME | ID)
   Data: ichs

     AIC       BIC     logLik    deviance   df.resid
  1360.4    1402.9    -672.2      1344.4       1492

Scaled residuals:
    Min        1Q    Median        3Q       Max
-2.0868   -0.3699   -0.1718    0.3088    2.5999

Random effects:
 Groups Name        Variance  Std.Dev.  Corr
 ID     (Intercept)  8.46162  2.90889
        TIME         0.00125  0.03535  -0.66
Number of obs: 1500, groups:  ID, 250

Fixed effects:
            Estimate   Std. Error   z value    Pr(>|z|)
(Intercept) -1.22602    0.54800     -2.237     0.02527  *
TIME         0.04391    0.02567      1.711     0.08714  .
VITA         0.61206    0.43244      1.415     0.15696
GENDER      -1.14436    0.42228     -2.710     0.00673  **
AGE         -0.15822    0.10950     -1.445     0.14848
```

위 결과를 통해 랜덤 절편만을 포함한 모형이 더 작은 AIC를 가짐을 알 수 있다. 즉, 어린이들의 질병 발생 패턴은 이질적이라고 할 수 없다. 랜덤 절편만을 포함한 모형의 결과를 통해 두 가지 유의한 변수(time, gender)가 호흡기 질환과 관련이 있음을 알 수 있다. 즉, 시간이 지날수록 호흡기 질환 발생 가능성이 증가하며 남자 어린이의 발생 가능성이 더 낮음을 알 수 있다. 이러한 유의성 여부는 5.5.1절의 주변모형의 GEE 분석과 같은 결과를 보여 준다.

6.3.2 명목형 경시적 자료를 분석하기 위한 혼합모형

명목형 경시적 자료를 분석하기 위해서는 기준(reference) 범주가 선택되어야 한다. 일반적으로 맨 처음 또는 맨 마지막 범주가 기준 범주로 사용된다. 따라서 K개의 범주가 있을 때, 다음의 $K-1$개의 다범주 로지스틱 모형이 고려된다.

$$\log \frac{\Pr(Y_{ij}=k|U_i)}{\Pr(Y_{ij}=K|U_i)} = \beta_{0k} + U_{ik} + \beta_{1k}X_{ij}, \qquad k=1,\cdots,K-1$$

여기서 기준 범주는 마지막 범주가 사용되었으며 $K-1$개의 모형마다 각각의 회귀계수가 사용된다.

예 6.2 **정신질환자에 대한 임대 복지정책의 효과 연구**7)

예를 들어 361명의 정신질환을 가진 노숙자들을 대상으로 임대비를 무료로 제공하는 section8 프로그램이 그들의 주거 형태에 어떤 영향을 주었는지를 조사하고자 한다. 조사 시점은 연구 시작(= 0) 이후 6, 12, 24개월이며 거주 형태는 다음 세 가지 중 한 가지가 된다.

(i) 노숙/임시보호소(street,shelter) (Y = 0)

(ii) 시설/요양 기관(community) (Y =1)

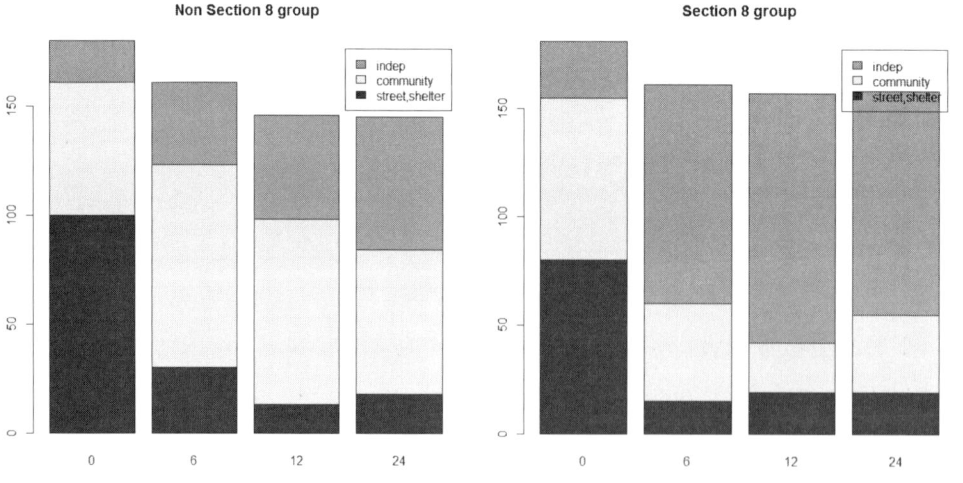

그림 6.1 처리 그룹별 관측 기간 동안 노숙자들의 거주 형태

7) Hedeker &Gibsson (2006). Longitudinal Data Analysis

(iii) 독립적인 임대 주택(independent rental) (Y = 2)

<그림 6.1>에 의하면 연구 초기 시점에는 50% 이상이 노숙을 하거나 임시 쉼터에 거주하였으며 6개월 시점에는 그중 많은 사람들이 독립적인 임대 거주지로 이동하였음을 알 수 있다. 본 연구의 주관심은 복지 정책인 section8 임대 보증(HUD section8 rental certificate)이 참여자의 거주 유형 변화에 영향을 주었는지를 검증하고자 한다. 연구 초기에 181명과 180명이 각각 임대 보증 참여 그룹과 비참여 그룹에 포함되었다. 조사 시점마다 주거 형태를 다시 조사해 본 결과 <그림 6.1>에서 볼 수 있는 것처럼 연구 시작 시점에는 두 그룹이 비슷한 거주 분포를 보였지만 시간이 갈수록 section8 임대 보증 그룹에서 독립 임대 거주자의 비율이 훨씬 많이 증가함을 알 수 있다. 본 연구에서는 두 그룹의 시간별 변화 추세를 통계적으로 검정한다.

여기서 각 조사 시점에서의 Section8 임대 보증 여부의 효과를 별도로 조사하기 위해 각 시점을 그룹화 변수로 간주하였다. Time1, Time2, Time3은 6개월, 12개월, 24개월과 관련된 지시함수이며, Sect8T1, Sect8T2, Sect8T3은 각 시점에서 임대 보증 프로그램 참여에 대한 지시함수이다.

분석 1 랜덤효과를 무시하고 고정효과만 적용

(R에서는 nnet 패키지에 있는 multinom 함수를 사용하거나 SAS에서는 proc logistic에서 LINK=GLOGIT이 적용하여 분석한다.)

◎ R 프로그램

```
>library(nnet)
> homeless<-read.table("c:\\data\\sdhouse.dat.txt", col.names=c("id","housing","int",
  "Section8", "Time1","Time2","Time3","Sect8T1","Sect8T2","Sect8T3","NonSect8","LinTime",
  "S8LinT"))

> homeless<-homeless[homeless$housing<999,]  #결측자료는 제외함

>fit<-multinom(housing~Time1+Time2+Time3+Section8+Sect8T1+Sect8T2+Sect8T3,
data=homeless)
> summary(fit)
Coefficients:
  (Intercept)    Time1     Time2     Time3  Section8     Sect8T1     Sect8T2     Sect8T3
1  -0.4942766 1.625703 2.371974 1.793519 0.4297272 -0.4626573 -2.11641601 -1.08988626
```

```
2  -1.6607897 1.897203 2.967047 2.881251 0.5368260  1.1337203 -0.04260616 -0.06697379

Std. Errors:
   (Intercept)     Time1      Time2      Time3   Section8   Sect8T1   Sect8T2   Sect8T3
1   0.1624596 0.2654803 0.3392358 0.3116060 0.2285309 0.4303434 0.4868514 0.4509347
2   0.2502692 0.3496918 0.4004883 0.3668539 0.3370416 0.4998077 0.5221872 0.4978807

Residual Deviance: 2353.046
AIC: 2385.046
```

먼저 랜덤효과를 고려하지 않고 개체내 관측치들은 서로 독립이라고 가정하며 일반화 선형모형(GLM)을 적용해보았다. 기준 범주를 ($Y=0$; 노숙, 임시 보호소)로 두고 두 개의 로짓 모형을 정의한다. $i=1,\cdots,361$, $j=1,\cdots,4$에 대하여

$$\log\frac{\Pr(Y_{ij}=1)}{\Pr(Y_{ij}=0)}=\beta_{01}+\beta_{11}I(t_{ij}=6)+\beta_{21}I(t_{ij}=12)+\beta_{31}I(t_{ij}=24) \quad (6.3.1)$$
$$+\beta_{41}I(Sec8)+\beta_{51}I(Sec8)I(t_{ij}=6)+\beta_{61}I(Sec8)I(t_{ij}=12)$$
$$+\beta_{71}I(Sec8)I(t_{ij}=24)$$

$$\log\frac{\Pr(Y_{ij}=2)}{\Pr(Y_{ij}=0)}=\beta_{02}+\beta_{12}I(t_{ij}=6)+\beta_{22}I(t_{ij}=12)+\beta_{32}I(t_{ij}=24) \quad (6.3.2)$$
$$+\beta_{42}I(Sec8)+\beta_{52}I(Sec8)I(t_{ij}=6)+\beta_{62}I(Sec8)I(t_{ij}=12)$$
$$+\beta_{72}I(Sec8)I(t_{ij}=24)$$

즉, (6.3.1) 모형에서는 (노숙/임시 보호소(Y=0)와 시설/요양 기관(Y=1))의 시간별 변화와 임대 보증(section8)의 시간별 효과를 추정하게 된다. (6.3.2) 모형에서는 (노숙/임시 보호소(Y=0)와 독립적인 임대 주택(Y=2))에 대해 동일한 효과를 추정한다.

위 모형에서 $I(Sec8)$와 관련된 회귀계수는 section8의 그룹과 비그룹과의 차이를 추정하는 것이다. 여기서 $I(\text{sec}8)$이 없는 회귀계수는 section8에 참여하지 않은 그룹과 관련된 효과를 보여준다. (6.3.1)에서 $\beta_{01},\beta_{11},\beta_{21},\beta_{31}$은 section8 비참여 그룹의 Y=0과 Y=1의 분포의 변화를 보여준다. $\beta_{41},\beta_{51},\beta_{61},\beta_{71}$은 section8 그룹과 section8 비참여 그룹 간의 두 거주 형태의 차이를 각각 보여준다. 보다 자세한 해석을 위해 다음 SAS 프로그램의 결과를 이용하겠다.

```
DATA homeless;
INFILE 'C:\data\sdhouse.dat';
INPUT Id Housing Int Section8 Time1 Time2 Time3 Sect8T1 Sect8T2 Sect8T3  NonSect8
LinTime S8LinT ;
IF Housing = 999 then Housing = .;   ##결측자료

PROC LOGISTIC DATA=homeless;
MODEL Housing(REF=FIRST) = Time1 Time2 Time3 Section8 Sect8T1 Sect8T2 Sect8T3 /
LINK=GLOGIT;
RUN;
```

Model Information

Data Set	WORK.HOMELESS
Response Variable	Housing
Number of Response Levels	3
Model	generalized logit
Optimization Technique	Newton-Raphson

Number of Observations Read	1448
Number of Observations Used	1289

Response Profile

Ordered Value	Housing	Total Frequency
1	0	294
2	1	484
3	2	511

Logits modeled use Housing=0 as the reference category. ①

NOTE: 159 observations were deleted due to missing values for the response or explanatory variables.

Model Convergence Status

Convergence criterion (GCONV=1E-8) satisfied.

Model Fit Statistics

Criterion	Intercept Only	Intercept and Covariates
AIC	2766.889	2385.046

SC	2777.212	2467.632
-2 Log L	2762.889	2353.046

Testing Global Null Hypothesis: BETA=0

Test	Chi-Square	DF	Pr > ChiSq
Likelihood Ratio	409.8431	14	<.0001
Score	415.5452	14	<.0001
Wald	348.6076	14	<.0001

Type 3 Analysis of Effects ②

Effect	DF	Wald Chi-Square	Pr > ChiSq	
Time1	2	45.9228	<.0001	(i)
Time2	2	63.4734	<.0001	
Time3	2	64.0195	<.0001	
Section8	2	4.7265	0.0941	(ii)
Sect8T1	2	13.4379	0.0012	(iii)
Sect8T2	2	28.7735	<.0001	
Sect8T3	2	8.2911	0.0158	

The LOGISTIC Procedur

Analysis of Maximum Likelihood Estimates ③

Parameter	Housing	DF	Estimate	Standard Error	Wald Chi-Square	Pr > ChiSq
Intercept	1	1	-0.4943	0.1625	9.2572	0.0023
Intercept	2	1	-1.6607	0.2503	44.0357	<.0001
Time1	1	1	1.6257	0.2655	37.4988	<.0001
Time1	2	1	1.8971	0.3497	29.4328	<.0001
Time2	1	1	2.3720	0.3392	48.8905	<.0001
Time2	2	1	2.9670	0.4005	54.8856	<.0001
Time3	1	1	1.7936	0.3116	33.1299	<.0001
Time3	2	1	2.8812	0.3669	61.6843	<.0001
Section8	1	1	0.4298	0.2285	3.5363	0.0600
Section8	2	1	0.5368	0.3370	2.5367	0.1112
Sect8T1	1	1	-0.4625	0.4304	1.1552	0.2825

Sect8T1	2	1	1.1339	0.4998	5.1467	0.0233
Sect8T2	1	1	-2.1164	0.4869	18.8975	<.0001
Sect8T2	2	1	-0.0426	0.5222	0.0066	0.9350
Sect8T3	1	1	-1.0900	0.4509	5.8424	0.0156
Sect8T3	2	1	-0.0670	0.4979	0.0181	0.8929

①을 통해 기준 범주가 $Y=0$(노숙/임시 보호소)임을 알 수 있다. Model 문에서 (REF=)를 이용하여 기준 범주를 바꿀 수 있다. 여기서 기준 범주의 선택은 결과 해석에 용이하게 연구자가 원하는 대로 바꾸는 것이 좋다. ②의 분산분석 결과는 각각 다음과 같이 해석된다. (i) TIME1-TIME3에 관한 검정은 section8 비참여 그룹의 시간별 주거 분포 변화 존재 여부를 검정한다. 예를 들어, 연구 시작 시점에 비해 6개월 시점에서 Section8 비참여 그룹에 속한 사람들의 주거 변화가 존재하는지를 검정한다. 즉, (6.3.1)과 (6.3.2) 모형에서 $I(t_{ij}=6)$과 관련된 회귀계수는 6개월 시점에서의 주거 변화에 대한 유의성 ($H_0:\beta_{11}=\beta_{12}=0$)을 검정한다. $\chi^2=45.92$, p-value<0.001이므로 귀무가설은 기각되며 6개월 시점에 변화되었음을 의미한다. 비슷하게 section8 비참여 그룹에 대해 12개월 시점에 주거 변화를 검정하기 위해 $H_0:\beta_{21}=\beta_{22}=0$에 대한 검정 결과 ($\chi^2=63.47$, p-value<0.001)가 적용된다. 또한, 24개월 시점에 대해서는 $H_0:\beta_{31}=\beta_{32}=0$에 대한 검정 결과 ($\chi^2=64.0196$, p-value<0.001)가 사용된다. 즉 section8 비참여 그룹은 연구 시작 시점 이후로 거주지 유형에 변화를 보였음을 알 수 있다. 이제 section8 프로그램의 효과를 검토해 보자. (ii) section8은 연구 시작 시점(t=0)에서 section8 참여 그룹과 비참여 그룹의 주거 형태의 차이를 검토한다. $H_0:\beta_{41}=\beta_{42}=0$에 대해 $\chi^2=4.72$이며 p-value=0.0941로 연구 시작 시점에는 두 처리 그룹의 주거 형태가 서로 비슷함을 알 수 있다. 이는 <그림 6.1>에서 확인될 수 있다. 이제 sect8T1-sect8T3에 관한 검정 결과를 해석해보자. (iii) Section8에 참여 그룹이 비참여 그룹과 비교하여 6개월(χ^2=13.43, p-value=0.0012), 12개월(χ^2=28.77, p-value <0.001) 그리고 24개월(χ^2=8.29, p-value=0.00158)에 유의적인 차이가 존재함을 알 수 있다. 즉, 모든 시점에서 비참여 그룹과는 다른 주거 패턴을 가짐을 알 수 있다.

세 가지 수준을 가지는 명목형 경시적 자료에 대해서 쌍으로 비교를 원할 수 있다. 즉 (Y=0, Y=1) (Y=0, Y=2)에 대해 프로그램 효과를 검정하기 위해 ③의 추정치를 이용해보자. 이를 위해, 회귀계수의 유의성 여부는 일단 고려하지 않고 모형 (6.3.1)과 (6.3.2)의 추정식을 다음과 같이 표현할 수 있다. 여기서 $j=1,2,3,4$

$$\log\frac{\Pr(Y_{ij}=1)}{\Pr(Y_{ij}=0)} = -0.4943 + 1.6257I(t_{ij}=6) + 2.372I(t_{ij}=12) + 1.7936I(t_{ij}=24) + 0.4298I(Sec8) - 0.4625I(Sec8)I(t_{ij}=6) - 2.1164I(Sec8)I(t_{ij}=12) - 1.090I(Sec8)I(t_{ij}=24) \quad (6.3.1)^*$$

$$\log\frac{\Pr(Y_{ij}=2)}{\Pr(Y_{ij}=0)} = -1.6607 + 1.8971I(t_{ij}=6) + 2.967I(t_{ij}=12) + 2.8812I(t_{ij}=24) + 0.5368I(Sec8) + 1.1339I(Sec8)I(t_{ij}=6) - 0.0426I(Sec8)I(t_{ij}=12) - 0.067I(Sec8)I(t_{ij}=24) \quad (6.3.2)^*$$

식 (6.3.1)*은 시설/요양 기관(Y=1)과 노숙/임시 보호소(Y=0)의 주거 형태를 비교하기 위한 모형의 추정 결과이다. 절편 추정치(intercept) $\hat{\beta}_{01} = -0.4943 < 0$은 연구 시작 시점에서 section8 비참여 그룹의 두 거주 형태의 차이를 추정한다. p-value=0.0023이며 음의 값을 가지므로 Y=0(노숙, 임시 보호소)에 거주하는 사람들이 Y=1(시설, 요양 기관)보다 더 많음을 의미한다. β_{11}에 대한 추정치는 $\hat{\beta}_{11} = 1.6257$이며 $H_0 : \beta_{11} = 0$에 대한 검정통계량은 $\chi^2 = 37.4988$이고 p-value< 0.001로 귀무가설을 기각하게 된다. 즉, section8 비참여 그룹($x=0$)에 대한 연구 시작 시점에 비해 6개월 시점($j=2$)에서 두 거주지의 변화 확률을 구할 수 있다.

$$\log\frac{\Pr(Y_{i2}=1|x_i=0)}{\Pr(Y_{i2}=0|x_i=0)} = -0.4943 + 1.6257 = 1.1314 \quad (6.3.3)$$

즉, 6개월 시점에 section8 비참여한 사람이 Y=1(시설/요양 기관)에 거주할 확률은 Y=0(노숙/임시 보호소)에 거주할 확률의 exp(1.1314)=3.099배로 추정된다. 비슷한 방법으로 나머지 두 시점의 회귀계수($\hat{\beta}_{21} = 2.372$, $\hat{\beta}_{31} = 1.7936$)를 이용할 수 있다. 관련된 회귀계수는 모두 유의한 p-value를 가지므로 연구 초기와는 다른 패턴을 가지므로 회귀계수값을 반영한다. 즉, 12개월 시점에는 exp(-0.4943+2.327)=6.25배이며, 24개월 때는 exp(−0.4943+1.7936)=3.666배가 된다. 이제 non-section8과 비교하여 Y=0과 Y=1의 분포에 대한 section8(X=1)의 효과를 검토해 보자. 연구 시작 시점에서는 section8 참여 그룹과 비참여 그룹 간 거주 형태 분포는 차이가 없음을 알 수 있다($\hat{\beta}_{41} = 0.4298$, p-value=0.060). 연구 시작 후 6개월이 지난 후에, 프로그램 참여 여부는 두 거주 형태 분포에서 차이가 없음을 알 수 있다. 즉, $\hat{\beta}_{51} = -0.4625$(p-value= 0.2825)는 section8 참여 그룹과 비참여 그룹이 동일한 패턴을 가짐을 의미한다. 하지만

12개월과 24개월은 section8 참여 그룹은 비참여 그룹과 비교하였을 때, 다른 패턴을 가짐을 알 수 있다. 즉, 12개월($j=3$)에 두 거주지의 변화 확률은

$$\log\frac{\Pr(Y_{i3}=1|x_i=1)}{\Pr(Y_{i3}=0|x_i=1)}=-0.4943+2.3720+0.4298-2.1164=0.1911 \qquad (6.3.4)$$

으로 section8 참여한 사람이 12개월 시점에 시설/요양 시설에 거주할 확률은 노숙/임시 보호소에 거주할 확률의 exp(0.1911)=1.210배로 추정된다. 24개월에는

$$\log\frac{\Pr(Y_{i4}=1|x_i=1)}{\Pr(Y_{i4}=0|x_i=1)}=-0.4943+1.7936+0.4298-1.0900=0.6391$$

로 exp(0.6391)=1.8947배로 훨씬 더 증가함을 알 수 있다. 이제 Y=0(노숙/임시 보호소)과 Y=2(독립적인 임대 주택) 거주 여부에 대해 section8 프로그램의 효과를 검토해보자. 위 (6.3.3), (6.3.4)와 비슷한 방법으로 section8 프로그램 비참여자의 연구 초기, 6개월, 12개월 그리고 24개월 시점에서의 확률비는 다음과 같다.

$$\log\frac{\Pr(Y_{i1}=2|x_i=0)}{\Pr(Y_{i1}=0|x_i=0)}=-1.6607$$

연구 시작 시점에는 독립 임대 주택보다 노숙/임시 보호소 거주가 더 많았다. 하지만 6개월부터는

$$\log\frac{\Pr(Y_{i2}=2|x_i=0)}{\Pr(Y_{i2}=0|x_i=0)}=-1.6607+1.8971=0.2364$$

이고 12개월에서는

$$\log\frac{\Pr(Y_{i2}=2|x_i=0)}{\Pr(Y_{i2}=0|x_i=0)}=-1.6607+2.9670=1.3063$$

이고 24개월에서는

$$\log\frac{\Pr(Y_{i4}=2|x_i=0)}{\Pr(Y_{i4}=0|x_i=0)}=-1.6607+2.8812=1.2205$$

로 점점 더 독립 임대 주택으로 이전함을 알 수 있다. 이제 section8 프로그램 참여여부가 (Y=0과 Y=2)의 분포에 대해 시간별 변화를 가져오는지를 살펴보자. 연구 시작 시점

에는 $\hat{\beta}_{42}=0.5368$로 p-value=0.1112이며 프로그램 참여 그룹과 비참여 그룹의 분포가 동일함을 보여준다. 비슷한 방법으로 6개월을 제외하고 12, 24개월에도 section8 그룹 참여 여부는 Y=0과 Y=2 분포에 영향을 주지 않았다. 하지만 연구 시작 후 6개월 시점에서는 section8 참여한 사람이 비참여한 사람보다 Y=2(독립적인 임대 주택 거주)에 속할 확률이 증가한다.

$$\log\frac{\Pr(Y_{i2}=2|x_i=1)}{\Pr(Y_{i2}=0|x_i=1)}=-1.6607+1.8971+0.5368+1.1339=1.9071$$

이제 위 결과들을 종합해보면 연구 시작 시점에는 세 그룹의 소속 분포에 대해서는 참여 그룹 간에 차이가 없었다. 또한 프로그램 참여 여부와 상관없이 시작 이후 6개월, 12개월, 24개월에는 Y=0보다는 Y=1과 Y=2에 속할 확률이 증가함을 알 수 있다. 즉, section8 프로그램의 효과는 연구 후반부에서부터 Y=0과 Y=1 분포 차이를 보여주었다. 반면에 Y=0과 Y=2 분포에 대한 프로그램의 차이는 연구 초반(6개월)에서만 보여지며 이후에는 유의적인 효과가 없었다.

지금까지는 개체 내 연관 관계에 대해 독립성을 가정한 결과였다. 이제부터는 개체별 효과를 고려한 랜덤효과를 포함하여 재분석해보자.

분석 2 | 랜덤 절편만을 고려한 GLMM

$$\log\frac{\Pr(Y_{ij}=1|U_i)}{\Pr(Y_{ij}=0|U_i)}=X_{ij}'\beta_1+U_{i1},\ \log\frac{\Pr(Y_{ij}=2|U_i)}{\Pr(Y_{ij}=0|U_i)}=X_{ij}'\beta_2+U_{i2}$$

여기서 X_{ij}와 β_1,β_2는 식 (6.7.1)과 (6.7.2)에서 정의된 공변량 벡터와 해당되는 회귀계수 벡터이다. 아래 프로그램의 RANDOM intercept/subject=id group=housing의 의미는 각 id가 housing에 내포되었음을 의미한다. 명목형 자료에 대해서 반드시 명시하여야 한다.

```
PROC GLIMMIX DATA=homeless  METHOD=QUAD(QPOINTS=11) NOCLPRINT
CLASS Id housing;
MODEL Housing(REF=FIRST) = Time1 Time2 Time3 Section8 Sect8T1 Sect8T2 Sect8T3 /
SOLUTION DIST=MULTINOMIAL LINK=GLOGIT;
RANDOM INTERCEPT / SUBJECT=id  group=housing ;
RUN;
```

Model Information

Data Set	WORK.HOMELESS
Response Variable	Housing
Response Distribution	Multinomial (nominal)
Link Function	Generalized Logit
Variance Function	Default
Variance Matrix Blocked By	Id
Estimation Technique	Maximum Likelihood
Likelihood Approximation	Gauss-Hermite Quadrature
Degrees of Freedom Method	Containment

Number of Observations Read	1448
Number of Observations Used	1289

Fit Statistics

-2 Log Likelihood	2214.35
AIC (smaller is better)	2250.35
AICC (smaller is better)	2250.89
BIC (smaller is better)	2320.35
CAIC (smaller is better)	2338.35
HQIC (smaller is better)	2278.18

Fit Statistics for Conditional Distribution

-2 log L(Housing | r. effects)	1496.77

Covariance Parameter Estimates

Cov Parm	Subject	Group		Estimate	Standard Error
Intercept	Id	Housing	1	1.0988	0.3250
Intercept	Id	Housing	2	3.2492	0.6739

Solutions for Fixed Effects

Effect	Housing	Estimate	Standard Error	DF	t Value	Pr > |t|
Intercept	1	-0.6348	0.1984	718	-3.20	0.0014
Intercept	2	-2.5998	0.3531	718	-7.36	<.0001
Time1	1	1.9137	0.2987	555	6.41	<.0001
Time1	2	2.3319	0.4097	555	5.69	<.0001
Time2	1	2.6863	0.3732	555	7.20	<.0001
Time2	2	3.6770	0.4683	555	7.85	<.0001
Time3	1	1.9817	0.3418	555	5.80	<.0001
Time3	2	3.7346	0.4440	555	8.41	<.0001
Section8	1	0.5184	0.2758	555	1.88	0.0607
Section8	2	0.6745	0.4453	555	1.51	0.1305
Sect8T1	1	-0.6388	0.4685	555	-1.36	0.1732
Sect8T1	2	1.8862	0.5911	555	3.19	0.0015
Sect8T2	1	-2.4991	0.5344	555	-4.68	<.0001
Sect8T2	2	0.5556	0.6171	555	0.90	0.3683
Sect8T3	1	-1.2342	0.4905	555	-2.52	0.0121
Sect8T3	2	0.2562	0.5887	555	0.44	0.6637

Type III Tests of Fixed Effects

Effect	Num DF	Den DF	F Value	Pr > F
Time1	2	555	26.08	<.0001
Time2	2	555	36.27	<.0001
Time3	2	555	37.01	<.0001
Section8	2	555	2.43	0.0891
Sect8T1	2	555	10.85	<.0001
Sect8T2	2	555	18.48	<.0001
Sect8T3	2	555	5.14	0.0061

<표 6.1> 결과에 의하면 랜덤효과를 포함한 GLMM이 더 좋은 적합도를 가짐을 알 수 있다. <표 6.1>의 GLMM 결과를 이용하여 (6.3.1)과 (6.3.2)를 표현하면 다음과 같다.

$$\log\frac{\Pr(Y_{ij}=1|U_i)}{\Pr(Y_{ij}=0|U_i)} = -0.635 + 1.913I(t_{ij}=1) + 2.686I(t_{ij}=2) + 1.987(t_{ij}=3)$$
$$+ 0.518I(Sec8) - 0.638I(Sec8)I(t_{ij}=1) - 2.499I(Sec8)I(t_{ij}=2)$$
$$- 1.234I(Sec8)I(t_{ij}=3) + U_{i1}$$

표 6.1 명목형 경시적 자료의 GLM과 GLMM의 비교

	GLM				GLMM			
	Y=1 vs. Y=0		Y=2 vs. Y=0		Y=1 vs. Y=0		Y=2 vs. Y=0	
	est	p-value	est	p-value	estimate	p-value	estimate	p-value
절편	−0.494	0.002	−1.66	<0.001	−0.635	0.001	−2.599	<0.001
T1	1.625	<0.001	1.897	<0.001	1.913	<0.001	2.331	<0.001
T2	2.372	<0.001	2.967	<0.001	2.686	<0.001	3.677	<0.001
T3	1.793	<0.001	2.881	<0.001	1.987	<0.001	3.734	<0.001
SEC8	0.429	0.060	0.537	0.112	0.518	0.060	0.674	0.135
SEC8T1	−0.463	0.283	1.133	0.023	−0.638	0.173	1.886	0.001
SEC8T2	−2.116	<0.001	−0.042	0.935	−2.499	<0.001	0.555	0.368
SEC8T3	−1.090	0.0156	−0.067	0.893	−1.234	0.012	0.256	0.663
AIC	2385.05				2250.35			

$$\log\frac{\Pr(Y_{ij}=2|U_i)}{\Pr(Y_{ij}=0|U_i)}=-2.599+2.331I(t_{ij}=1)+3.677I(t_{ij}=2)+3.734(t_{ij}=3)$$
$$+0.674I(Sec8)+1.886I(Sec8)I(t_{ij}=1)+0.555I(Sec8)I(t_{ij}=2)$$
$$+0.256I(Sec8)I(t_{ij}=3)+U_{i2}$$

<그림 6.2>는 GLMM의 고정효과의 추정치를 이용하여 4개 시점에 대한 거주유형의 비율 추정치를 보여 준다. 두 그룹 모두 연구 초기에는 대부분의 사람들이 거리나 임시 쉼터(Y=0)에 머물러 있었다. 하지만 section8 프로그램에서는 초기 시점(6개월)부터 독립 임대 거주 형태(Y=2)의 비율이 다른 거주 형태의 비율보다 훨씬 높았으며 Non_section8 그룹은 시설(Y=1)에 거주하는 비율이 가장 높았으나 시간이 경과할수록

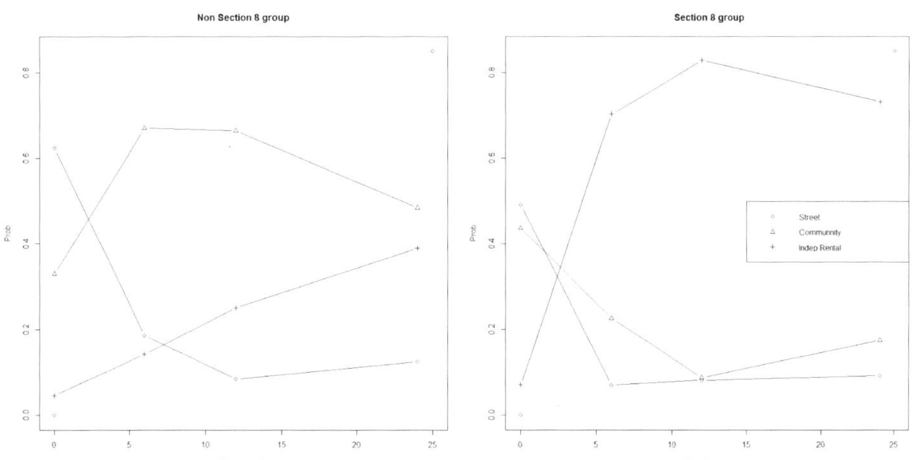

그림 6.2 GLMM 추정치를 이용하여 계산된 그룹별 관측 기간에서 거주 유형의 비율 추정치

비율이 감소하는 대신 독립 임대 주택 거주 유형이 증가함을 볼 수 있다. R 패키지에서 랜덤 효과를 포함한 다항 반응 모형을 분석하기 위해서는 mclogit이 적용될 수 있다.

```
library(mclogit);
fit1<-mblogit(as.factor(housing)~Time1+Time2+Time3+Section8+Sect8T1+Sect8T2+Sect8T3,
random=list(~1|id), data=homeless).
```

6.3.3 순서형 경시적 자료를 분석하기 위한 혼합모형

순서형 자료분석을 위해 흔히 적용되는 가정은 비례 오즈 모형으로 공변량의 효과는 모든 수준에서 동일함을 가정한다 (Argesti, 2013). $Y_{ij} = \{1, 2, \cdots, K\}$ 로 K개의 수준이 가능할 때,

$$\log\left[\frac{\Pr(Y_{ij} \le c)}{1-\Pr(Y_{ij} \le c)}\right] = \gamma_c + x_{ij}'\beta\ , \qquad c = \{1, 2, 3, \cdots, k-1\}$$

이며 여기서 c는 순서형 범주를 표현한다. 회귀계수에 대한 해석에서 주의할 사항은 $\beta < 0$은 공변량과 반응변수 간의 양의 관계를 의미한다는 것이다. 예를 들어, 공변량 (X)이 나이(age)라고 하고 반응변수가 질병의 고통정도(값이 클수록 고통이 심함을 의미)일 때, 음수의 β는 나이가 많을수록 고통이 심함을 의미한다. 만약 $\log\frac{P_r(Y \ge c)}{1-P_r(Y \ge c)}$ 로 정의되면 반대로 해석되어야 한다.

예제 **IMPS 자료(자료 3)**

우울증 환자를 대상으로 신약이 환자의 상태 호전에 도움을 주었는지를 알아보기 위해 108명의 위약 그룹과 329명으로 구성된 신약 그룹을 비교한다. 여기서 반응변수는 증상의 심각정도(imps79o)를 보여 주며 큰 값일수록 우울증이 심함을 의미하며 tx=1은 신약, tx=0은 위약을 의미한다. 본 자료의 반응변수는 순서형 다범주 자료로 누적 오즈(cumulative odds) 확률을 적용한다. 시간 효과와 그룹 효과와의 교호작용을 추정하기 위한 모형이 각각 적용된다.

```
DATA  imps
INFILE 'c:\data\sc1.txt.txt'
```

```
INPUT id imps79 imps79b imps79o int tx week sweek txswk ;
IF imps79 > -9; /*( -9로 코딩된 결측치 생략) */
run;
```

분석 1 랜덤효과를 포함하지 않은 GLM

$$\log\frac{\Pr(Y_{ij} \le k|U_i)}{1-\Pr(Y_{ij} \le k|U_i)} = \alpha_k + \beta_1 TX_{ij} + \beta_2\sqrt{week_{ij}} + \beta_3 TX_{ij}\sqrt{week_{ij}}$$

```
PROC LOGISTIC DESCENDING;
MODEL imps79o = tx sweek tx*sweek;
RUN;

                    Response Profile   ①

               Ordered                 Total
               Value    imps79o   Frequency

               1           4          527
               2           3          412
               3           2          474
               4           1          190

     Probabilities modeled are cumulated over the lower Ordered Values.
                    Model Convergence Status
            Convergence criterion (GCONV=1E-8) satisfied.

          Score Test for the Proportional Odds Assumption

              Chi-Square        DF       Pr > ChiSq

              16.6846            6          0.0105

                      Model Fit Statistics

                                              Intercept
                                 Intercept        and
              Criterion               Only   Covariates
```

AIC	4263.454	3768.195
SC	4279.593	3800.473
-2 Log L	4257.454	3756.195

Testing Global Null Hypothesis: BETA=0

Test	Chi-Square	DF	Pr > ChiSq
Likelihood Ratio	501.2591	3	<.0001
Score	444.5485	3	<.0001
Wald	435.8335	3	<.0001

The LOGISTIC Procedure

Analysis of Maximum Likelihood Estimates

Parameter	DF	Estimate	Standard Error	Wald Chi-Square	Pr > ChiSq	
Intercept 4	1	0.4221	0.1670	6.3844	0.0115	
Intercept 3	1	1.7601	0.1739	102.4940	<.0001	
Intercept 2	1	3.8072	0.1926	390.6295	<.0001	
tx	1	-0.00059	0.1917	0.0000	0.9975	②
sweek	1	-0.5366	0.1109	23.4109	<.0001	
tx*sweek	1	-0.7510	0.1279	34.4921	<.0001	

SAS 프로그램의 결과를 해석하기 전 가장 먼저 검토해야 할 사항은 ① “Response Profile”에서 보여주는 반응변수(imps79o)의 수준 값과 ordered value와의 일치 여부이다. 만약 일치한다면 $\beta > 0$는 공변량과 Y값 간에 음의 연관 관계를 의미하게 된다. 하지만 위 예에서처럼 반응변수의 수준 값과 ordered value가 서로 뒤집힌 경우에는, $\beta > 0$은 공변량과 Y값 간의 양의 연관 관계를 또는 $\beta < 0$은 음의 연관 관계를 의미한다. 이는 SAS 프로그램에서 DESCENDING이라는 옵션을 사용한 결과이다.

② 여기서 tx 변수의 회귀계수는 연구 시작점에 두 그룹의 증상 정도의 동일성을 추정한다. p-value=0.9975로 연구 시작 시점에 두 그룹의 증상 정도는 차이가 없음을 알 수 있다. 하지만 sweek와 tx*sweek의 회귀계수는 유의한 p-value를 가진다. 먼저 위약

그룹은 시간이 갈수록 상태가 호전($\hat{\beta}_2 = -0.5366$)되며, 교호작용 tx*sweek의 추정치 ($\hat{\beta}_3 = -0.7510$)의 유의성을 통해 신약 그룹은 상태 호전 정도가 위약 그룹보다 훨씬 더 좋음을 알 수 있다. 이제 위 경시적 자료에 대한 GLMM의 적용 예로 랜덤 절편과 랜덤 기울기를 각각 고려해 보자.

분석 2 랜덤 절편을 가진 GLMM

$$\log\frac{\Pr(Y_{ij} \le k|U_i)}{1-\Pr(Y_{ij} \le k|U_i)} = \alpha_k + \beta_1 TX_{ij} + \beta_2\sqrt{week_{ij}} + \beta_3 TX_{ij}\sqrt{week_{ij}} + U_i$$

구적법이 적용되었으며 구적점의 수로 21이 사용되었다. Proc GLMMIX에서 DIST= MULTINOMIAL과 연결함수 LINK=CUMLOGIT이 적용되었다⑤. 또한 GLM 모형과의 해석의 유사성을 위해 imps79o(DESC)가 적용되었다④. 이를 통해 $\hat{\beta} < 0$에 대한 해석은 음의 연관관계로 해석될 수 있다.

랜덤 절편 분산의 추정치는 3.77(표준오차=0.465)로 개인 간의 변이는 상당히 큼을 알 수 있다⑥. 고정효과의 유의성 여부는 GLM의 결과와 동일하였다. 랜덤효과를 포함한 모형의 AIC=3416.76는 GLM 모형의 AIC=3768.195보다 더 작은 값을 가지므로 더 적합하다고 할 수 있다.

```
  PROC GLIMMIX DATA=one METHOD=QUAD(QPOINTS=21); ③
  CLASS id;
④ MODEL imps79o(DESC) = tx sweek tx*sweek / SOLUTION DIST=MULTINOMIAL
LINK=CUMLOGIT; ⑤
   RANDOM INTERCEPT / SUBJECT=id;
   RUN;

                        The GLIMMIX Procedure

                          Model Information

        Data Set                      WORK.ONE
        Response Variable             imps79o
        Response Distribution         Multinomial (ordered)
        Link Function                 Cumulative Logit
        Variance Function             Default
```

Variance Matrix Blocked By	id
Estimation Technique	Maximum Likelihood
Likelihood Approximation	Gauss-Hermite Quadrature
Degrees of Freedom Method	Containment

Number of Observations Read	1603
Number of Observations Used	1603

Response Profile

Ordered Value	imps79o	Total Frequency
1	4	527
2	3	412
3	2	474
4	1	190

The GLIMMIX procedure is modeling the probabilities of levels of imps79o having lower Ordered Values in the Response Profile table.

Dimensions

G-side Cov. Parameters	1
Columns in X	6
Columns in Z per Subject	1
Subjects (Blocks in V)	437
Max Obs per Subject	5

Optimization Information

Optimization Technique	Dual Quasi-Newton
Parameters in Optimization	7
Lower Boundaries	1
Upper Boundaries	0
Fixed Effects	Not Profiled
Starting From	GLM estimates
Quadrature Points	21

Fit Statistics

-2 Log Likelihood	3402.76
AIC (smaller is better)	3416.76
AICC (smaller is better)	3416.83
BIC (smaller is better)	3445.32
CAIC (smaller is better)	3452.32
HQIC (smaller is better)	3428.03

Fit Statistics for Conditional Distribution

-2 log L(imps79o | r. effects)	2475.84

Covariance Parameter Estimates

Cov Parm	Subject	Estimate	Standard Error	
Intercept	id	3.7737	0.4652	⑥

Solutions for Fixed Effects

Effect	imps79o	Estimate	Standard Error	DF	t Value	Pr > |t|
Intercept	4	0.7085	0.2750	435	2.58	0.0103
Intercept	3	2.8265	0.2900	435	9.75	<.0001
Intercept	2	5.8593	0.3319	435	17.66	<.0001
tx		-0.05848	0.3137	1162	-0.19	0.8522
sweek		-0.7658	0.1308	1162	-5.86	<.0001
tx*sweek		-1.2061	0.1527	1162	-7.90	<.0001

Type III Tests of Fixed Effects

Effect	Num DF	Den DF	F Value	Pr > F
tx	1	1162	0.03	0.8522
sweek	1	1162	34.29	<.0001
tx*sweek	1	1162	62.42	<.0001

분석 3 | 랜덤 절편과 랜덤 기울기를 포함한 GLMM

개인별 변이와 추세별 변이를 고려하기 위해 랜덤 기울기를 포함할 수 있다.

$$\log\frac{\Pr(Y_{ij} \le k|U_i)}{1-\Pr(Y_{ij} \le k|U_i)} = \alpha_k + \beta_1 TX_{ij} + \beta_2\sqrt{week_{ij}} + \beta_3 TX_{ij}\sqrt{week_{ij}} + U_{i0} + U_{i1}\sqrt{week_{ij}}$$

위 모형에서 $\begin{pmatrix} U_{i0} \\ U_{i1} \end{pmatrix} \sim BVN(0, \begin{pmatrix} \sigma_1^2, \sigma_{12} \\ \sigma_{12}, \sigma_2^2 \end{pmatrix})$의 공분산 추정치를 얻기 위해⑦,

```
RANDOM INTERCEPT sweek / SUBJECT=id TYPE=UN GCORR SOLUTION
```

이 적용되며, $\hat{\sigma_1}^2 = 7.00$, $\hat{\sigma_2}^2 = 2.010$으로 모두 유의적인 값을 보여 준다. 즉, 환자별 기저 변이뿐만 아니라 시간별 변화 패턴도 서로 이질적임을 알 수 있다. 특히, 공분산의 음의 값 ($\hat{\sigma}_{12} = cov(U_{i0}, U_{i1}) = -1.510$)은 초기에 우울증이 심한 사람의 감소 폭이 우울증이 덜한 사람의 감소 폭보다 더 큼을 알 수 있다.

```
PROC GLIMMIX DATA=one METHOD=QUAD(QPOINTS=11) ;
CLASS id;
MODEL imps79o(DESC) = tx sweek tx*sweek / SOLUTION DIST=MULTINOMIAL
LINK=CUMLOGIT;
RANDOM INTERCEPT sweek / SUBJECT=id TYPE=UN GCORR SOLUTION
ODS LISTING EXCLUDE SOLUTIONR; ODS OUTPUT SOLUTIONR=ebest2;
RUN;
```

-2 Log Likelihood	3325.48
AIC (smaller is better)	3343.48
AICC (smaller is better)	3343.59
BIC (smaller is better)	3380.20
CAIC (smaller is better)	3389.20
HQIC (smaller is better)	3357.97

Fit Statistics for Conditional

Distribution

-2 log L(imps79o | r. effects) 1798.72

Estimated G Correlation Matrix

Effect	Row	Col1	Col2
Intercept	1	1.0000	-0.4026
sweek	2	-0.4026	1.0000

Covariance Parameter Estimates

Cov Parm	Subject	Estimate	Standard Error	
UN(1,1)	id	7.0023	1.3211	⑦
UN(2,1)	id	-1.5107	0.5329	
UN(2,2)	id	2.0104	0.4188	

Solutions for Fixed Effects

Effect	imps79o	Estimate	Standard Error	DF	t Value	Pr > |t|
Intercept	4	0.8133	0.3512	435	2.32	0.0210
Intercept	3	3.4194	0.3859	435	8.86	<.0001
Intercept	2	7.3210	0.4726	435	15.49	<.0001
tx		0.05651	0.3908	726	0.14	0.8851
sweek		-0.8829	0.2178	436	-4.05	<.0001
tx*sweek		-1.6945	0.2522	726	-6.72	<.0001

Type III Tests of Fixed Effects

Effect	Num DF	Den DF	F Value	Pr > F
tx	1	726	0.02	0.8851
sweek	1	436	16.43	<.0001
tx*sweek	1	726	45.16	<.0001

앞의 세 가지 모형을 요약 비교해 보면 <표 6.2>와 같다. 모형의 결과들은 크게 다르지 않다. 랜덤 절편과 랜덤 기울기를 포함한 모형이 가장 작은 AIC 값을 보여 준다.

표 6.2 순서형 경시적 자료의 GLM과 GLMM의 분석 결과

	GLM		GLMM(절편)		GLMM(절편+기울기)	
	Est	p-value	Est	p-value	Est	p-value
α_4	0.421	0.012	0.708	0.010	0.813	0.0210
α_3	1.761	<0.001	2.826	<0.001	3.419	<0.001
α_2	3.807	<0.001	5.859	<0.001	7.321	<0.001
β_1(TX)	−0.0005	0.997	−0.058	0.852	0.056	0.885
β_2(sweek)	−0.537	<0.001	−0.766	<0.001	−0.883	<0.001
β_3(TX*sweek)	−0.751	<0.001	−1.206	<0.001	−1.694	<0.001
AIC	3768.19		3416.76		3343.48	

6.3.4 계수형 경시적 자료에 대한 GLMM 적용

[자료 5]의 뇌전증환자에 대한 두 가지 약물의 비교 자료에 대해 일반화혼합모형을 적용해 보자. 59명의 환자 중 28명은 제어 그룹에 그리고 31명은 progabide 처리 그룹에 랜덤하게 배치되었다. 연구 시작 전 8주 동안 일어난 발작 총 횟수는 visit=0일 때 반응변수 값으로 코딩되어 있다.

```
> head(seiz)
   id seiz visit trt age weeks
1 104   11     0   0  31     8
2 104    5     1   0  31     2
3 104    3     2   0  31     2
4 104    3     3   0  31     2
5 104    3     4   0  31     2
6 106   11     0   0  30     8
```

연구 시작 후 5번 2주마다 발작 횟수를 관측하였다. 여기서 환자의 나이도 공변량으로 포함시킨다. 처음 8주와 그 이후 2주의 시간 간격이 동일하지 않아 다음의 율모형(rate model)을 적용한다.

$$\mu_{ij} = E(Y_{ij}) = t_{ij}\lambda_{ij}$$

Y_{ij}: t_{ij}까지 측정된 발작 총횟수 $t_{ij}=8 \quad t_{i2}=t_{i3}=t_{i4}=t_{i5}=2$

t_{ij}: Y_{ij}가 관측될 때까지 소요된 시간을 의미한다.

분석 1 GLM

평균 발생률 λ_{ij}에 대한 회귀모형으로 다음을 고려한다.

$$\log\lambda_{ij}=\beta_0+\beta_1 visit_{ij}+\beta_2 trt_i+\beta_3 trt_i\times visit_{ij}+\beta_4 age_i$$

따라서 $\log\mu_{ij}=\log t_{ij}+\log\lambda_{ij}$이므로,

$$\log\mu_{ij}=\log(t_{ij})+\beta_0+\beta_1 visit_{ij}+\beta_2 trt_i+\beta_3 trt_i\times visit_{ij}+\beta_4 age_i$$

로 표현된다. 여기서 $\log t_{ij}$는 오프셋(offset)이라고 한다.

분석 2 GLMM: 랜덤 절편

$$\log\mu_{ij}=\log(t_{ij})+\beta_0+\beta_1 visit_{ij}+\beta_2 t_{ij}+\beta_3 trt_i\ \times visit_{ij}+\beta_4 age_i+U_i$$

```
PROC GLIMMIX DATA=seiz2  METHOD=QUAD(QPOINTS=11) NOCLPRINT;
MODEL seiz=visit trt  age visit*trt / SOLUTION DIST=poisson LINK=log offset=logtime;
RANDOM INTERCEPT / SUBJECT=id TYPE=UN GCORR SOLUTION;
run;

                    The GLIMMIX Procedure
                       Fit Statistics
            -2 Log Likelihood              1900.02
            AIC  (smaller is better)       1912.02
            AICC (smaller is better)       1912.31
            BIC  (smaller is better)       1924.38
            CAIC (smaller is better)       1930.38
            HQIC (smaller is better)       1916.83

               Fit Statistics for Conditional
                        Distribution

            -2 log L(seiz | r. effects)   1661.63
            Pearson Chi-Square             607.51
```

```
Pearson Chi-Square / DF          2.09

      Covariance Parameter Estimates
Cov                              Standard
Parm     Subject     Estimate     Error

UN(1,1)     id        0.5136     0.1007

         Solutions for Fixed Effects

                          Standard
Effect       Estimate      Error      DF    t Value    Pr > |t|

Intercept      1.3377     0.4716      56       2.84      0.0063
visit         0.01854    0.01567     229       1.18      0.2381
trt          -0.06502     0.1962     229      -0.33      0.7406
age          -0.00925    0.01552     229      -0.60      0.5518
visit*trt    -0.08649    0.02393     229      -3.61      0.0004
```

분석 3 | GLMM: 랜덤 절편+랜덤 기울기

```
PROC GLIMMIX DATA=seiz2 METHOD=QUAD(QPOINTS=11) NOCLPRINT;
MODEL seiz=visit trt  visit*trt age/ SOLUTION DIST=poisson LINK=log offset=logtime;
RANDOM INTERCEPT visit/ SUBJECT=id TYPE=UN GCORR SOLUTION;
run;

              The GLIMMIX Procedure
                 Fit Statistics
-2 Log Likelihood                 1811.22
AIC  (smaller is better)          1827.22
AICC (smaller is better)          1827.73
BIC  (smaller is better)          1843.71
CAIC (smaller is better)          1851.71
HQIC (smaller is better)          1833.64


          Covariance Parameter Estimates
Cov                              Standard
```

```
             Parm    Subject    Estimate      Error

             UN(1,1)      id      0.4551    0.09254
             UN(2,1)      id     0.01412    0.01657
             UN(2,2)      id     0.01952   0.005765


                  Solutions for Fixed Effects

                              Standard
 Effect        Estimate          Error     DF    t Value    Pr > |t|

 Intercept       1.4604         0.4537     56       3.22      0.0021
 age           -0.01221        0.01492    173      -0.82      0.4144
 visit         -0.02267        0.03357     56      -0.68      0.5023
 trt           -0.06703         0.1860    173      -0.36      0.7190
 visit*trt      -0.1035        0.04709    173      -2.20      0.0292
```

표 6.3 계수형 경시적 자료에 대한 GLMM의 분석 결과(poisson)

	GLM		GLMM(랜덤 절편)		GLMM(랜덤절편+랜덤기울기)	
	Est	p-value	Est	p-value	Est	p-value
visit	0.018	0.018	0.018	0.238	-0.022	0.502
trt	−0.156	0.0005	-0.065	0.740	−0.067	0.719
visit*trt	−0.086	0.0003	−0.086	0.0004	−0.103	0.029
age	−0.003	0.171	−0.009	0.551	−0.012	0.414
$(\sigma_1^2, \sigma_{12}, \sigma_2^2)$	–		(0.513, 0, 0)		(0.455, 0.014, 0.019)	
AIC	3454.18		1912.02		1827.22	

세 가지 모형의 적합도를 비교해 볼 때, 랜덤 절편과 기울기를 가지고 있는 GLMM의 AIC가 가장 작은 값(1827.22)을 가진다. 이 모형하에서 trt, visit, age는 유의하지 않았으며, visit*trt ($\widehat{\beta_3}$=-0.103, p-value=0.029)는 유의하였다. 즉, progbide 처방 그룹은 대조군과 비교하여 시간이 경과함에 따라 발작 횟수가 감소하는 반면, 대조군은 시간이 지나도 유의한 변화를 보여 주지 않았다($\widehat{\beta_1}$=-0.022의 효과는 대조군의 visit에 따른 효과임을 상기하자. p-value=0.502). 즉, visit이 1단위 증가할 때마다 progabide 그룹은 대조그룹보다 exp(-0.103) =0.903배, 즉 10% 감소한다고 할 수 있다. 개인별 절편 랜덤효과의 모수 $\widehat{\sigma_1^2}(=0.455)$는 랜덤 기울기의 분산($\widehat{\sigma_2^2}$=0.019)과 두 랜덤효과의 공분산

($\widehat{\sigma_{12}}$=0.014)에 비해 큰 값을 보여 주는데 이는 랜덤 기울기에 해당하는 공변량 visit(1, 2, 3, 4)가 나중에 곱해지기 때문이다. 계수형 자료에 대한 포아송 분포 가정(평균과 분산의 동일성 가정)이 적절하지 못할 경우 과대 산포 문제를 해결하기 위해 음이항 분포(negative binomial)를 적용할 수 있다. SAS 프로그램에서는 MODEL의 옵션에서 DIST=NEGBIN을 적용시킨다.

```
PROC GLIMMIX DATA=seiz2  METHOD=QUAD(QPOINTS=11) NOCLPRINT;
MODEL seiz=visit trt  age visit*trt/ SOLUTION DIST=NEGBIN  LINK=log offset=logtime;
RANDOM INTERCEPT / SUBJECT=id TYPE=UN ; RUN;

PROC GLIMMIX DATA=seiz2  METHOD=QUAD(QPOINTS=11) NOCLPRINT;
MODEL seiz=visit trt  age visit*trt/ SOLUTION DIST=NEGBIN  LINK=log offset=logtime;
RANDOM INTERCEPT visit/ SUBJECT=id TYPE=UN ; RUN;
```

다음은 R 프로그램을 이용하여 trt*time의 효과를 포함하여 분석한 결과를 보여준다. lme4 패키지의 glmer.nb 함수를 이용한다. 여전히 율모형을 적용하며 계수형 자료의 과대산포(over-dispersion)를 반영하기 위해 음이항 분포도 적용해 본다. 랜덤 절편만 포함된 모형과 랜덤 기울기도 포함된 모형을 각각 적용하였다.

```
> fit_negbin<-glmer.nb(seiz~trt+age+visit+trt*visit+offset(log(weeks))+(1|id),data=seiz)
> summary(fit_negbin)
Generalized linear mixed model fit by maximum likelihood (Laplace Approximation)
['glmerMod']
 Family: Negative Binomial(6.8545)  ( log )
Formula: seiz ~ trt + age + visit + trt * visit + offset(log(weeks)) +      (1 | id)

     AIC      BIC   logLik deviance df.resid
  1727.5   1753.2   -856.8   1713.5      283

Random effects:
 Groups Name        Variance Std.Dev.
 id     (Intercept) 0.5419   0.7361
Number of obs: 290, groups:  id, 58

Fixed effects:
```

```
             Estimate Std    Error   z value    Pr(>|z|)
(Intercept)   1.292520  0.501302   2.578    0.00993 **
trt          -0.088893  0.218187  -0.407    0.68370
age          -0.005807  0.016425  -0.354    0.72371
visit        -0.013092  0.030699  -0.426    0.66978
trt:visit    -0.088531  0.043854  -2.019    0.04351 *

>fit_negbin2<-glmer.nb(seiz~trt+age+visit+trt*visit+offset(log(weeks))+(visit|id),data=seiz)
boundary (singular) fit: see help('isSingular')

> summary(fit_negbin2)
Generalized linear mixed model fit by maximum likelihood (Laplace Approximation)
['glmerMod']
 Family: Negative Binomial(7.2643)  ( log )
Formula: seiz ~ trt + age + visit + trt * visit + offset(log(weeks)) +      (visit | id)
   Data: seiz

     AIC      BIC   logLik deviance df.resid
  1724.7   1757.7   -853.3   1706.7      281

Random effects:
 Groups Name        Variance  Std.Dev.  Corr
 id     (Intercept) 0.403310  0.63507
        visit       0.003717  0.06097   1.00
Number of obs: 290, groups:  id, 58

Fixed effects:
              Estimate  Std. Error  z value   Pr(>|z|)
(Intercept)   1.362946   0.469095    2.905    0.00367 **
trt          -0.101446   0.193826   -0.523    0.60071
age          -0.007216   0.015435   -0.468    0.64014
visit        -0.033070   0.033424   -0.989    0.32246
trt:visit    -0.089606   0.046414   -1.931    0.05353 .
```

음이항 분포 가정하에서는 랜덤 절편과 랜덤 기울기를 포함한 모형의 AIC가 더 작은 값을 보여준다.

제7장

결측치를 가진 경시적 자료분석

본 장에서는 경시적 자료에서 자주 발생되는 결측자료와 관련된 내용을 공부한다. 결측자료는 반복측정을 하는 종단 자료에서 흔히 발생되며 그 유형은 크게 간헐적 발생(intermittent, non-monotone missing)과 중도탈락(dropout, attrition)으로 나뉘게 된다. 전통적인 통계분석에서는 결측치를 가진 관측 개체를 제외하고 완전 관측된 개체들의 자료만을 사용하였는데 이는 표본 편이(sample bias) 문제점을 가져오게 된다. 따라서 결측의 원인과 반응변수 간의 연관성을 규명하는 것은 앞 절에서 논의되었던 많은 통계 방법들의 적용 여부를 결정하는 중요한 요인이 될 수 있다. 즉, 결측 원인이 반응변수와 연관되어 있음에도 불구하고 이를 무시한 자료분석은 편이된 추정량과 정확도의 손실을 가져오게 된다. 예를 들어, 성장기 청소년의 비만 패턴과 영양소 관련 종단 연구에서 지난 관측에서 비만으로 분류된 아동이 더는 연구에 참여하기를 원하지 않을 경우를 고려해 보자. 여기서 결측 원인은 아동의 몸무게 측정 관련 심적 부담이었다고 한다면 비만 아동이 참여하지 않은 자료는 전체 자료를 반영하지 못하게 되어 편이된 결과를 가져오게 된다. 따라서 결측 원인과 반응변수와의 관계 여부를 밝히는 것은 결측자료를 가진 경시적 자료분석에서 매우 중요하다. 본 장에서는 결측 원인 패턴과 결측자료를 포함한 경시적 자료의 분석을 공부한다.

7.1 결측자료의 패턴

결측자료는 발생 위치에 따라 간헐적 발생(또는 비단조결측(nonmonotome missing))과 중도탈락(drop out 또는 monotone missing)으로 나눌 수 있다. 즉, 전자는 전체 관측과정에서 결측이 중간에 발생하는 경우이며, 후자는 결측 발생 이후 관측이 더는 이루어지지 않는 경우이다(<표 7.1>).

특히, 중도탈락이 특정 사건(event)과 함께 발생할 때, 사건 발생과 경시적 자료분석은 동시에 이루어져야 하며 이에 대해서는 8장에서 공부할 결합모형(joint model)이 적용될

표 7.1 결측자료의 패턴(결측치는 NA로 표시됨)

id	간헐적 발생					중도탈락					
1	Y_{11}	Y_{12}	NA	Y_{14}	NA	1	Y_{11}	NA	NA	NA	NA
2	Y_{21}	Y_{22}	Y_{23}	Y_{24}	NA	2	Y_{21}	Y_{22}	Y_{23}	Y_{24}	Y_{25}
3	Y_{31}	Y_{32}	NA	Y_{34}	Y_{35}	3	Y_{31}	Y_{32}	Y_{33}	NA	NA
4	Y_{41}	NA	Y_{43}	Y_{44}	Y_{45}	4	Y_{41}	Y_{42}	Y_{43}	NA	NA
5	Y_{51}	Y_{52}	NA	NA	Y_{55}	5	Y_{51}	Y_{52}	NA	NA	NA

수 있다. 결측 패턴에 대한 설명을 위해 반응변수는 결측 여부에 따라 두 가지 그룹으로 분류된다. 본 장에서는 중도탈락과 관련된 결측자료를 다룬다.

Y: 완전 반응변수 자료 $Y_i = (Y_{i1}, \cdots, Y_{in})$, $i = 1, \cdots, n$

$Y^{(O)}$: 관측 반응변수 자료

$Y^{(M)}$: 결측 반응변수 자료

또한 각 반응변수의 결측 여부를 표시하기 위한 지시함수가 정의된다.

R: 결측 지시변수, $R_i = (R_{i1}, \cdots, R_{in})$

$R_{ij} = 0$: Y_{ij}가 결측일 때,

$= 1$: Y_{ij}가 관측일 때,

이제 결측 지시변수 R의 분포가 Y의 분포와 연관되어 있는지 조사하고 이러한 연관성이 연구 목적에 고려되어야 한다면 적용할 수 있는 방법을 소개하고자 한다.

일반적으로 결측 패턴은 다음의 세 가지로 분류하게 된다(Rubin, 1976).

1) MCAR(Missing completely at random)
2) MAR(Missing at random)
3) MNAR(Missing not at random): NMAR(Not missing at random)

1) MCAR(Missing completely at random, 완전 랜덤 결측)

$$\Pr(R_i \mid Y_i^0, Y_i^m, X_i) = \Pr(R_i) \tag{7.1}$$

완전 랜덤 결측은 반응변수뿐만 아니라 공변량과도 관련이 없음을 의미한다. 위의 결측 패턴이 만족할 경우 앞 절에서 공부한 모든 종류의 분석 방법(LMM, GEE, GLMM)이 적용될 수 있다. 위 가정의 좀 더 확장된 형태로

$$\Pr(R_i \mid Y_i^0, Y_i^m, X_i) = \Pr(R_i | X_i) \tag{7.2}$$

이 고려될 수 있다. 이는 결측 여부가 공변량에 따라 달라질 수 있음을 의미한다. 따라서 (7.2)가 결측모형으로 고려될 경우, 반응변수와 결측 여부는 조건부독립(conditional independence)이라고 한다. 즉, 공변량 X가 반응변수의 모형과 결측 변수의 모형에 동시에 적용됨을 의미한다.

예를 들어 비만 아동 관측 자료에서 아동의 결측 이유가 비만과 관여되지 않고 개인

적 이유 또는 주소 변경으로 추적이 불가능할 때 나머지 관측된 아동은 여전히 전체 자료를 잘 대표한다고 할 수 있다. 그럼에도 불구하고 결측자료가 많을 경우, 완전 자료에 비해 축소된 자료 규모로 인한 추정치의 표준오차 증가는 정확도의 감소를 가져온다.

2) MAR(Missing At Random, 임의 결측)

결측의 원인이 이전에 관측된 반응변수와 관련되어 있음을 가정한다.

$$P(R_i \mid Y_i^o, Y_i^m, X_i) = P(R_i | Y_i^o) \tag{7.3}$$

하지만 결측반응변수와는 무관함을 의미한다. 공변량이 포함된다면 (7.3)은 다음의 구조로 확장될 수 있다.

$$P(R_i \mid Y_i^o, Y_i^m, X_i) = P(R_i | Y_i^o, X_i) \tag{7.4}$$

예를 들어 임상 연구에서 어떤 범위 이상의 반응변수 값을 가진 환자가 이후 연구에서 배제된 경우, 이 환자의 결측은 MAR에 해당한다. 따라서 환자의 결측 여부는 이전 반응변수에 의해 예측될 수 있다. MAR 결측 구조하에서 얻어진 자료는 관심 있는 모집단을 대표한다고 할 수 없으며 부정확한 분석 결과를 가져오게 된다. MAR 결측 구조하에서 i번째 개체에 대한 결측 변수와 반응변수의 결합분포함수는 다음과 같이 표현할 수 있다.

$$f(Y_i^0, R_i | X_i, \gamma, \psi) = f(R_i | Y_i^0, X_i, \psi) \times \int f(Y_i^o, Y_i^m | X_i, \gamma) d\, Y_i^m \tag{7.5}$$

여기서 γ는 반응변수와 관련된 모수를 ψ는 결측 분포와 관련된 모수를 각각 나타낸다. 식 (7.5)에서 보다시피 반응변수와 결측 변수는 공변량 X가 주어졌을 때 조건부독립이기 때문에, 두 모형에 관련된 모수들은 분리하여 추정될 수 있다.

위에서 설명한 두 결측 패턴(MCAR, MAR)은 결측변수가 반응변수의 분포추정과 무관하다는 의미에서 **무시 가능한 결측**(ignorable missingness)으로 간주한다.

3) NMAR(Not missing at random) or MNAR(Missing not at random)

세 번째 결측 패턴은 결측 여부가 결측으로 인해 관측되지 못한 반응변수와 연관된 경우를 의미한다. 따라서 결측 변수에 대한 분포는 다음을 만족한다.

$$P(R \mid Y, X) = P(R \mid Y^{(M)}, Y^{(O)}, X)$$

예를 들어, 기존의 비만 판정을 받은 아동이 심리적 부담감으로 이후 몸무게 측정을 거부할 경우를 고려해 보자. 이들의 결측 여부는 비만 결과에 대한 심적 부담감과 관련될 수 있다. 따라서 이러한 결측이 발생할 때 관측된 자료만을 이용한 분석은 편의된(biased) 표본을 이용한 분석 결과를 가져오게 된다. 이를 **무시할 수 없는 결측**(non-ignorable response) 또는 **정보를 가진 결측**(informative missingness)이라고 한다.

7.2 결측자료의 패턴과 분석 방법의 관계

결측자료가 추정량에 미치는 영향을 알아보고자 한다. 아래 내용은 Hedeker and Gibbons(2006)의 책에서 발췌 정리하였다. 모의실험을 통해 MCAR, MAR 그리고 NMAR 구조하에서 혼합모형(mixed effect model)과 GEE의 적용 결과를 비교한다. 표본 크기 n=100이 적용되었으며 반복횟수는 500번 시행하였다. 랜덤 절편과 랜덤 기울기를 포함한 연속형 경시적 자료를 고려한다.

$$Y_{ij} = \beta_0 + \beta_1 T_j + \beta_2 G_i + \beta_3 (T_j G_i) + u_{0i} + u_{1i} T_j + \epsilon_{ij}$$

$$T_j = 0,1,2,3,4(\text{관측 시간})$$

$$G_i = 0/1(\text{처리(treatment) 여부})$$

고정효과의 회귀계수로 $\beta_0 = 25, \beta_1 = -1,\ \beta_2 = 0, \beta_3 = -1$이 적용되며 랜덤효과에 대해서는 이변량 정규분포가 가정되며 오차항에 대해서도 다음의 정규분포가 각각 적용된다.

$$u_{i0} \sim N(0,4), \quad u_{i1} \sim N(0,0.25), \quad cov(u_{i0}, u_{i1}) = -0.1, \quad \epsilon_{ij} \sim N(0,4)$$

세 가지 결측 패턴을 적용시킨다.

A. MCAR

A1. 50% random missing

: 각 시점에서 50%의 결측자료를 랜덤하게 생성한다.

A2. 시간과 연관된 결측

: 결측률을 매 시점 (1,2,3,4)에 대해 (0%, 25%, 50%, 75%)로 증가시킨다. 이때 한

시점에 결측된 자료는 그 이후 시점에서 계속 결측된다(dropout).

A3. 그룹별로 시점에서 서로 다른 결측:

G=0: 0%, 23%, 46%, 70% 83%

G=1: 0%, 27%, 55%, 81%, 91%

<표 7.2>는 완전자료와 A1-A3 하에서 추정된 결과를 비교한다.

(i) 결측 패턴이 MCAR인 경우, A1-A3 경우의 모든 모수의 점추정치는 참값과 비슷하다.

(ii) 결측이 발생한 후 추정량의 표준오차는 complete case 경우보다 더 큰 값을 가진다.

B. MAR과 MNAR

B1. MAR(a)

: 반응변수가 23보다 작은 경우, 그 다음 시점부터 관측되지 못한다.

B2. MAR(b)

: 두 그룹이 서로 다른 결측 rule을 가진다. group=1인 그룹에서는 반응변수가 23일 때 이후로 결측이 발생되며, group=0인 경우는 반응변수가 25.5일 때 관측되지 못한다.

B3. MNAR

: 두 번째 시점부터 21.5보다 적은 반응변수가 발생한 경우, 그 시점부터 결측으로 간주한다.

표 7.2 MCAR에서 혼합효과모형 분석 결과(표준오차)

	β_0	β_1	β_2	β_3	σ_{u0}^2	σ_{u1}^2	σ_{u01}	σ_e^2
참값	25	−1	0	−1	4	−.1	.25	4
완전자료	24.969	−0.994	−0.001	−0.986	3.918	−0.057	0.239	3.991
	(0.050)	(0.016)	(0.071)	(0.023)	(0.129)	(0.032)	(0.014)	(0.046)
A1	24.991	−1.024	−0.087	−.933	3.811	−.020	.199	4.070
	(0.063)	(0.023)	(0.089)	(0.032)	(0.193)	(0.056)	(0.025)	(0.083)
A2	24.989	-0.968	0.019	−1.021	3.853	−0.062	0.2229	4.000
	(0.053)	(0.028)	(0.075)	(0.040)	(0.150)	(0.060)	(0.032)	(0.074)
A3	24.991	−.977	0.041	−1.014	3.872	−.048	0.234	3.994
	(0.053)	(0.026)	(0.075)	(0.041)	(0.150)	(0.059)	(0.031)	(0.073)

표 7.3 MAR과 MNAR 하에서 혼합효과모형과 GEE 적용: 추정량(표준오차)

		β_0	β_1	β_2	β_3	σ^2_{u0}	σ^2_{u1}	σ_{u01}	σ^2_e
모수값		25	−1	0	−1	4	−.1	.25	4
MAR(a)	mixed	24.996	−1.039	−0.010	−0.969	3.981	−0.064	0.233	3.873
		(0.053)	(0.016)	(0.071)	(0.023)	(0.129)	(0.032)	(0.014)	(0.078)
	GEE	25.891	−1.164	0.019	−1.001				
		(0.058)	(0.028)	(0.075)	(0.040)				
MAR(b)	mixed	24.999	−1.003	−0.016	−1.004	4.050	−0.082	0.2229	3.812
		(0.053)	(0.022)	(0.075)	(0.039)	(0.150)	(0.060)	(0.032)	(0.073
	GEE	24.635	−.714	0.634	−1.532				
		(0.055)	(0.030)	(0.097)	(0.090)				
MNAR	mixed	24.956	−.233	.027	−.552	3.856	−.943	.319	3.020
		(0.049)	(.020)	(.070)	(.035)	(.131)	(.051)	(.025)	(0.053)
	GEE	25.051	−.386	.016	−.583				
		(0.049)	(.020)	(.071)	(.034)				

<표 7.3>는 MAR과 MNAR 하에서 추정된 모수추정치를 보여준다. MAR(a)에서 혼합효과모형은 불편추정량을 제공하는 반면 GEE에서는 β_1이 편이를 가진다. MAR(b)에서는 혼합효과모형은 여전히 불편추정량을 보이지만 GEE에서는 절편(β_0)을 제외하고 모든 추정량이 편이되었음을 알 수 있다. 하지만 MNAR에서는 혼합효과모형과 GEE 방법 모두 절편을 제외한 회귀계수의 추정치는 편이된 결과를 보여 준다. 랜덤 변량의 분산과 오차의 분산도 편이를 가져오며 이는 추론에 영향을 주게된다. 위의 모의실험 결과는 다음과 같이 정리될 수 있다.

① GEE는 MCAR에서만 사용될 수 있다. 즉,

$$\Pr(R \mid Y, X) = \Pr(R \mid X) \text{ for all } Y,$$

: 결측 지시함수, R이 반응변수와 무관하다는 가정 하에서만 GEE에 의해 추정된 결과가 사용될 수 있다. 최근에 MAR 가정 하에서 결측모형을 이용한 가중 GEE(weighted GEE) 방법이 개발되었다. 이에 대한 설명은 다음 절에 주어져 있다.

② 혼합효과모형은 MCAR뿐만 아니라 MAR에서도 적용될 수 있다.

③ MCAR과 MAR은 모두 공변량 X에 의존한다. 따라서 결측을 예상할 수 있는 적절한 공변량을 포함하는 것은 매우 중요하다.

7.3 MCAR에 대한 검정

앞 절의 결과로부터 결측 패턴이 MCAR이라면, MIXED 모형이나 GEE 방법의 적용은 문제되지 않는다. 하지만 MAR일 때, GEE는 적절한 결과를 제공하지 못한다. 따라서 우리의 관심은 결측 패턴이 MCAR인지를 검정하는 것이다. 즉, 결측이 관측된 반응변수에 연관되었는지를 조사한다. 먼저 간단한 경우에서 시작한다.

◉ **두 시점만을 우선 고려해 보자**$(j=1,2)$.

$$D_i = 1 \; : \; j=2\text{에 결측이 발생된 경우}$$
$$= 0 \; : \; j=2\text{에 결측이 발생되지 않은 경우}$$

따라서 $D_i = 1 - R_i$가 된다. 결측 여부에 대해 두 그룹 $(x_i = 0,1)$ 간의 Y값의 영향력(y_{i1}는 $j=1$일 때 반응변수값)이 유의적인지 조사한다. 이를 위해 다음의 로지스틱 회귀모형이 적용될 수 있다.

$$\log\frac{\Pr(D_i=1)}{1-\Pr(D_i=1)} = \alpha_0 + \alpha_1 y_{i1} + \alpha_2 x_i + \alpha_3 (x_i y_{i1}) \qquad (7.6)$$

만약 $\alpha_1 = \alpha_3 = 0$이면, MCAR이라고 할 수 있다.

◉ **다시점인 경우**$(m > 2)$

(i) 다시점에서 **마지막으로 관측된 반응변수** y_{ij}가 식 (7.6)의 y_{i1} 대신 사용된다.

$$\log\frac{\Pr(D_i=1)}{1-\Pr(D_i=1)} = \alpha_0 + \alpha_1 y_{ij} + \alpha_2 x_i + \alpha_3 (x_i y_{ij}) \qquad (7.7)$$

(ii) 또는 y_{i1} 대신, 이전 반응변수들의 **평균 또는 가중평균** $h(y_i^o)$가 적용될 수 있다.

$$\log\frac{\Pr(D_i=1)}{1-\Pr(D_i=1)} = \alpha_0 + \alpha_1 h(y_i^o) + \alpha_2 x_i + \alpha_3 (x_i h(y_i^o)) \qquad (7.8)$$

즉, $h(y_i^o) = \frac{1}{n_i}\sum y_{ij}$는 결측 바로 전까지 측정된 반응변수의 평균을 의미하며, 가중평균 $h_w(y_i^o) = \sum w_j y_{ij}$ 결측이 발생한 시점과 가까울수록 더 많은 가중치를 부여하는 반응변수의 가중평균을 의미한다.

◎ 탈락 시간을 이용한 검정

D_i는 i번째 관측개체가 탈퇴되어진 시간을 의미한다. 이를 이용하여 순서형 다항 회귀모형에서 적용되는 누적 로짓 회귀모형이 적용된다.

$$\log\frac{P(D_i = j|D_i \geq j)}{1-P(D_i = j|D_i \geq j)} = \alpha_0 + \alpha_1 h(y_i^{(o)}) + \alpha_2 x_{ij} + \alpha_3(x_{ij}y_i^{(o)}) \tag{7.9}$$

여기서 D_i는 (7.7), (7.8)과 달리 탈퇴 여부뿐만 아니라 탈락시점 정보를 반영하게 된다.

예제 IMPS 자료분석

[자료 3]을 이용하여 결측자료를 분석한다. 여기서 반응 변수 원점수(imps79)가 사용되며 높은 점수는 상태가 심각함을 의미한다. 437명의 환자 중 6주까지 자료를 가진 환자는 335명이었으며 102명의 환자가 연구 도중에 탈락하게 되었다. <표 7.4>에 의하면 매주 관측된 환자의 수는 균일하지 않았으며 특히 2, 4, 5주의 관측 횟수는 다른 주에 비해 작아 고려하지 않는다. Week0의 관측 횟수가 434인 이유는 3명의 환자가 week = 0에서 자료값이 결측되었기 때문이다.

표 7.4 0~6주별 관측 수

	Week0	Week1	Week2	Week3	Week4	Week5	Week6
관측 수	434	426	14	374	11	9	335

표 7.5 0,1,3,6주별 두 처리 그룹의 imps 평균(표준편차)

	Week0	Week 1	Week 3	Week 6
placebo	5.35(0.832)	4.99(1.152)	4.74(1.154)	4.25(1.448)
drug	5.37(0.879)	4.43(1.223)	3.80(1.445)	3.06(1.393)
pooled sd	.87	1.23	1.44	1.48

<표 7.5>에 의하면 시간이 경과함에 따라 두 그룹의 평균 점수는 모두 감소하며 두 그룹의 점수 차이는 점점 더 커졌으며 표준편차도 커짐을 알 수 있다.

표 7.6 그룹별 최대 관측 횟수 분포의 동질성 검정

그룹	최대 관측 횟수						total
	1	2	3	4	5	6	
Placebo	13	5	16	2	2	70	108
drug	24	5	26	3	6	265	329

<표 7.6>은 개인별 최대 관측 횟수를 처리 그룹별로 보여 준다. 즉, 위약(placebo) 그룹에서는 108명 중 70명(65%)이 관측을 완료하였으며 처리 그룹(drug)에서는 329명 중에서 265명(81%)이 관측을 완료하였다. 자료의 관측 횟수가 그룹 간에 동일한지를 검정하기 위해 <표 7.6>의 자료에 대해 카이제곱검정을 고려하였다. χ^2-값=12.89 (df=5)는 p-value=0.024 ①로 두 그룹은 관측 횟수에 대해 서로 다른 분포를 가진다.

```
> table(IMPS1$week)            # 표 7.4

  0   1   2   3   4   5   6
434 426  14 374  11   9 335

> tapply(IMPS1$imps79[IMPS1$tx==0],IMPS1$week[IMPS1$tx==0],mean)              ## 표 7.5
       0        1        2        3        4        5        6
5.352336 4.990476 5.800000 4.739080 5.500000 4.250000 4.245714
> tapply(IMPS1$imps79[IMPS1$tx==1],IMPS1$week[IMPS1$tx==1],mean)
       0        1        2        3        4        5        6
5.371560 4.433333 3.277778 3.802091 2.533333 2.928571 3.063019
>

idd<-unique(IMPS1$id)
n<-length(idd)
nt=nrow(IMPS1)
MAX_T=trt=rep(0,n)

 for (i in 1:n) {
  for (j in 1:nt) {
   if(idd[i]==IMPS1$id[j]) {MAX_T[i]=IMPS1$week[j]; trt[i]=IMPS1$tx[j]}}}

>table(trt,MAX_T)                # 표 7.6

   MAX_T
```

```
trt     1   2   3   4   5   6
  0  13   5  16   2   2  70
  1  24   5  26   3   6 265

>chisq.test(MAX_T,trt)                                    ## 카이제곱검정
        Pearson's Chi-squared test
data:  MAX_T and trt
X-squared = 12.891, df = 5, p-value = 0.02442 ①
```

◉ MCAR 검정

(I) 결측 여부(0/1)와 결측 전 반응변수와의 연관 관계를 조사하기 위해 로지스틱 회귀분석을 시행하였다.

$$D_i = 1 \text{ (결측 발생)}; \; D_i = 0 \text{ (결측 발생하지 않음)}$$

여기서 고려되는 공변량은 시간변수(이산형으로 4가지 수준을 가짐), 처방 여부(placebo =0, drug=1), 그리고 my(마지막 반응변수), 그리고 그들 간의 교호작용이다.

D_i 변수를 생성하기 위해 마지막 관측 시점이 6이면 0으로, 그 외 경우에는 1로 코딩된다. 또한 마지막 관측된 IMPS 점수를 my으로 코딩하고 이전에 받은 모든 IMPS 점수의 평균은 my_t로 코딩한다.

```
>d=my=my_t=rep(0,n)
>d=ifelse(MAX_T==6,0,1)  ## 마지막 관측치가 6이면 d=0 아니면 1
 for (i in 1:n) {
   tot=tot1=0
   for (j in 1:nt) {
     if(idd[i]==IMPS1$id[j]) {tot1=tot1+1; tot=tot+IMPS1$imps79[j]; my[i]=IMPS1$imps79[j]}
     }
    my_t[i]=tot/tot1
  }

> table(d,trt)
   trt
d     0   1
  0  70 265
  1  38  64
```

```
> fit2<-glm(d~my+trt+my*trt, family="binomial")        # 모형 (7.7): 결측 전 마지막 imps를 공변량으로
> summary(fit2)
Coefficients:
               Estimate  Std. Error  z value   Pr(>|z|)
(Intercept)     -3.7943      0.9598   -3.953   7.71e-05  ***
my               0.6495      0.1821    3.568    0.00036  ***
trt              1.9127      1.0186    1.878    0.06042  .
my:trt          -0.5063      0.2049   -2.471    0.01347  *
```

$$\log\frac{\Pr(D_i=1)}{1-\Pr(D_i=1)} = \alpha_0 + \alpha_1 trt + \alpha_2 my + \alpha_3 (trt \cdot my)$$

위 결과에 의하면 결측 전에 마지막으로 관측된 반응변수(my)는 결측에 유의한 연관관계를 가짐을 알 수 있다(p-value<0.0004). 즉, 우울증 점수가 높을수록 결측 가능성이 증가하게 된다. 또한 해당 변수의 교호작용(my:trt)도 유의한 결과를 보여 준다. 추정된 회귀계수에 의하면 위약 그룹(trt=0)에서는 마지막 관측된 IMPS 값이 1단위 증가할 때마다 결측이 발생될 오즈가 exp(0.6495)=1.91배 증가하며 신약 그룹(trt=1)에서는 결측 전 마지막으로 측정된 반응변수가 1단위 증가할 때마다 exp(0.6495-0.5063)=1.153배 증가하였다. 따라서 처리여부에 따라 마지막 관측치의 영향력이 서로 다름을 알 수 있다.

이제 결측 전 모든 imps 점수의 평균(my_t)을 공변량으로 사용한 결과를 보자. 아래 결과를 통해 마지막 관측치만을 적용했을 때와 비슷한 해석을 적용할 수 있다. 식 (7.8)을 적용해 본 결과 평균 점수가 높을수록 탈락할 가능성이 더 높음을 알 수 있다. 교호작용의 유의성을 통해 신약 그룹의 탈퇴율이 위약 그룹보다 더 낮음을 알 수 있다.

```
> fit1<-glm(d~my_t+trt+my_t*trt, family="binomial")    ## 모형(7.8) : 결측 전 반응변수의 평균을
                                                          공변량으로
> summary(fit1)
Coefficients:
               Estimate  Std. Error  z value   Pr(>|z|)
(Intercept)     -5.1353      1.3441   -3.821   0.000133  ***
my_t             0.8905      0.2554    3.486   0.000490  ***
trt              3.2948      1.4874    2.215   0.026745  *
my_t:trt        -0.7919      0.2937   -2.696   0.007019  **
```

이제 탈퇴 시간(drop time)을 반응 변수로 하고 순서형 범주형 자료(ordinal categorical variable)로 간주하여 공변량 간의 연관 관계를 통해 MCAR 여부를 검토해 보자. 식 (7.9)를 참고하자. 고려되는 공변량으로 처리 그룹, 결측 바로 전에 관측된 반응 변수값이 적용된다.

```
> MAX_TT<-factor(MAX_T, levels=c(1,2,3,4,5,6), ordered=TRUE)
> MAX_TT
  [1] 6 6 3 6 6 6 6 6 6 6 6 6 6 1 6 6 6 6 3 6 6 6 3 3 1 6 6 6 4 6 3 6 6 6 6 6 6 6
Levels: 1 < 2 < 3 < 4 < 5 < 6

> fit<-polr(MAX_TT~trt+my+trt*my)        ### MCAR   VS. MAR
> summary(fit)
Coefficients:
              Value  Std. Error  t value
trt         -2.0001     1.0366   -1.929
my          -0.6847     0.1827   -3.749
trt:my       0.4933     0.2052    2.404

> fit0<-polr(MAX_TT~trt+my_t+trt*my_t)
> summary(fit0)
Coefficients:
              Value  Std. Error  t value
trt         -3.2072     1.4594   -2.198
my_t        -0.9195     0.2460   -3.738
trt:my_t     0.7523     0.2853    2.637
```

위 결과를 통해 모든 변수가 유의적임을 알 수 있다. 특히 my 변수(|t|=3.749, p-value<0.001)와 my_t 변수(|t|=3.738, p-value<0.001)가 결측 발생시간과 가장 관련성이 높음을 알 수 있다. 즉, my 관련 변수의 회귀계수($\widehat{\alpha_1}=-0.6847$ for my; $\widehat{\alpha_1}=-0.9195$ for my_t)는 음수이므로 imps 점수가 높을수록(우울증 상태가 심각할수록), 결측이 빨리 발생됨을 알 수 있다. 따라서 IMPS 자료는 MCAR 가정이 적절하지 못하다. 결측자료를 분석하기 위해 주로 사용되는 방법은 역확률 가중(Inverse Probability Weighting method: IPW)과 다중 대체(Multiple imputation:MI) 방법이다. MI는 반복적인 계산이 필요하기 때문에 이보다 단순한 IPW가 결측치를 가진 경시적 자료분석에 더 자주 적용된다. 다음 절에는 IPW를 포함한 WGEE를 공부한다.

7.4 MAR 결측 하에서 WGEE의 적용

MAR 결측 구조하에서 발생할 수 있는 GEE 추정량의 편이를 보정하기 위해 Robins et al.(1995)에 의해 제안된 역확률 가중 방법이 적용된 가중 일반화추정방정식(Weighted GEE)이 고려된다. 여기서 가중치를 적용하는 방법으로 두 가지 방법이 사용된다(Lin and Rodriguez. 2015). 이후 설명에서는 단조결측(monotone missing)을 가정한다.

1) 관측치별 가중(observation-level weight) GEE

경시적 자료 관측치 y_{ij}에 대해 결측 지시함수 R_{ij}의 발생확률을 이용하여 다음의 가중치를 정의한다.

$$w_{ij} = \frac{1}{P_r(R_{ij} = 1|X_i, Y_i)}$$

여기서

$$\begin{aligned} R_{ij} &= 0: \ y_{ij}\text{가 결측일 때,} \\ &= 1: \ y_{ij}\text{가 관측일 때,} \end{aligned}$$

이며 모든 개체에 $R_{i1} = 1$(첫 번째 관측치는 결측이 아니다.)을 가정한다. 단조 결측 가정이므로

$$w_{ij} = \frac{1}{\lambda_{i1} \times \lambda_{i2} \times \cdots \times \lambda_{ij}}$$

$$\lambda_{ij} = P_r(R_{ij} = 1|R_{i,j-1} = 1, X_i, y_{i1}, \cdots, y_{ij-1}, \ j = 2, \cdots, T)$$

가 된다. 이제 대각행렬 $W_i = diag(w_{i1}R_{i1}, \ \cdots, \ w_{im_i}R_{im_i})$을 이용하여, (5.9)의 GEE는 WGEE로 확장된다.

$$S_w(\beta) = \sum_{i=1}^{n} \left(\frac{\partial \mu_i}{\partial \beta}\right)' V_i^{-1}(\alpha, \phi) W_i(Y_i - \mu_i(\beta)) = 0 \tag{7.10}$$

이제 식 (7.10)의 근을 구하기 위해 가중치를 먼저 추정해야 한다. 관측 자료를 사용하여, 다음의 로지스틱 회귀모형이 적용될 수 있다.

$$\text{logit } \lambda_{ij} = z_{ij}'\gamma$$

여기서 $z_{ij}=(x_{ij}, y_{i1}, \cdots, y_{ij-1}, R_{ij-1})$는 공변량 x_{ij}와 과거 반응변수를 포함한다. 따라서 관측 확률은 다음의 조건부확률의 누적곱으로 표현될 수 있다.

$$\hat{w}=\frac{1}{\lambda_{i1}(\hat{\gamma})\times\cdots\times\lambda_{ij}(\hat{\gamma})}$$

WGEE 추정량은 (7.10) 모형이 적절하게 정의되었다는 조건하에서 일치추정량이 증명되었다(Robins et al.1995). 이러한 조건을 완화하기 위해 대체 방법을 결합한 doubly robust GEE가 제안되었다.

2) 개체별 가중(subject-level weighted) GEE

개체별 동일한 가중치를 가진다고 가정한다. 따라서 아래 식의 w_i는 상수항으로 같은 관측개체의 모든 관측치는 동일한 가중치를 가지게 된다.

여기서 각 가중치는 결측 여부(D=1: 결측)에 따라 다음과 같이 정의된다.

(i) $D_i = 1$

$$\hat{w_i}=\frac{1}{P_r(R_{im_i}=0,\ R_{im_i-1}=1|X_i,y_i)}=\frac{1}{[\ \hat{\lambda}_{i1}(\hat{\alpha})\times\cdots\times\hat{\lambda}_{im_{i-1}}(\hat{\alpha})\times(1-\hat{\lambda}_{im_i}(\hat{\alpha}))]}$$

(ii) $D_i = 0$

$$\hat{w_i}=\frac{1}{P_r(R_{iT_i}=1|X_i,y_i)}=\frac{1}{[\ \hat{\lambda}_{i1}(\hat{\alpha})\times\cdots\times\hat{\lambda}_{im_{i-1}}(\hat{\alpha})\times\hat{\lambda}_{iT_i}(\hat{\alpha}))]}$$

Preisser et al. (2002)는 관측치별 WGEE가 개체별 WGEE보다 더 효율적이라는 것을 모의실험을 통해 보였다.

GEE의 모형 선택을 위해 5장에서 설명한 QIC와 QIC_u는 준우도함수에 기반한 측도이다. 결측자료를 가진 경시적 자료에 적용하기 위해 가중치를 반영한 $QICW_p$ (Platt et al.(2013))와 $QICW_r$가 제안되었다.

$$QICW_p = -2Q_w(\hat{\beta}; I, D, W)+2p,$$

$$QICW_r = -2Q_w(\hat{\beta}; I, D, W)+2tr(\hat{\Omega}\hat{V})$$

WGEE의 모형선택을 위해 이차 손실함수(Quadratic loss function)에 기반한 MLIC

(Missing longitudinal information criterion)이 적용된다. QIC와 달리 모형과 반응변수의 차이를 직접 사용하는 Mallow's Cp와 비슷한 형태를 취한다.

$$MLIC = \sum_{i=1}^{n} (y_i - \hat{\mu}_i)' W_i (y_i - \hat{\mu}_i) + 2tr(\hat{H}^{-1} J)$$

여기서

$$H_n = \sum_{i=1}^{n} D_i' V_i^{-1} W_i D_i, \quad D_i = (\frac{\partial \mu}{\partial \beta})',$$
$$J_n = \sum_{i=1}^{n} \left(D_i' V_i^{-1} W_i (y_i - \mu_i)(y_i - \mu_i)' W_i - G_i (y_i - \mu_i)' W_i \right)$$
$$G_i = \left(\sum_{i=1}^{n} U_i S_i' \right) \left(\sum_{i=1}^{n} S_i S_i' \right)^{-1}, \quad U_i = D_i' V_i^{-1} W_i (y_i - \mu_i), \quad S_i = \sum_{j=1} R_{ij-1} (R_{ij} - \widehat{\lambda_{ij}}) z_{ij}$$

J_n에 포함된 μ_i는 $E(y_i)$으로 $\hat{\mu_i}$ 로 대체되어 계산된다.

다음은 IMPS 자료에 WGEE를 적용한 결과를 설명한다. 관측치별 가중 GEE가 적용되었다. 이를 위해 몇 가지 가정이 필요하다. <표 7.4>에서 보다시피, 2, 4, 5주의 관측은 대부분 이루어져 있지 않았다. 따라서 이들 시점에서 관측된 자료는 제외하고 0, 1, 3, 6주에서의 결측 여부만을 고려한다. 따라서 모든 환자에 대해 4개의 시점의 관측 여부($R_{ij} = 1, 0;\ j = 1, 2, 3, 4$)가 조사된다. 다음의 로짓 모형이 적용된다.

$$\text{logit} P(R_{ij} = 1 | R_{ij-1} = 1) = \gamma_0 + \gamma_1 tx_{ij} + \gamma_2 time_{ij}$$

R에서는 wgeesel 패키지에서 제공하는 wgee 함수를 사용한다.
다음은 SAS 프로그램의 PROC GEE를 적용한 결과를 보여준다.

$$y_{ij} = \beta_0 + \beta_1 \sqrt{t_{ij}} + \beta_2 trt_i + \beta_3 trt_{ij} \sqrt{t_{ij}} + b_i + \epsilon_{ij}, \quad b_i \sim N(0, \sigma_b^2), \ \epsilon_{ij} \sim N(0, \sigma^2)$$

$$\log \frac{\lambda_{ij}}{1 - \lambda_{ij}} = \alpha_0 + \alpha_1 I(\sqrt{t_1}) + \alpha_3 I(\sqrt{t_2}) + \alpha_3 I(\sqrt{t_3}) + \alpha_4 t X_i + \alpha_5 prevy_i + \alpha_b (tX \cdot prevy)$$

```
PROC GEE DATA=imps22;
class id s2week ;
```

```
missmodel  s2week tx prevy tx*prevy/type=obslevel maxweight=1;
model imps792=sweek tx sweek*tx/dist=normal;
repeated subject=id/within=s2week corr=cs;
run;
                    Data Set                WORK.IMPS
                    Distribution            Normal
                    Link Function           Identity
                    Dependent Variable      imps792

                         Missing Data Patterns
                           ----Occasion----
             Group   1   2   3   4       Freq   Percent

                 1   X   X   X   X        312     71.40
                 2   X   X   X   .         53     12.13
                 3   X   X   .   X         13      2.97
                 4   X   X   .   .         45     10.30
                 5   X   .   X   X          5      1.14
                 6   X   .   X   .          1      0.23
                 7   X   .   .   X          2      0.46
                 8   X   .   .   .          3      0.69
                 9   .   X   X   X          3      0.69
```

위 결과에서 결측 패턴은 원자료에서 발생되는 9가지 결측패턴을 모두 보여준다. 그리고 wgee는 더 적용되지 못한다. proc gee를 적용하기 위해서는 단조결측(monotone missing)에만 적용될 수 있으므로 별도의 처리(첨부된 R 프로그램 참고)를 통해 새로운 데이터 셋(imps22)을 생성해야 한다. 475명에서 413명이 단조결측 또는 완측관측을 가진다. 아래 SAS의 결과를 통해 4개 시점에서 완전 관측된 개체는 312명이며, 53명은 3개 시점, 45명은 2개 시점에서만 관측되었다. 3명은 연구 시작 시점에서만 관측되었다.

```
data imps22; set imps3;
prevy=lag(imps79);
sweek=sqrt(week);
s2week=sweek;
imps792=imps79;
IF imps79=-9 then imps792=. ;
if week=0  then prevy=.;
```

```
run;

proc print data=imps22; run;

PROC GEE DATA=imps22;
class id s2week ;
missmodel  s2week tx prevy tx*prevy/type=obslevel maxweight=1;
model imps792=sweek tx sweek*tx/dist=normal;
repeated subject=id/within=s2week corr=cs;
run;
```

GEE Model Information

Correlation Structure	Exchangeable
Within-Subject Effect	s2week (4 levels)
Subject Effect	id (413 levels)
Number of Clusters	413
Clusters With Missing Values	101
Correlation Matrix Dimension	4
Maximum Cluster Size	4
Minimum Cluster Size	1

Missing Data Patterns

	----Occasion----					
Group	1	2	3	4	Freq	Percent
1	X	X	X	X	312	75.54
2	X	X	X	.	53	12.83
3	X	X	.	.	45	10.90
4	X	.	.	.	3	0.73

Exchangeable Working Correlation

Correlation	0.4478

다음 결과를 통해 결측 모형에 대한 공변량의 효과를 검토해보자. ①의 p-값을 통해 세 가지 공변량 모두 유의한 값을 보여준다. $\hat{\alpha}_4 = -3.617$는 위약 그룹($tX=0$)이 처방 그룹($tX=1$)보다 더 결측될 확률이 높으며, 특히 위약 그룹에서는 이전 imps 점수가

낮을수록 결측될 가능성이 높음을 알 수 있다($\widehat{\alpha_5}=-0.5672$). 하지만, 처방 그룹에서는 ($tX=1$) 이전 imps 점수(prevy)가 높을수록 결측될 가능성이 더 높다. $\hat{\alpha}_5+\hat{\alpha}_6=-0.5672+0.9534=0.3862$. 즉, 위 결측 패턴은 MAR임을 확인할 수 있다.

① Parameter Estimates for Missingness Model

Parameter		Estimate	Standard Error	95% Confidence Limits		Z	Pr > |Z|
Intercept		4.2255	1.0907	2.0878	6.3633	3.87	0.0001
s2week	1	2.9481	0.6134	1.7458	4.1504	4.81	<.0001
s2week	1.7320508076	0.2055	0.2286	-0.2425	0.6535	0.90	0.3687
s2week	2.4494897428	0.0000	0.0000	0.0000	0.0000	.	.
tx		-3.6717	1.1462	-5.9181	-1.4252	-3.20	0.0014
prevy		-0.5672	0.2030	-0.9650	-0.1693	-2.79	0.0052
tx*prevy		0.9534	0.2224	0.5174	1.3894	4.29	<.0001

② Parameter Estimates for Response Model with Empirical Standard Error Estimates

Parameter	Estimate	Standard Error	95% Confidence Limits		Z	Pr > |Z|
Intercept	5.3791	0.0878	5.2070	5.5511	61.28	<.0001
sweek	-0.3516	0.0660	-0.4809	-0.2223	-5.33	<.0001
tx	0.0232	0.1022	-0.1771	0.2235	0.23	0.8203
tx*sweek	-0.6163	0.0763	-0.7658	-0.4669	-8.08	<.0001

②의 결과는 가중치를 반영한 wgee의 결과이다. (i) sweek의 결과는 위약 그룹의 시간에 따른 패턴을 보여준다. $\widehat{\beta_1}=-0.3516$을 통해 시간이 경과할수록 위약 그룹에 속한 환자의 imps 점수가 감소함을 알 수 있다. $\widehat{\beta_2}=0.0232$는 유의하지 않았다. 즉, 연구 초기 시점에서는 두 그룹의 imps 점수에 차이가 없음을 의미한다. $\widehat{\beta_3}=-0.6163$은 처방 그룹과 위약 그룹과의 imps 차이를 보여준다. 즉, 처방 그룹이 위약 그룹보다 훨씬 더 감소 폭이 큼을 알 수 있다. ③은 가중치의 효과를 비교하기 위해 weight를 고려하지 않은 gee의 결과를 보여준다. 공변량의 유의성에는 큰 차이가 없음을 확인할 수 있다.

```
/*** without missing model **/
PROC GEE DATA=imps22;
class id s2week ;
model imps792=sweek tx sweek*tx/dist=normal;
repeated subject=id/within=s2week corr=cs;
run;
```

QIC	1507.7242
QICu	1504.0000

③ Parameter Estimates for Response Model with Empirical Standard Error Estimates

Parameter	Estimate	Standard Error	95% Confidence Limits		Z	Pr > |Z|
Intercept	5.3768	0.0862	5.2079	5.5457	62.40	<.0001
sweek	-0.3561	0.0614	-0.4764	-0.2359	-5.80	<.0001
tx	0.0184	0.1006	-0.1788	0.2156	0.18	0.8551
sweek*tx	-0.5932	0.0725	-0.7352	-0.4512	-8.19	<.0001

다음은 R 프로그램의 WGEE의 적용예이다. wgeesel 패키지를 다운로드 받아야 한다. 현재(2025년 1월) 이 패키지는 외부에 저장된 압축파일을 통해 설치될 수 있으며 이 과정에서 필요한 여러 가지 패키지('geepack', 'bindata', 'PoisNor', 'CRTgeeDR')를 먼저 설치해야 한다. 또한 SAS 프로그램에서는 결측자료가 "."으로 표시되었지만 R 프로그램에서는 na로 저장되어야 한다.

```
library(wgeesel)
IMPS3$lagy<-ylag(IMPS3$id, IMPS3$imps79,1)
IMPS3$imps79<-ifelse(IMPS3$R==0,NA, IMPS3$imps79)
fit<-wgee(imps79~tx+sweek+tx*sweek, data=IMPS3,id=IMPS3$id,family="gaussian",
          corstr="exchangeable",scale=NULL,mismodel=R~tx+sweek+lagy+tx*lagy)

> summary(fit)
Call:
wgee(model = imps79 ~ tx + sweek + tx * sweek, data = IMPS3,
    id = IMPS3$id, family = "gaussian", corstr = "exchangeable",
    scale = NULL, mismodel = R ~ tx + sweek + lagy + tx * lagy)
```

```
              Estimates Robust SE z value Pr(>|z|)
(Intercept)    5.38240   0.08767  61.393   <2e-16 ***
tx             0.02054   0.10211   0.201    0.841
sweek         -0.35619   0.06581  -5.413    6e-08 ***
tx:sweek      -0.61042   0.07608  -8.024   <2e-16 ***
---
Signif. codes:  0 '***' 0.001 '**' 0.01 '*' 0.05 '.' 0.1 ' ' 1

 Estimated Scale Parameter:  1.512

 Estimated Correlation:  0.4484


> summary(fit$mis_fit)
Coefficients:
             Estimate Std. Errorz value  Pr(>|z|)
(Intercept)    6.9456    1.2391   5.605 2.08e-08 ***
tx            -3.5680    1.1390   3.132 0.00173 **
sweek         -1.2281    0.2290  -5.364 8.13e-08 ***
lagy          -0.5420    0.2021  -2.682 0.00732 **
tx:lagy        0.9282    0.2197   4.224 2.40e-05 ***
(Dispersion parameter for binomial family taken to be 1)
    Null deviance: 691.07  on 1187  degrees of freedom
Residual deviance: 603.84  on 1183  degrees of freedom
AIC: 613.84
number of Fisher Scoring iterations: 6
```

R의 wgee 결과는 SAS의 결과와 동일함을 알 수 있다. 이제 wgee가 제공하는 QICW와 MLIC를 살펴보자.

```
> QICW.gee(fit)
    QICWr    QICWp Wquasi_lik
1 22388.1  22281.5   -11136.7
> MLIC.gee(fit,fit)
   MLIC    MLICc Wquad_loss
1 22469  22491.3    22273.5
```

위 지표를 이용하여 IMPS의 평균에 대한 여러 개의 GEE 모형을 비교할 수 있다. 다음은 wgeesel 패키지에서 제공하는 imps 자료를 이용하여 wgee를 적용한 예이다. 위에서 분석한 413명 대신 imps 자료는 386명의 자료를 포함하며 참여자의 성별 정보를 포함한다. 분석 결과는 위에서 구한 것과 공변량의 유의성은 동일하였다. 따라서 독자들은 쉽게 wgee의 결과를 확인할 수 있다.

```
 imps$lagy<-ylag(imps$ID, imps$IMPS79,1)
> fit1 <- wgee(IMPS79 ~ Time*Drug+Sex, mismodel= R ~ Drug+Time+Drug+lagy+lagy*
  Drug, data=imps,
+             id=imps$ID, family="gaussian", corstr="exchangeable")
> QICW.gee(fit1)
  QICWr   QICWp Wquasi_lik
1 21106 20921.5   -10455.8
>
> fit2 <- wgee(IMPS79 ~ Time*Drug+Time*Sex, mismodel= R ~Drug+Time+
  Drug+lagy+lagy*Drug ,
+        data=imps, id=imps$ID, family="gaussian", corstr="exchangeable")
>
> QICW.gee(fit2)
    QICWr    QICWp Wquasi_lik
1 21112.7    20923.5   -10455.8
```

제8장

생존 자료와 경시적 자료의 결합모형

Joint model of longitudinal data with a terminal event

경시적 자료는 일반적으로 설계를 통해 반복측정 시점과 횟수가 미리 정해져 있다. 하지만 살아있는 개체를 대상으로 하는 의약학, 축산학, 생물학 등에서 어떤 특정 사건의 발생으로 인해 예상보다 일찍 관측이 종료되는 경우가 발생한다. 앞 장에서는 이러한 중도탈락과 경시적 반응변수와의 연관 여부를 검토하였으며 이를 위해 적용될 수 있는 방법을 간략하게 설명하였다.

생존분석(survival analysis)의 관점에서 경시적 자료를 시간 가변 공변량(time-varying covariate)으로 간주할 수 있을 것이다. 이때 경시적 자료는 확률변수이기 때문에, 두 종류의 자료(경시적 자료와 생존 자료)의 결합분포(joint distribution)가 명시되어야 하며 관련된 결합모형이 유도될 수 있다. 본 절에서는 일변량 경시적 자료와 우중도 생존 자료의 결합모형에 대해 논의한다. R 프로그램에서는 다양한 패키지 lcmm (Proust-Lima et al. 2018) and frailtypack(Rondeau et al. 2018), joineR (Philipson et al. 2018) and joineRML(Hickey et al. 2018)가 제공되고 있는데 본 장에서는 이 중 JM 패키지(Rizopoulos, 2012)를 통해 설명한다.

8.1절에서는 생존분석에 자주 사용되는 기초적인 분석으로 생존함수 추정, 생존함수의 비교 그리고 위험률의 회귀모형을 간단히 소개한다. 8.2절에서는 결합모형에 대한 소개와 추론과정을 설명한다. 8.3절에서는 자료 6의 CD4 trajectory와 사망 사건 과의 연관성 연구를 위해 결합모형을 적용한다.

8.1 생존분석

본 절에서는 생존분석을 이해하기 위해 용어와 기초 개념을 공부한다. 관심 있는 반응변수 T는 사건의 발생시간을 의미한다. 여기서 T는 0보다 큰 값을 가지는 확률변수로 확률밀도함수(probability density function) $f(t)$와 분포함수(distribution function) $F(t)$를 가진다. 일반적 통계분석에서는 관측치의 평균과 분산 등을 이용하여 요약통계량을 구할 수 있지만 생존분석에서는 중도절단으로 인해 이러한 통계량들은 기술통계량으로 사용되지 못한다. 대신 직접 분포함수를 추정함으로써 자료를 기술할 수 있다.

사건 발생시간 $T_1, \cdots, T_n$은 서로 독립이고 동일한 분포 F를 가지며 우리가 알고자 하는 대상이다. 한편 우중도절단 시간 $C_1, \cdots, C_n$도 서로 독립적이고 동일한 분포 F_C를 가진다고 하자. 만약 $T_i \le C_i$이라면 T_i를 관측할 수 있지만 $T_i > C_i$인 경우에는 C_i가 관측된다. 일반적으로 우중도절단 시점은 다음의 세 가지 유형으로 나눌 수 있다.

- **type 1 우중도절단:** 이 유형의 중도절단은 공학 연구에서 주로 이루어진다. 모든 실험 개체들은 미리 정해진 시점 가령 C까지 관측된다. 즉, 모든 실험 개체의 우중도절단 시간이 같다($C_1 = C_2 = \cdots C_n = C$). 따라서 중도절단 시점 전에 사건이 발생하면 그들의 T_i를 관측할 수 있고, 그렇지 않은 경우 $C_i = C$ 가 사용된다.
- **type 2 우중도절단:** 전체 실험 개체 중 미리 정해 놓은 사건 발생률, 예를 들어 전체 실험 개체 중에 70%가 사건을 가질 때 관측을 중지한다고 하자. 따라서 언제 관측이 종료될지는 알 수 없다.
- **임의(random) 우중도절단:** 위 두 유형의 중도절단은 모든 개체의 연구 시작 시점이 동일함을 가정으로 한다. 하지만 실제 자료에서는 서로 다른 시점에서 연구에 참여할 수 있으며, 연구가 종료되지 않았음에도 불구하고 여러 가지 이유로 더는 연구에 참여하지 못할 수도 있다.

일반적으로 중도절단의 이유는 다음 세 가지로 분류할 수 있다.

I) 연구 종료: 연구가 종료될 때까지 사건이 일어나지 않았다. 이를 행정상 중도절단(administrative censoring)이라고도 한다. 이 경우 중도절단은 관심 있는 사건과 무관하다고 할 수 있다.

II) 추적 실패(Loss to follow up): 연구자가 연락을 두절한 경우 더는 추적 조사가 불가능하게 된다. 여기서 다음 두 가지 경우는 편의 표본을 가져올 수 있다. 임상 연구에서 참여자가 너무 건강하여 치료법에 대한 필요를 느끼지 못해 연구에서 중도탈락할 수 있다(이는 7장에서 공부한 MAR에 의한 결측과 같은 맥락이다). 따라서 추정된 생존율이 실제보다 더 낮을 수 있다. 반면에 약물의 부작용 등으로 연구에서 일찍 탈락한 경우, 실제보다 더 높은 생존율이 추정될 수 있다. 따라서 추적 실패가 발생할 경우, 그 원인을 조사하는 것은 선행되어야 한다.

III) 경쟁위험모형(competing risk model): 다른 사건 발생으로 인해 관심 있는 사건이 중도절단된 경우에 경쟁위험모형을 고려해야 한다.

중도절단된 대상자에 대한 유일한 정보는 중단 시점까지 아직 사건이 발생하지 않았다는 것이며 따라서 $T_i > C_i$임을 알 수 있다. 다음은 [자료 6 aids]를 분석한 것이다.

```
> term<-aids[aids$Time==aids$stop,] ①
> head(term)
patient  Time death      CD4 obstime  drug   gender prevOI         AZT  start     stop
```

```
event
3     1 16.97     0 9.433981     12  ddC      male  AIDS  intolerance   12  16.97  0
7     2 19.00     0 5.000000     18  ddI male no  AIDS  intolerance   18  19.00  0
10    3 18.53     1 6.164414      6  ddI    female  AIDS  intolerance    6  18.53  1
14    4 12.70     0 1.732051     12  ddC      male  AIDS      failure   12  12.70  0
18    5 15.13     0 6.708204     12  ddI      male  AIDS      failure   12  15.13  0
19    6  1.90     1 4.582576      0  ddC    female  AIDS      failure    0   1.90  1
> dim(term)
[1] 467  12
>
> table(term$death)
  0   1
279 188
```

467명의 HIV 보균자 중에서 188명이 사망 또는 AIDS 발현을 경험하게 된다. ① 자료 분석을 위해 aids 자료에서 마지막 관측 시점만을 추출하여 term이라는 자료셋으로 명명한다. 예를 들어, patient 1은 16.97에서 중도절단되었으며(death=0) patient 3은 18.53주에서 사망(death=1) 하게 된다. 따라서 위 자료에서는 (Time, death)가 생존시간과 중도절단 지시함수를 각각 의미한다.

반응변수가 처리 후 사망까지 걸리는 시간일 때, $F(t)$는 t시점 바로 전까지 사망할 확률을 의미하며 생존함수 $S(t)$는 분포함수를 이용하여 다음과 같이 정의될 수 있다.

$$S(t) = \Pr(T \geq t) = 1 - F(t-),$$

즉 생존함수는 t 시점 이후에 사망할 확률, 또는 t 시점 바로 전까지 생존할 확률이다. 생존함수는 비증가함수(non-increasing function)로, $S(0) = 1$이며 일반적으로 $S(\infty) = 0$이 된다. 다시 말해서, $t = 0$일 때(연구 시작 시점), 모든 환자는 생존해 있다가 시간이 지날수록 사망하고 시간이 아주 많이 지나간 후에는 마침내 모든 환자가 사망하게 됨을 가정한다.

하지만 관심 사건이 사망이 아닌 특정 사건의 발생(암 환자의 수술 후 재발)이라고 할 때, 모든 환자의 재발 시간을 측정할 수 없게 된다. 따라서 그중 일부 환자의 재발 시간은 측정하지 못하고 연구가 종료되며 이때 측정되지 못한 재발 시간을 중도절단되었다고 한다.

여기서 사용될 자료는 생존시간(또는 중도절단 시간)과 사건 발생 여부를 보여 주는 지시함수로 구성된다.

$$\tilde{T}_i = \min(T_{i,}\ C_i), \qquad \delta_i = \begin{cases} 1 & if\ \ T_i \leqq C_i \quad (not\ censored) \\ 0 & if\ \ T_i > C_i \quad (censored) \end{cases}$$

생존함수를 구하기 위해 $\delta_i = 1$인 $\tilde{T}_i$ 를 크기순으로 배열한다($t_{(1)} < t_{(2)} < \cdots < t_{(m)}$).

$$\begin{aligned} \hat{S}(t) &= \Pr(T > t) \\ &= P(T > t | T > t_{(i)}) P(T > t_{(j)} | T > t_{(j-1)})\ \Pr(T > t_{(j-1)}) \\ &= \prod_{y_{(j)} \leq t} (1 - q_j) \end{aligned}$$

위 생존함수는 생명표 방법에서와 마찬가지로 조건부확률의 곱으로 표현된다. 그리고 각 조건부확률은 $p_j = 1 - q_j = \dfrac{n_j - d_j}{n_j}$, $q_j = \dfrac{d_j}{n_j}, j = 1, \cdots, m$ 로 추정된다. 여기서 d_j 는 j 시점에서 사건을 가진 개체 수, m_j는 j 시점에서 중도절단수, $n_j = n_{j-1} - (d_j + m_j)$는 j시점에서의 위험 개체수(risk number)를 의미한다. 동점이 없다면 $d_j = 1$ 이 된다. 생존함수는 Kaplan-Meier 추정량을 이용하여 구할 수 있다.

$$\hat{S}(t) = \prod_{t_{(j)} < t} \left[1 - \frac{d_j}{n_j} \right]^{\delta(j)} = \prod_{j=1}^{k} \left[\frac{n_j - d_j}{n_j} \right] \qquad t_{(k)} \leq t < t_{(k+1)}$$

사건 발생시간과 중도절단 시간이 동시에 일어난 경우에는 사건 발생이 먼저 일어났다고 가정하며, 따라서 중도절단된 개체는 이 시점의 생존함수 추정 시 위험 그룹에 포함된다. $\hat{S}(t)$의 분산을 추정하기 위해 다음의 그린우드의 공식(Greenwood formulae)을 적용한다. 다음은 위 자료를 분석하기 위한 R 프로그램의 survival 패키지를 적용한 결과를 보여 준다. survfit 함수를 이용하여 생존함수를 추정한다.

$$\widehat{Var}(\hat{S}(t)) = \hat{S}^2(t) \sum_{t_{(j)} \leq t} \frac{d_j}{n_j(n_j - d_j)}$$

```
> survfit(Surv(Time,death)~1, data=term)
Call: survfit(formula = Surv(Time, death) ~ 1, data = term)

      n  events  median 0.95LCL 0.95UCL
  467.0   188.0    19.1    17.8      NA
> fit<-survfit(Surv(Time,death)~1, data=term)
> summary(fit)
Call: survfit(formula = Surv(Time, death) ~ 1, data = term)
```

```
time        n.risk  n.event  survival  std.err   lower 95% CI  upper 95% CI
0.47          467       1     0.998  0.00214         0.994         1.000
0.77          466       1     0.996  0.00302         0.990         1.000
0.90          465       1     0.994  0.00370         0.986         1.000
1.03          464       1     0.991  0.00426         0.983         1.000
1.07          463       2     0.987  0.00521         0.977         0.997
1.13          461       1     0.985  0.00562         0.974         0.996
1.30          460       1     0.983  0.00600         0.971         0.995

> plot(fit, ylab="Surv.Prob")
> title("Survival function of HIV patients")
```

위 결과는 각 시점에서의 재발 횟수(n.event), 생존율(survival), 표준오차(std.err)와 연관된 95% 신뢰수준을 보여 준다. <그림 8.1>은 추정된 생존함수 그래프를 보여 준다.

생존분석에서 가장 자주 언급되는 **위험함수**(Hazard function)는 매우 중요한 함수로 어떤 임의의 시점에서 사건이 발생할 확률을 의미한다. 일반적으로 통계학에서는 확률변수가 특정 값을 가질 확률을 구하기 위해 다음의 확률밀도함수가 사용된다.

$$f(t) = \lim_{h \to 0} \frac{\Pr(t \le T \le t+h)}{h}$$

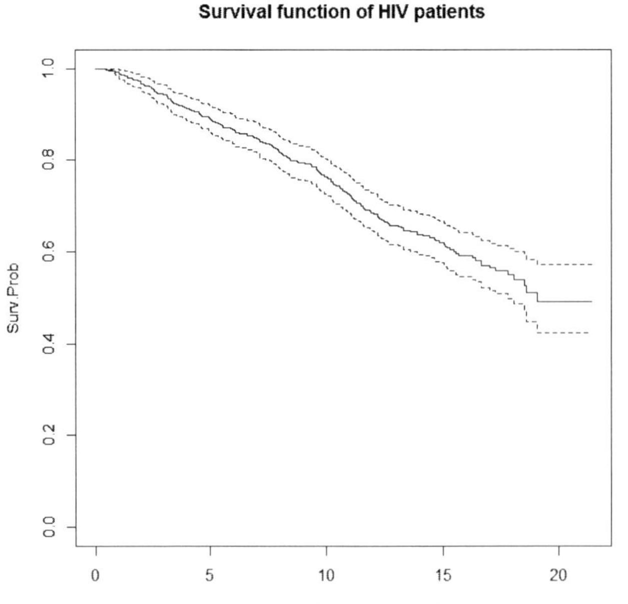

그림 8.1 aids 자료의 생존율과 95% 신뢰구간

생존분석에서는 사건이 발생하기 위해서는 그 시점까지 생존해야 한다. 따라서 이러한 조건은 사건 발생확률을 구하기 위한 식에 반영되어 다음의 조건부확률(conditional probability)로 위험함수를 정의할 수 있다.

$$\lambda(t) = \lim_{h \to 0} \frac{\Pr(t \le T \le t+h | T \ge t)}{h} = \frac{f(t)}{S(t)} = \frac{\frac{d}{dt}(1 - S(t))}{S(t)}$$

위 식에서 확인할 수 있는 것처럼 위험함수는 확률이 아니며, 확률 비로서, 1보다 큰 값을 가질 수 있다. 이에 근거하여 누적위험함수(cumulative hazard function)를 다음과 같이 정의한다.

$$\Lambda(t) = \int_0^t \lambda(u) du = -\log S(t)$$

다음 프로그램은 공변량의 효과를 포함하지 않은 경우, 누적위험함수의 추정량인 Nelson-Aalen 추정량을 보여준다.

```
> fit0<-basehaz(coxph(Surv(term$Time, term$death)~1))    ## 누적위험함수
> plot(fit0[,2], fit0[,1], type="s",ylab="Cumulative hazard", xlab="Time")
> title("Cumulative hazard functon")
```

8.1.1 생존함수의 비교

두 그룹의 생존함수의 동일성 여부를 검정하기 위하여 다음의 귀무가설이 고려된다.

$$H_0 : S_1(t) = S_2(t)$$

만약 위 귀무가설이 참이 아니라면 대립가설은 다음 두 가지 경우를 고려할 수 있다.

(1) $H_1 : S_1(t) > S_2(t)$ 또는 $H_1 : S_1(t) < S_2(t)$

(2) $H_1 :\ S_1(t) > S_2(t) \quad t > t^*$

$S_1(t) \le S_2(t) \quad t \le t^*$

즉, 두 그룹의 분포의 동질성 여부를 검정하고자 한다. 다음의 자료를 고려해 보자.

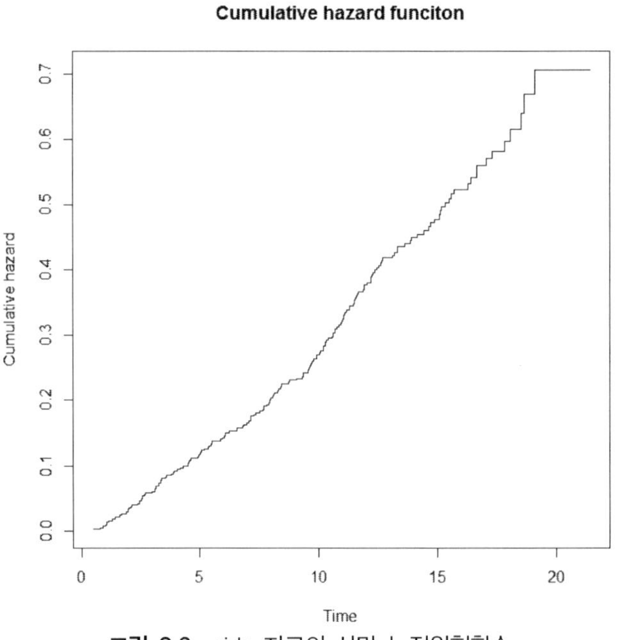

그림 8.2 aids 자료의 사망 누적위험함수

$$\text{그룹 1: } (y_{11},\delta_{11}),(y_{12},\delta_{12}),\cdots,(y_{1m_1},\delta_{1m_1}),$$

$$\text{그룹 2: } (y_{21},\delta_{21}),(y_{22},\delta_{22}),\cdots,(y_{2m_2},\delta_{2m_2})$$

로그 순위검정통계량을 유도하기 위해 두 그룹의 관측값들을 모두 합친 후(pooled), $\delta=1$인 y값들에 대해서 크기 순서에 따라 나열하여, $t_1<\cdots<t_r$을 생성한다. 각 t_i 시점에서 그룹 1로부터 관찰된 사건 수를 d_{i1}, 위험 그룹에 속한 건수는 $Y_{i1}=\sum_{k=1}^{m_1} I(y_{1k}\geq t_i)$로 정의한다. 비슷하게, t_i 시점에서 그룹 2로부터 관찰된 사건 수와 위험 그룹에 속한 사건 수는 d_{i2}와 Y_{i2} 로 정의된다. 여기서 $d_i=d_{i1}+d_{i2}$는 시점 t_i에서 관찰된 총 사건 수이며 $Y_i=Y_{i1}+Y_{i2}$는 시점 t_i에서 위험 그룹에 속한 개체의 총합이 된다.

검정통계량을 유도하기 위해 각 사건 발생 시점 t_i에서 그룹 1에 대해 귀무가설과 대립가설하에서 구한 위험률의 추정량을 사용한다. 좀 더 구체적으로, 귀무가설 하에서 두 그룹의 생존함수 또는 위험함수가 같으므로, t_i 시점에서 관측된 위험률은 d_i/Y_i이며 그룹 1에서 추출한 표본만을 사용할 경우, 위험률은 d_{i1}/Y_{i1}로 이들은 귀무가설이 맞다면 비슷한 값을 가질 것이다. 따라서

$$Z^* = \sum_{i=1}^{r} \left[\frac{d_{i1}}{Y_{i1}} - \frac{d_i}{Y_i} \right] \tag{8.1}$$

의 절댓값은 작은 값을 가지게 될 것이며, 큰 절댓값에 대해서는 귀무가설을 기각하게 된다. 또한 식 (8.1)은 다시 다음과 같이 표현되며

$$Z^* = \sum_{i=1}^{r} \frac{1}{Y_{i1}} \left[d_{i1} - Y_{i1} \frac{d_i}{Y_i} \right] = \sum_{i=1}^{r} \frac{1}{Y_{i1}} \left[O_{i1} - E_{i1} \right]$$

$$E(d_{i1}) = Y_{i1} \frac{d_i}{Y_i}, \qquad Var(d_{i1}) = \frac{Y_{i1} Y_{i2}}{Y_i - 1} \frac{d_i}{Y_i} \left(1 - \frac{d_i}{Y_i} \right) = V_{i1}$$

이를 이용하여, Z^*의 분산은 $V_1 = \sum_{i=1}^{r} V_{i1}$이 된다. 이를 이용하여 **로그 순위검정통계량(log rank test)**은 다음과 같이 정의된다.

$$Z = \frac{Z^*}{\sqrt{V_1}} \sim N(0,1), \qquad Z^2 = \frac{Z^{*2}}{V_1} \sim \chi^2(1)$$

R 프로그램에서는 survdiff 함수를 이용하여 로그 순위검정을 할 수 있다.

```
> fit2<-survdiff(Surv(Time,death)~drug,data=term)
> fit2
Call:
survdiff(formula = Surv(Time, death) ~ drug, data = term)

              N  ObservedExpected  (O-E)^2/E  (O-E)^2/V
drug=ddC    237        88    97.8      0.991       2.07
drug=ddI    230       100    90.2      1.075       2.07
 Chisq= 2.1  on 1 degrees of freedom, p= 0.2


> plot(survfit(Surv(Time,death)~drug,data=term), lty=c(1,2),xlab="Time", ylab="Surv.Prob")
> title("Survival Prob of two drug groups")
```

위 결과를 통해 p-value=0.2이므로 귀무가설(두 그룹의 생존함수는 동일하다)를 채택하게 된다. 그러나 그림 8.3에서 보면, 두 그룹이 초기 시점에는 비슷한 생존율을 보여 주지만, 시간이 지나면서 ddC 그룹이 ddI 그룹보다 더 높은 생존율을 보여 준다. 따라서 환자들의 특성을 반영한 후 다시 두 그룹을 비교하기 위해 회귀모형이 적용된다.

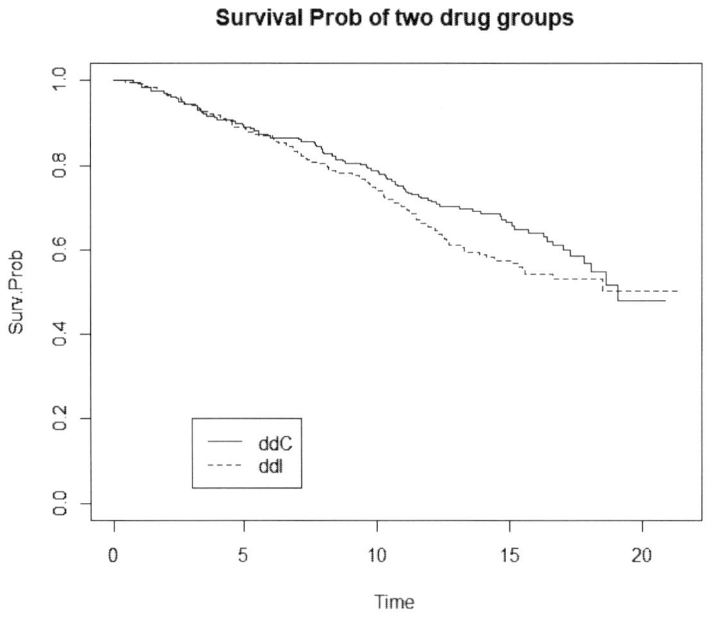

그림 8.3 aids 자료의 두 약물 그룹의 생존함수의 비교

8.1.2 생존함수(위험함수)의 회귀모형: 비례위험모형

생존함수 또는 위험함수에 대한 공변량의 효과를 검토하기 위해 여러 유형의 회귀모형이 적용된다. 모수 회귀모형은 생존시간이 특정 확률분포(지수분포, 감마 분포, 로그 정규분포 등)를 따른다고 가정한다. 따라서 로그 우도함수를 이용하여 회귀계수를 추정하게 된다. 하지만 이 방법은 가정하는 모수분포에 따라 그 결과가 달라질 수 있다는 점에서 분포 가정의 민감성이 문제가 될 수 있다. 또한 모수 회귀모형에서는 시간 가변 공변량의 적용이 어려울 수 있다. 이러한 단점이 없는 준모수 회귀모형(semi-parametric regression model)이 고려될 수 있다. 즉, 기저 함수에 대한 특정 분포를 가정하지 않으면서 시간에 따라 변하는 공변량을 반영하는 우도함수를 유도하게 된다.

본 절에서는 준모수 모형 중 가장 많이 적용되는 비례위험모형(proportional hazard model)을 설명한다. 비례위험모형에서는 생존시간과 공변량 $Z_i = (Z_{i1,} \cdots, Z_{ip})'$의 관계가 다음의 위험함수를 통해서 표현된다.

$$\lambda(t;Z_i) = \lambda_0(t)\exp(Z_i'\beta) \tag{8.2}$$

여기서 $\lambda_0(t)$는 특정한 분포의 가정이 주어져 있지 않은 기저 위험함수(baseline hazard function)이며, $\beta=(\beta_1,\cdots,\beta_p)$는 $p\times 1$ 벡터로 공변량의 효과를 추정하는 회귀계수로 공변량 Z_{ik}가 한 단위 증가할 때마다 $\exp(\beta_k)$배만큼 위험률이 증가하게 된다. 예를 들어 $p=1$일 때, 두 개체 i와 j의 사건발생 위험비는

$$\frac{\lambda(t;Z_i)}{\lambda(t;Z_j)}=\frac{\lambda_0(t)\exp(Z_i\beta)}{\lambda_0(t)\exp(Z_j\beta)}=\exp[(Z_i-Z_j)\beta]$$

이 된다. 위 식의 좌변은 시간의 함수이지만 우변의 결과를 통해 위험률의 비는 시간에 의존하지 않고 항상 일정하다는 것을 알 수 있다. 즉, 장애 모수(nuisance parameter)인 기저 위험함수 $\lambda_0(t)$가 분자와 분모에서 사라지게 된다. 예를 들어, 두 가지 다른 처방을 받은 두 환자에 대해 한 환자($Z=1$)는 다른 환자($Z=0$)에 비해 사건 발생 위험률이 $\exp(\beta)$배이며 이러한 효과는 모든 시간에 동일함을 의미한다. 이러한 성질 때문에 (8.2) 모형을 비례위험모형이라고 한다. 다음은 비례위험모형을 적용한 결과이다.

aids 자료에서는 두 처리 그룹(drug)뿐만 아니라, CD4, GENDER, AZT 변수가 공변량으로 사용되었다. 여기서 CD4는 연구 종료시점(사망 또는 중도절단)에서 측정된 값으로 모두 시간 고정 공변량이다.

```
> fit3<-coxph(Surv(Time,death)~CD4+drug+gender+AZT, data=term)
> summary(fit3)
  n= 467, number of events= 188

                  coef   exp(coef)    se(coef)        z    Pr(>|z|)
CD4           -0.13536     0.87340     0.02381   -5.684    1.31e-08 ***
drugddI        0.30809     1.36082     0.14697    2.096     0.03606 *
gendermale    -0.37699     0.68592     0.24441   -1.542     0.12296
AZTfailure     0.48772     1.62860     0.14991    3.253     0.00114 **
---
Signif. codes:  0 '***' 0.001 '**' 0.01 '*' 0.05 '.' 0.1 ' ' 1

             exp(coef)   exp(-coef)   lower .95    upper .95
CD4             0.8734       1.1449      0.8336       0.9151
drugddI         1.3608       0.7349      1.0202       1.8151
gendermale      0.6859       1.4579      0.4248       1.1074
AZTfailure      1.6286       0.6140      1.2140       2.1848
```

```
Concordance= 0.663  (se = 0.02 )
Likelihood ratio test= 69.4  on 4 df,   p=3e-14
Wald test            = 54.54  on 4 df,   p=4e-11
Score (logrank) test = 59.08  on 4 df,   p=5e-12
```

위 결과를 통해 성별(gender)을 제외하고 cd4, drug, AZT 공변량은 사망 위험률에 유의한 영향을 가짐을 알 수 있다. 즉, CD4가 높을수록($\widehat{\beta_1}$=−0.1353) 사망할 위험이 적다. 즉, CD4가 한 단위 감소할 때마다, 사망할 위험은 14% 증가하였다. 또한 AZT를 실패한 경험이 있을수록($\widehat{\beta_3}$=0.487) 사망할 위험률이 62% 더 높아짐을 알 수 있었다. 가장 흥미로운 점은 로그 순위검정에서는 차이가 없다고 검정된 결과와 달리 drug의 효과가 유의적인 결과를 보여 준다(p-값=0.036). 즉, ddI 그룹이 ddC 그룹보다 사망할 위험이 크며($\widehat{\beta_2}$ =0.3089) 위험률이 36% 증가하였다. 그림 8.3의 차이를 상기해보자. 이는 환자의 특성을 보정한 후 두 그룹의 유의성을 검토한 결과이다. 생존분석과 관련된 보다 더 많은 분석 방법을 위해『생존분석』(김양진, 2017)을 참고하길 바란다.

8.2 결합모형

결합모형(joint model)을 적용할 때 자료분석에 따라 두 가지 다른 관점을 가질 필요가 있다. 먼저 경시적 자료분석이 주요 관심인 경우, 연구 탈퇴(drop out)의 원인이 특정 사건의 발생이라고 하자. 그리고 그 특정 사건은 경시적 자료와 밀접하게 관련될 수 있다(MAR, NMAR). 만약, 주 관심이 생존자료분석일 경우, 예를 들어 환자의 상태 변화를 통해 생존 여부를 예측하고자 할 때, 상태 변화는 연속적으로 측정되는 시간 가변 공변량으로 간주할 수 있다. 따라서 반복측정되는 환자의 상태는 경시적 자료로 표현되며 생존 여부와의 연관 관계를 위해 이 두 확률 과정(Stochastic process)이 동시에 분석되어야 한다(Wulfsohn and Tsiatis, 1997; Henderson et al. 2000).

경시적 자료(생존분석에서는 오차를 가지고 관측된 시간 가변 공변량)와 생존 자료를 연결하기 위해 다음의 자료를 고려해 본다.

$$\{(T_i,\delta_i),\ \{Y_{ij}=Y_i(t_{ij})\},\ X_{ij}\ ,j=1,\cdots,m_i\ \}$$

연속형 경시적 자료 Y_{ij}에 대해 다음의 선형혼합모형(LMM)을 적용한다.

$$Y_{ij}|b_{i0,}b_{i1} = X_{ij}\beta + b_{i0} + b_{i1}t_{ij} + \epsilon_{ij} = \mu(t_{ij}) + \epsilon_{ij} \tag{8.3}$$

여기서 $\mu_i(t) = E(Y_i(t)|X_i, b_i)$을 의미한다. β는 고정효과를 보여 주며 $b_i = (b_{i0}, b_{i1})$는 개인별 변이(subject-specific variation)를 반영하고 랜덤 절편, 랜덤 기울기를 의미하며 이변량 정규분포를 가정한다($N(0, \Sigma_b)$). 오차항 ϵ_{ij}도 정규분포 ($N(0, \sigma_e^2)$)를 가정하고 b_i와 독립임을 가정한다. 경시적 자료를 반영하기 위해 비례위험모형을 가정한 종말 사건의 위험률을 고려해 보자. 경시적 자료와 위험률과의 연관성을 모형화하기 위해 생존시간에 대해 다음의 위험함수들을 고려해보자.

◎ 모형 1

$$\lambda_i(t \mid b_{i0}, w_i) = \lambda_0(t)\exp(\gamma' w_i + b_{i0})$$

경시적 자료의 모형 (8.3)과 연결하기 위해 공통된 개인별 효과를 공유한다. 위 모형은 경시적 자료와 위험률 간에 양의 상관관계가 있을 때만 적용될 수 있다. 즉, 경시적 자료의 평균이 증가할수록 사망 위험률이 증가함을 의미한다.

◎ 모형 2

$$\lambda_i(t \mid b_{i0}, w_i) = \lambda_0(t)\exp(\gamma' w_i + \phi b_{i0})$$

모형 1의 제한점을 제거하기 위해 개인별 변이 b_i를 공변량으로 간주한다. 여기서 $\phi > 0$은 경시적 자료와 사망 위험률이 양의 상관관계를, $\phi < 0$은 음의 상관관계를 의미한다.

◎ 모형 3

$$\lambda_i(t \mid \mu_i(t), w_i) = \lambda_0(t)\exp(\gamma' w_i + \alpha\mu_i(t)) \tag{8.4}$$

연구 종료 시점에서 추정된 경시적 자료의 개인별 평균 $\mu_i(t_{ij}) = x_{ij}\beta + b_{i0} + b_{i1}t_{ij}$이 공변량으로 사용된다. 회귀계수 α는 경시적 자료가 사건 발생 위험률에 미치는 영향력을 보여준다. 예를 들어, aids 자료에서 $\alpha > 0$이면, 높은 cd4를 가질수록 사망 위험률이 높음을, $\alpha < 0$은 낮은 cd4를 가진 사람일수록 사망 위험률이 높음을 의미한다.

경시적 자료와 사건 발생 간의 결합모형을 위해 식 (8.3)과 (8.4)를 이용하여 우도함수(likelihood function)를 유도한다.

$$L_i = f(T_i, \delta_i, y_i | b_i, \theta) = f_1(T_i, \delta_i | b_{i,} \theta) \times f_2(y_i | b_i, \theta),$$

여기서 f_1과 f_2는 다음과 같다.

$$f_1(T_i, \delta_i | b_i, \theta) = \lambda_i(T_i | b_i, \theta)^{\delta_i} S_i(T_i | b_i, \theta) \tag{8.5}$$

$$f_2(y_i | b_i, \theta) = f_2(y_{i1}, \cdots, y_{im_i} | b_i, \theta) = \prod_{k=1}^{m_i} p(y_{ik} | b_{i,} \theta)$$

여기서 모수 벡터 $\theta = (\beta,\ \Sigma_b^2,\ \sigma_e^2,\ \gamma,\ \alpha,\ \lambda_0(\cdot))$는 경시적 자료와 생존 자료의 모형과 관련된 모든 모수의 집합이다. 따라서 완전 관측된 우도함수는 랜덤 효과의 영향력을 제거하기 위해 b_i에 대한 적분이 필요하다.

$$f(T_i, \delta_{i,} y_i; \theta) = \int f_1(T_{i,} \delta_i | b_i, \theta) \times \prod_{j=1}^{m_i} p(y_{ij} | b_{i,} \theta) f_b(b_i; \theta) db_i$$

하지만 위 적분은 닫힌 형태로 유도될 수 없다. 따라서 GLMM 하에서 적용되었던 구적법(GH: Gauss Hermite), 베이지안 방법 그리고 라플라스 근사화 등이 적용된다.

JM 패키지에서는 로그 우도함수의 최대화를 위해 hybrid optimization(EM 알고리즘과 quasi-Newton 알고리즘)을 적용하고 있다.

결합모형에서 주목할 점은 식 (8.4)의 위험함수과 생존함수에 포함된 기저 위험함수 $\lambda_0(t)$의 처리이다. 일반적인 생존분석에서는 회귀계수추정이 주 관심인 경우 $\lambda_0(t)$는 장애모수(nuisance parameter)로 간주되며 이에 대한 적절한 처리를 위해 Cox의 partial likelihood가 적용되었다. 하지만 경시적 자료와의 결합분포를 고려해야 하므로 더는 위 방법이 적용될 수 없다. 대신 기저 위험함수에 대한 다양한 모형이 고려된다. $\lambda_0(t)$에 대한 처리에 따라 모수 회귀모형 또는 준모수 회귀모형으로 분류할 수 있다. 즉, 지수분포, 와이블 분포가 기저 위험함수로 지정될 때 모수 회귀모형이라고 하며, 그 형태가 지정되지 않은(unspecified) 경우 준모수 회귀모형(semiparametric regression model)이라고 한다.

JM 패키지의 jointModel에서 기저 위험함수에 대해 지정할 수 있는 옵션 사항이다.

· method="weibull-AFT-GH": Weibull 분포를 기저 함수로 하는 AFT 모형을 사용
· method="weibull-PH-GH": Weibull 분포를 기저 함수로 하는 COX 모형을 사용
· method="spline-PH-GH": spline 기법으로 사용하여 기저 함수 추정

· method="piecewise-PH-GH": 조각 상수 기저 함수를 사용. 즉,

$$\lambda_0(t) = \sum_{q=1}^{Q} \xi_q I(v_{q-1} < t < v_q),$$

위 joint 모형의 모수추정을 위한 또 다른 방법으로 MCMC를 기반한 베이지안 방법을 적용할 수도 있다(JMbayes 패키지 2016).

8.3 적용 예

자료 6 aids

자료의 주목적은 환자의 생존 여부에 두 가지 약물의 효과를 비교하고자 하였다. 8.1절에서는 시간 고정 공변량인 개인의 정보를 포함한 PH 모형이 적용되었다. AIDS 환자에게 CD4는 중요한 biomarker이며 반복측정된 값을 모두 고려하기 위해서 시간 가변 공변량으로 간주한다. aids 환자의 면역력 지수로 사용되는 CD4 자료를 분석에 적용하고자 한다.

```
>library(JM)
>library(lattice)
> aids$death1<-ifelse(aids$death==0,"CENSORED","DEAD")
> head(aids)
  patient  Time death       CD4 obstime drug gender prevOI         AZT start  stop event    death1
1       1 16.97     0 10.677078       0  ddC   male   AIDS intolerance     0  6.00     0 CENSORED
2       1 16.97     0  8.426150       6  ddC   male   AIDS intolerance     6 12.00     0 CENSORED
3       1 16.97     0  9.433981      12  ddC   male   AIDS intolerance    12 16.97     0 CENSORED
4       2 19.00     0  6.324555       0  ddI   male noAIDS intolerance     0  6.00     0 CENSORED
5       2 19.00     0  8.124038       6  ddI   male noAIDS intolerance     6 12.00     0 CENSORED
6       2 19.00     0  4.582576      12  ddI   male noAIDS intolerance    12 18.00     0 CENSORED

> table(death1,obstime)

          obstime
death1       0   2   6  12  18
  CENSORED 279 243 227 211  33
```

```
  DEAD        188 125   83  15    1

xyplot(sqrt(CD4) ~ obstime|drug, group = patient, data = aids, xlab = "Months",
       ylab = expression(sqrt("CD4")), col = 1, type = "l")   # <그림 8.4>
```

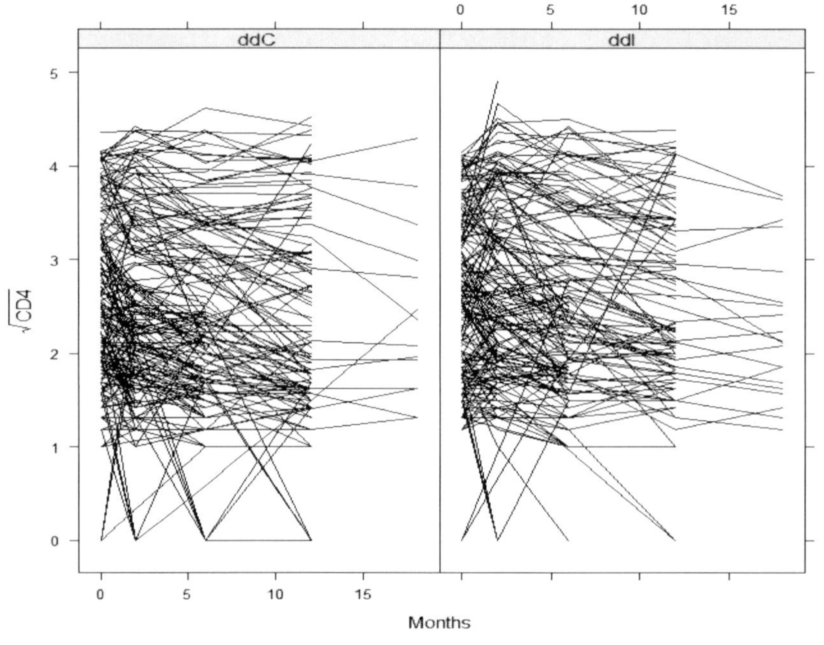

그림 8.4 두 약물 그룹에 따른 CD4 제곱근의 변화

<그림 8.4>는 두 약물의 종류에 따라 제곱근 CD4의 스파게티 그림을 보여 준다. 두 그룹 간의 분포에 대해 큰 차이를 찾을 수 없었다. 8.1절에서 두 그룹의 생존율을 비교하기 위해 로그 순위검정(log rank test)을 적용한 결과(다른 공변량의 효과가 보정되지 않은 경우), 두 약물 처리(drug="ddC", "ddI")의 생존율에는 차이가 없었다(p-값=0.2). 하지만 비례위험모형분석에서는 위와 다른 결과를 보여 준다. 즉, 성별(gender), AZT 치료 실패 여부(AZT), 사망 시(또는 중도절단 시) 측정된 CD4가 공변량으로 함께 적용될 경우에 두 약물 간(drug)에는 사망률에 유의적인 차이가 있음을 보여 주었다.

위 분석에서 사용된 CD4 자료는 사망 시점(또는 중도절단시점)에서 측정된 CD4 값이었다. 하지만 CD4는 종단 연구기간 동안 반복적으로 측정되므로 그 기록을 생존분석에 반영하기 위해 시간 가변 공변량(time-dependent covariate)으로 간주할 수 있다. 하지만 CD4도 확률분포를 가지는 확률변수이므로 위험률에 적용하기 위해서 결합모형이

제시될 필요가 있다.

결합모형의 적절성을 검토하기 위해 두 가지 분석 결과를 비교한다. [분석1]에서는 일반적인 비례위험모형을 적용한다. 여기서 CD4 값으로 연구 시작 시점에 주어진 CD4 측정치가 사용된다. JM 패키지에서 제공하는 aids.id는 해당 자료를 포함한다. [분석 2]에서는 CD4 값으로 연구종료 시점에서 구한 CD4를 사용하였다. 따라서 [분석 1]과 [분석 2]는 CD4의 반복 측정 자료, 즉 경시적 자료를 사용하지 않는다.

분석 1 시간 가변 공변량 무시: 연구 초기 관측된 CD4 값 사용

```
> head(aids.id)
patient  Time death       CD4 obstime  drug  gender prevOI  AZT start stop  event
1   1 16.97     0 10.677078  0 ddC    male   AIDS  intolerance   0  6.0     0
2   2 19.00     0  6.324555  0 ddI    male noAIDS  intolerance   0  6.0     0
3   3 18.53     1  3.464102  0 ddI female   AIDS  intolerance   0  2.0     0
4   4 12.70     0  3.872983  0 ddC    male   AIDS failure       0  2.0     0
5   5 15.13     0  7.280110  0 ddI    male   AIDS failure       0  2.0     0
6   6  1.90     1  4.582576  0 ddC female   AIDS failure       0  1.9     1

> td.Cox<-coxph(Surv(Time, death)~ drug+ sqrt(CD4),data = aids.id)    ### [분석 1]
> summary(td.Cox)
  n= 467, number of events= 188
                coef  exp(coef)   se(coef)        z    Pr(>|z|)
drugddI      0.26461    1.30292    0.14644    1.807    0.0708 .
sqrt(CD4)   -0.79154    0.45315    0.08442   -9.376    <2e-16  ***

=================================================================================
```

분석 2 시간 가변 공변량 무시: 연구 종료 시 관측된 CD4 사용

```
> td1.Cox<-coxph(Surv(Time, death)~ drug+ sqrt(CD4),data =term)   ## term dataset [분석2]
> summary(td1.Cox)
  n= 467, number of events= 188
                coef  exp(coef)   se(coef)        z    Pr(>|z|)
drugddI      0.29933    1.34895    0.14686    2.038     0.0415  *
sqrt(CD4)   -0.56154    0.57033    0.08184   -6.862    6.8e-12  ***
```

위 결과를 보면 data=aids.id와 data=term에 따라 두 약물의 효과의 유의성이 달라짐을 알 수 있다. 즉, aids.id 자료(연구 시작 시점에서 측정된 CD4를 포함한 자료)에서는 두 약물에 의한 위험률 차이는 유의하지 않은 데 반해 term 자료(연구 종료 시점에서 측정된 CD4를 포함한 자료)에서는 두 약물의 위험률에 유의적인 차이가 존재하였다. 또한 제곱근 CD4의 효과에도 조금은 차이가 발생함을 알 수 있다.

분석 3 Joint model

먼저 경시적 자료 sqrt(CD4)에 대해 관측 시간과 치료 방법의 교호작용이 고정효과로 사용되며, 랜덤효과로는 랜덤 절편과 랜덤 기울기가 적용된다. 다음으로 생존 자료에 CD4를 제외한 약물 관련 공변량을 포함한 회귀모형을 고려한다. 기저 위험함수에 대해 조각별 상수 기저 함수(piecewise constant hazard function)를 적용하였다. 조각의 수는 디폴트가 7이다. 랜덤효과의 적분을 처리하기 위해 가우스 구적분을 적용하며(method = "piecewise- PH-GH") 구적점의 개수는 디폴트로 15가 적용된다. 결합모형 3이 적용되었다.

```
fitLME<-lme(sqrt(CD4) ~obstime+drug+obstime*drug,random=~obstime | patient, data =
aids)
fitSURV <- coxph(Surv(Time, death) ~ drug, data =aids.id, x = TRUE)   ## 사망 시점만을 포
함한 자료
fit.JM <- jointModel(fitLME, fitSURV, timeVar = "obstime",method = "piecewise-PH-GH")

> summary(fit.JM)
Data Descriptives:
Longitudinal Process              Event Process
Number of Observations: 1405      Number of Events: 188 (40.3%)
Number of Groups: 467

Joint Model Summary:
Longitudinal Process: Linear mixed-effects model
Event Process: Relative risk model with piecewise-constant
               baseline risk function
Parameterization: Time-dependent
   log.Lik      AIC      BIC
 -2107.562 4249.124 4319.612
Variance Components:
```

```
              StdDev      Corr
(Intercept)    0.8663     (Intr)
obstime        0.0385    0.0681
Residual       0.3758

Coefficients:
Longitudinal Process  ①
                    Value    Std.Err   z-value   p-value
(Intercept)        2.5416    0.0514    49.4825   <0.0001
obstime           -0.0419    0.0046    -9.0361   <0.0001
drugddI            0.0320    0.0751     0.4258    0.6703
obstime:drugddI    0.0047    0.0066     0.7092    0.4782

Event Process ②
                    Value    Std.Err   z-value   p-value
drugddI            0.3520    0.1537     2.2901    0.0220
Assoct            -1.0991    0.1180    -9.3176   <0.0001
log(xi.1)         -1.6539    0.2499    -6.6176
log(xi.2)          1.3433    0.2395    -5.6081
log(xi.3)         -1.0266    0.2863    -3.5862
log(xi.4)         -1.5835    0.3737    -4.2371
log(xi.5)         -1.4754    0.3501    -4.2144
log(xi.6)         -1.4419    0.4284    -3.3661
log(xi.7)         -1.4814    0.5454    -2.7163
 method: Gauss-Hermite
quadrature points: 15
================================================================================
```

①은 경시적 반응변수(CD4)에 대한 선형혼합모형(LMM)을 적용한 결과이다. obstime 변수만이 유의적임을 알 수 있으며 시간이 경과할수록 CD4는 감소하는 경향이 있다. ②를 통해 사망 위험률에서 ddI 그룹과 ddC 그룹 간에 유의적인 차이를 확인할 수 있다. 또한, Assoct에 해당되는 $\hat{\alpha}=-1.0991$은 [결합모형3]의 CD4의 평균에 대한 회귀계수 추정치이다. 즉, 음의 값을 통해, CD4가 감소할수록 사망할 위험률이 증가함을 알 수 있다. <표 8.1>은 [분석 1], [분석 2], [분석 3]을 적용한 결과를 보여 준다. 모든 경우에서 CD4의 효과는 유의하며, 특히 결합모형하에서 그 효과가 가장 큼을 알 수 있다.

표 8.1 일반적인 회귀모형과 결합모형에서 회귀계수의 비교

	[분석 1]		[분석2]		[분석3]	
	Est	p-value	Est	p-value	Est	p-value
약품(ddI ddC)	0.265	0.0708	0.299	0.0415	0.351	0.0224
$\sqrt{cd4}$ 또는 $\mu(t)$	−0.791	<0.001	−0.561	<0.001	−1.102	<0.001

다음은 기저위험함수로 와이블 분포를 적용한 분석 결과이다.

```
> fit.JM2<- jointModel(fitLME, fitSURV, timeVar = "obstime",method ="weibull-PH-GH")
Joint Model Summary:
Longitudinal Process: Linear mixed-effects model
Event Process: Weibull relative risk model
Parameterization: Time-dependent
   log.Lik       AIC       BIC
 -2106.451 4236.901 4286.657
Event Process
                Value   Std.Err   z-value  p-value
(Intercept)   -2.2059    0.3451   -6.3917  <0.0001
drugddI        0.3591    0.1540    2.3320   0.0197
Assoct        -1.0814    0.1184   -9.1375  <0.0001
log(shape)     0.2351    0.0722    3.2563   0.0011
Scale: 1.265
Integration:
method: Gauss-Hermite
quadrature points: 15
```

각 모형에서 제공되는 AIC를 이용하여 fit.JM(4249.124)과 fit.JM2(4236.901)을 통해 와이블 분포를 기저로 하는 결합모형이 조각 기저를 이용한 결합모형보다 더 나은적합도를 보여준다. 8장에서는 경시적 자료와 생존 자료의 결합모형을 분석하였다. 이 방법의 확장으로 (I) 경시적 자료와 재발 사건(recurrent event data)의 결합모형, (II) 경시적 자료, 재발 사건 그리고 생존 자료 결합모형, (III) 다변량 경시적 자료와 생존 자료의 결합모형 등으로 확장될 수 있다.

참고문헌

- 김양진 (2017). 생존분석, 자유아카데미
- Agresti, A. (2013). *Categorical Data Analysis* (3rd Ed.), New Jersey: John Wiley & Sons.
- Carey, V.C. Zeger, S.L. and Diggle, P.J. (1993). Modelling multivariate binary data with alternative logistic regressions. *Biometrika*, 80, 517-526.
- Dempster, A.P., Laird, N. M., and Rubin, D.B. (1977). Maximum Likelihood from Incomplete Data via the EM Algorithm. *Journal of the Royal Statistical Society, Series* 39, 1–38.
- Diggle, P.J., Heagerty, P., Liang, K.-Y., and Zeger, S.L. (2002). *Analysis of Longitudinal Data.* Oxford: Clarendon Press.
- Faraway, J.J. (2004). *Extending the Linear Model with R.* Chapman & Hall/CRC.
- Fitzmaurice GM, Laird NM, Ware JH. (2004). *Applied Longitudinal Analysis. Hoboken*, NJ: Wiley.
- Gosho, M., 2015. Model selection in the weighted generalized estimating equations for longitudinal data with dropout. Biometrical Journal.
- Harville, D.A. (1977). Maximum Likelihood Approaches to Variance Component Estimation and to Related Problems. *Journal of the American Statistical Association*, 72, 320-338.
- Hastie, T.J. and Tibshirani, R.J. (1990). *Generalized additive models*. Chapman and Hall, New York.
- Hedeker, D. and Gibbons, R.D. (2006). *Longitudinal Data Analysis*, John Wiley, New York.
- Henderson, C.R. (1984). *Applications of Linear Models in Animal Breeding*. Guelph, ON: University of Guelph.

- Henderson, R., Diggle, R. and Dobson, A. (2000). Joint modelling of longitudinal measurements and recurrent events. *Biostatistics*, 1, 465-480.
- Kalbfleisch, J.D. and Prentice, R.L. (2002). *The statistical analysis of failure time data.* John Wiley, New York.
- Laird, N.M., and Ware, J.H. (1982). Random-Effects Models for Longitudinal Data. *Biometrics*, 38, 963-974.
- Lee, Y. and Nelder, J.A. (1996). Hierarchical generalized linear models (with discussion). *Journal of the Royal Statistical Society, Series B*. 58, 619-678.
- Liang, K.-Y. and Zeger, S.L. (1986). Longitudinal Data Analysis Using Generalized Linear Models. *Biometrika*, 73, 13-22.
- Lin, G. and Rodriguez, R.N. (2015). Weighted Methods for Analyzing Missing Data with the GEE Procedure. Paper SAS166, Proceedings.
- Little, R.J.A. (1995). Modeling the Drop-Out Mechanism in Repeated-Measures Studies. *Journal of the American Statistical Association*. 90, 1112-1121.
- Little, R.J.A. and Rubin, D.B. (2000). *Statistical analysis with missing data.* John Wiley, New York.
- McCullagh, P. (1983). Quasi-likelihood functions. *Annals of Statistics*, 11, 59-67.
- Pan, W. (2001). Akaike's Information Criterion in Generalized Estimating Equ ations. *Biometrics*, 57, 120-125.
- Philipson P, Sousa I, Diggle P, Williamson P, Kolamunnage-Dona R, Henderson R (2018). joineR: Joint Modelling of Repeated Measurements and Time-to-Event Data. R package version 1.2.4, URL https://CRAN.R-project.org/package=joineR.
- Platt, R.W., Brookhart, M.A., Cole, S.R., Westreich, D. and Schisterman, E.F., 2013. An information criterion for marginal structural models. Statistics in medicine, 32(8), pp.1383-1393.
- Prentice, R.L. and Zhao, L.P. (1991). Estimating equations for parameters in means and covariances of multivariate discrete and continuous responses. *Biometrics*, 47, 825-839.
- Proust-Lima C, Philipps V, Diakite A, Liquet B (2018). lcmm: Extended Mixed

Models Using Latent Classes and Latent Processes. R package version 1.7.9, URL https://CRAN. R-project.org/package=lcmm.

- Rizopoulos, D. (2016). The R package JMbayes for fitting joint models for longitudinal and timeto-event data using MCMC. *Journal of Statistical Software* 72, 1–45.
- Rizopoulos, D. (2012) *Joint Models for Longitudinal and Time-to-Event Data: with Applications in R*. Boca Raton: Chapman and Hall/CRC.
- Robinson, G.K. (1991). That BLUP Is a Good Thing: The Estimation of Random Effects. *Statistical Science*, 6, 15–51.
- Robins, J.M., Rotnitzky, A. and Zhao, L.P., 1995. Analysis of semiparametric regression models for repeated outcomes in the presence of missing data. Journal of the American Statistical Association, 90(429), pp.106-121.
- Rubin, D.B. (1976). Inference and missing data. *Biometrika,* 63, 581-592.
- Rubin, D.B. (1987). *Multiple imputation for Nonresponse in Survey*. New Jersey: John Wiley & Sons.
- Stroup, W.W. (1989) Predictable Functions and Prediction Space in the Mixed Model Procedure. Applications of Mixed Models in Agriculture and Related Disciplines 39–48. Southern Cooperative Series Bulletin No. 343, Louisiana Agricultural Experiment Station, Baton Rouge.
- Thall, P. and Vail, S.C. (1990) Some Covariance Models for Longitudinal Count Data with Over Dispersion. *Biometrics*, 46, 657-671.
- Wedderburn, R.W.M. (1974). Quasi-likelihood functions, generalized linear models and the Gaussian method. *Biometrika*, 61, 685-700.
- Wulfsohn, M.S. and Tsiatis, A.A. (1997). A joint model for survival and longitudinal data measured with error. *Biometrics*, 53, 330-339.
- Zeger, S.L. and Diggle, P.J. (1994). Semi-parametric models for longitudinal data with application to CD4 cell numbers in HIV seroconverters. *Biometrics*, 50, 689-699.
- Zeger, S.L. and Liang, K-.Y. (1986). Longitudinal data for discrete and contiunous

outcomes. *Biometrics,* 42, 121-130.

- Zhao, L.P. and Prentice, R.L. (1990). Correlated binary regression using a generalized quadratic model. *Biometrika*, 77, 642-648.

찾아보기

영문

ㄱ

ㄴ

ㄷ

ㄹ

ㅁ

ㅂ

ㅅ

ㅇ

ㅈ

ㅊ

ㅋ

ㅌ

ㅍ

ㅎ

분석에 적용한 software

저자 소개

김양진

숙명여자대학교 통계학과 학사
고려대학교 통계학과 석사
미국 University of Missouri 통계학 박사
미국 St. Jude Children's Hospital 박사후 연구원
미국 USDA 특별연구원
현) 숙명여자대학교 통계학과 교수

R과 SAS를 이용한
경시적 자료분석 – 제2판 –

저 자	김양진
발 행 인	김지영
발 행 처	자유아카데미
주 소	경기도 파주시 회동길 37-42 파주출판도시
전 화	031-955-1321
팩 스	031-955-1322
홈페이지	www.freeaca.com
전자우편	main@freeaca.com (대표) editor@freeaca.com (편집) crm@freeaca.com (영업)
등 록	제406-2003-017호, 1980. 7. 12
제2판1쇄	2025년 6월 10일 발행

저자와의 협의하에 인지생략

ISBN 979-11-5808-713-5 93310